prometeo
libros

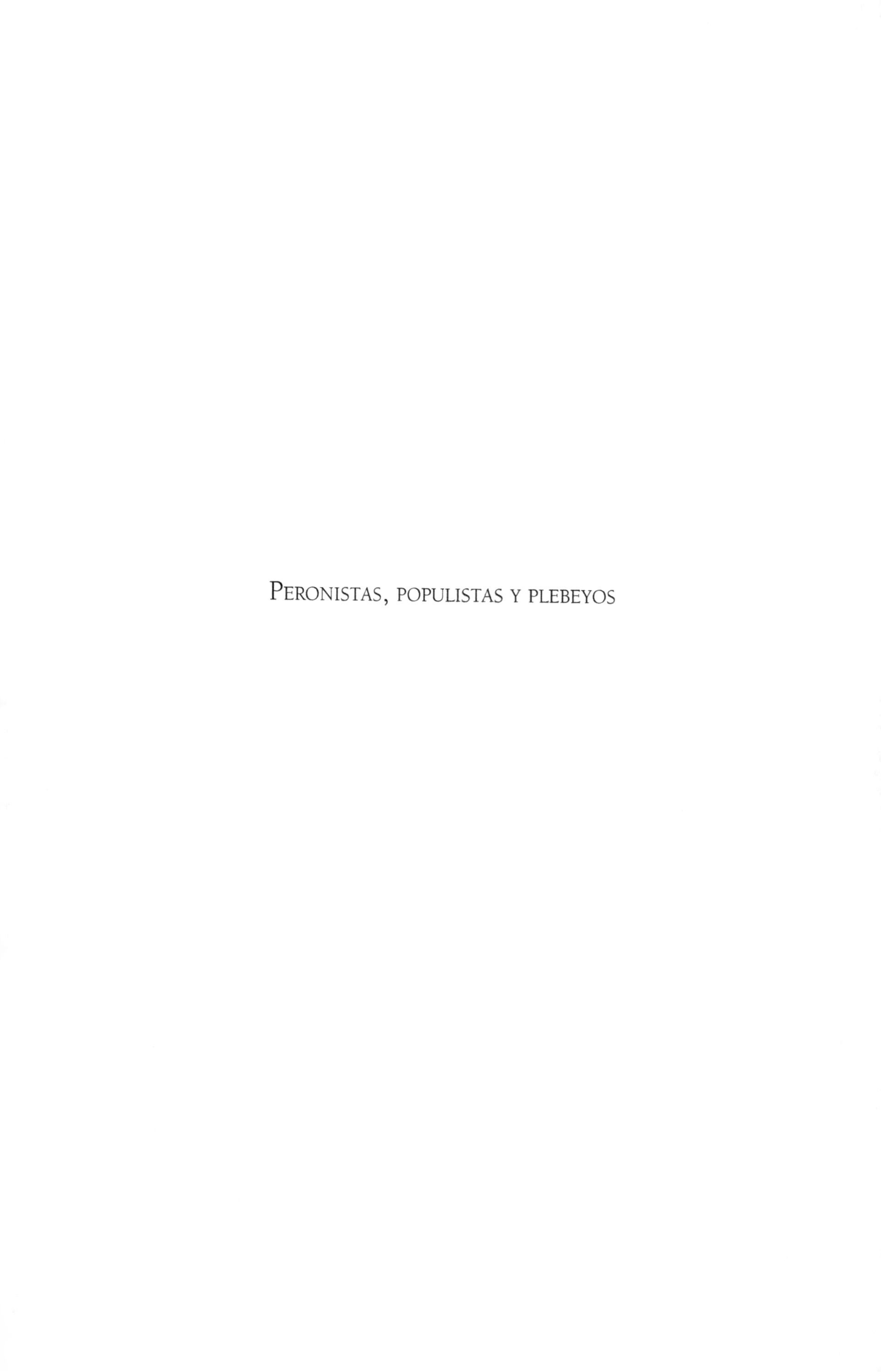

Peronistas, populistas y plebeyos

Pablo Alabarces

Peronistas, populistas y plebeyos

Crónicas de cultura y política

Para mi papá, al que le hubiera gustado leer este libro;
para mi mamá, que lo va a leer.
Para Santiago y Agustín, que brindarán por él;
para Catalina, que lo va a leer algún día.
Y para Carolina, sin la que, sencillamente, este libro no habría
existido.

Índice

Prólogo
Para terminar de una vez por todas con *lagente*

1. Este libro quiere ser una experiencia de lenguajes: fue tomando forma a medida que sus fragmentos se escribían, tratando de cubrir un mapa de preocupaciones, de intereses y de discusiones. En medio de los debates sobre el rol de los medios de comunicación en la Argentina, de la participación de los intelectuales en la discusión pública, de las nuevas formas que ha tomado el peronismo –a esta altura, un dato ineludible de la política, la cultura y la vida cotidiana argentina–, estos textos fueron pensados como una forma de intervención en esas discusiones. Una intervención de masas, aunque masas signifique aquí –¿solamente?– los públicos alcanzados por la prensa gráfica. Entre el peronismo y la cultura de masas, pasando por los intelectuales, el cine, la música popular, el *tinellismo*, la violencia urbana, el deporte; es decir, los temas que han sido objeto de mi trabajo en veinticinco años de desempeño como investigador *académico*. Pero estructurados por esa elección de públicos: un libro sin aparato crítico, sin notas al pie –o muy pocas–, donde el acento está puesto en los argumentos antes que en la regulación científica. Un libro donde se discuten temas fuertes de la cultura argentina contemporánea a la vez que se reflexiona, en el mismo movimiento de su escritura, sobre los modos de participación de los académicos en la escena pública y mediática.

2. La mayor parte de los artículos que forman este libro fueron escritos a lo largo de los últimos siete años, entre finales de 2003 y mediados de 2010, y publicados, en su versión original, en distintos medios periodísticos. El más antiguo es el dedicado a la discriminación y el racismo en el fútbol, publicado en la revista *Debate* en un lejano 2003; el más reciente es uno de los textos dedicados a Maradona, publicado luego del Mundial de 2010 en la revista *Contraeditorial*. Hay varios artículos inéditos; otros, escritos especialmente para esta ocasión, en los primeros meses de 2011. En algunos pocos casos, se trata de colaboraciones originalmente publicadas en medios extranjeros, que no han circulado en la Argentina. Los diarios y revistas en los que la mayoría de los textos vieron su primera versión son muy variados: los diarios *Clarín*, *La Nación*, *Miradas al Sur* y muy especialmente *Crítica de la Argentina*; las revistas *Ñ*, *Viva*, *Contraeditorial*, *Debate*, *Caras y Caretas*, entre las locales; *PRL* (*Primera Revista Latinoamericana de Libros*), editada en Nueva York, entre las internacionales.

3. Como se relata en uno de los textos, el periodismo fue para mí una vocación juvenil que nunca encontró su espacio: no había carreras universitarias en el área porteña, La Plata quedaba muy lejos, los pocos y pobres institutos terciarios no eran una opción. Estudiar Letras era uno de los caminos posibles, que muchos colegas que hoy son periodistas reconocidos (o no) transitaron con hidalguía. En mi caso, ese pasaje no se produjo: las letras me condujeron a la docencia universitaria y luego a la investigación, y luego, por azares largos de explicar, a la sociología de la cultura (y el deporte como uno de sus capítulos). Me volví un académico, si esa palabra designa con alguna precisión a los que vivimos de la Universidad o del CONICET, o de ambos. Los norteamericanos usan la palabra *scholar*, que reenvía la significación a lo educativo: soy un orgulloso docente con casi veintiseis años en la Universidad de Buenos Aires –y de esto también se habla en este libro. Como profesor y como investigador, me rigen sus salarios deficientes, sus condiciones de trabajo azarosas y, también, un régimen de legitimidad que pasa por la evaluación y control de las instituciones y los colegas, pero no por las cifras de venta de los libros o las apariciones televisivas. Y además, como una consecuencia de los veintisiete años de democracia, la independencia y autonomía de nuestro trabajo: el pago de nuestros salarios y nuestra estabilidad no dependen de los caprichos o los intereses políticos, sino de un adecuado cumplimiento de nuestras tareas.

Esto no significa un cuadro idílico: todavía falta un trabajo específico que analice las condiciones de producción del trabajo universitario y científico, las complicaciones derivadas de las políticas sucesivas –ni hablar de lo que significó sobrevivir durante el menemismo–, los juegos de poder que se mueven en la academia. Pero sí insistir, como se recuerda en uno de los artículos de este libro, en la fenomenal independencia que eso significa para el trabajo intelectual y para la intervención en el debate público y mediático: nadie nos paga para que digamos que Fulano es lindo o que Mengana es odiosa, sino para que seamos rigurosos, sistemáticos, actualizados, suficientemente inteligentes. Con sueldos que en los últimos años nos evitan la sobrecarga del pluriempleo –aunque aún lejanos de lo suficiente y necesario–, solo le podemos echar la culpa de nuestros titubeos a nuestra ignorancia o a nuestra cobardía.

4. Esa vieja tentación periodística encontró cauce en 1986, cuando Eduardo Romano me invitó a escribir reseñas bibliográficas en el desaparecido diario *Tiempo Argentino*. El diario cerró al poco tiempo: fue la primera clausura de mi *carrera periodística*. En 1998, colaboré semanalmente con el diario *Perfil*, porque José Nun, un gran intelectual y mejor persona, le sugirió mi nombre a otro gran tipo, Jorge Sigal: una experiencia fantástica que solo duró tres meses, hasta que el director y propietario, Jorge Fontevecchia, lo cerró de la noche a la mañana, alegando entre otras cosas que los intelectuales colaboradores del diario escribíamos demasiado y cansábamos a los lectores. Entre 2008 y 2010, fui colaborador permanente de *Crítica de la Argentina*, gracias a una invitación audaz de Martín Caparrós: en marzo de 2010, el diario cerró –luego de un vaciamiento escandaloso– dejando a todo su plantel en la calle, sin nadie a quien cobrarle las indemnizaciones –que, justo es reconocerlo, Fontevecchia había pagado cuando cerró *Perfil*. (Mis colaboraciones con otros medios que aún sobreviven me ahorra el calificativo de "mufa").

Crítica había sido –esta historia es conocida– un proyecto de Jorge Lanata, que lo abandonó a los pocos meses por razones no muy claras, entre el desconcierto y algunas cóleras de su redacción. Martín, originalmente el subdirector, ya se había replegado a sus contratapas semanales; en todo el desconcierto, mi columna quincenal siguió adelante, supongo que por inercia. Eso me permitió completar dos años sin interrupciones de colaboraciones; el saldo no fue, como dije, alguna indemnización como colaborador permanente sino la memoria y muchas páginas escritas. Fue, sin duda, la mejor experiencia periodística que pude haber tenido: cada quince días, publiqué una nota de 5000 caracteres sobre lo que decidía, eligiendo entre la maraña del acontecer quincenal a partir de mis preocupaciones políticas, culturales o teóricas. Debo decirlo: parte del saldo positivo es que jamás, en dos años, recibí la menor sugerencia, presión o censura. Ni una coma, ni una mayúscula. Por supuesto que ejercí una autolimitación: cuando Lanata debutó en su olvidada revista en el teatro Maipo, invitó a toda la redacción; fui uno de los agraciados; me tenté con escribir una crónica lapidaria, que el espectáculo merecía con creces; nunca lo hice, pero por mi propia cobardía –o por la conciencia de que una cosa es la libertad de expresión y otra la imbecilidad. El respaldo minucioso y absoluto de mis editores, primero Caparrós, luego Daniel Capalbo, será siempre invalorable –en un momento en el que no faltan voces que claman contra las presuntas limitaciones a la libertad que ejercería el kirchnerismo.

Fueron dos años de juego y de apuesta: de juego con mis posibilidades como crítico y analista, de apuesta por las posibilidades de intervención en el debate público, en el mismo momento en que los intelectuales, vía Carta Abierta u otros espacios similares, parecían recuperar la voz pública –si entendemos por eso la circulación mediática, la capacidad de intervenir en la agenda y de provocar debates.

5. Aunque no se trataba de un fenómeno novedoso, sino de su reaparición o su reactualización. Basta recordar que el invento del periodismo argentino suele atribuirse a Mariano Moreno, o que el *Facundo* se publicó en un diario chileno. La participación de los intelectuales en el debate político y cultural latinoamericano es una historia largamente revisada y aquilatada. Pero tanto la división de las esferas y la autonomía del campo intelectual con la modernidad, como las transformaciones enormes de los medios –con la centralidad que la televisión adquiere desde los setenta– habían replegado esa participación, así como el peso que esas voces tenían en la circulación de los discursos sociales. Algo de eso se trata en algunos de los textos de este libro, contemporáneos tanto de la aparición de Carta Abierta como de la muerte de intelectuales claves

de la Argentina (escribo estas líneas poco después del fallecimiento de David Viñas).

La reaparición de esas voces no implica que su lugar en el debate sea el mismo que el de Sarmiento en el siglo XIX, afortunadamente: la política y la cultura se han democratizado —todavía no de un modo radical—, y la voz del intelectual ha perdido ese carácter iluminador y rector que delataban más un elitismo de clase que respeto por la palabra del sabio. Incluso, el fenómeno de la aparición de los intelectuales en los medios se viene produciendo hace tiempo, desde que, por ejemplo, el estallido de la televisión por cable multiplicó los minutos a ser llenados con especialistas y opinólogos de todo tipo. Siendo yo mismo un intelectual joven y de quinta categoría, circulé por innumerables programas de Plantas y Escritorios —el formato clásico del programa de cable armado con poca escenografía y mucha palabra. Satisface mi narcisismo, adquirí famas efímeras entre mis vecinos, comprobé lo difícil que es decir media idea en treinta segundos sujeto a las reglas del medio —esto lo exploró Pierre Bourdieu en *Sobre la televisión* de manera concluyentemente pesimista. También aprendí que esas reglas tenían fisuras, y que alegarlas para negarse a intervenir era cómodo, pero poco eficaz. Las ideas no pueden sintetizarse en 140 caracteres —la vana ilusión del Twitter, que demuestra largamente esa imposibilidad y la reduce al insulto o a la chicana—, pero sí en 5000. Al menos, eso traté de demostrar e intento recuperar en este libro.

Tiempos que cambian: hoy Ricardo Forster es el filósofo de cabecera de *678*, en horario central por la televisión pública. Analizar su funcionamiento sería objeto de otra nota, de una sociología de los intelectuales en el presente que me excede: pero valga como ejemplo de que el modo en que circulan nuestras voces en el espacio público se ha, al menos, transformado.

6. En cambio, sí puedo pensar mi propio funcionamiento, porque permite explicar este libro. La intervención mediática, la circulación periodística —principalmente en la gráfica, como la de la mayoría de estos textos, pero también la radial y la televisiva— es resultante de, como dije, juego y apuesta.

El juego consiste en desarrollar, en no más de dos páginas –aunque algunas veces, como los textos de este libro lo demuestran, pueda permitirme discusiones más distendidas y en consecuencia extensas–, un argumento, sobre una excusa noticiosa, que vincule lo cotidiano con los saberes especializados. No se trata de divulgación, aunque en parte lo sea: tampoco de *aplicación*, porque eso supone que la teoría o los conocimientos son budineras prestas a ser calzadas sobre cualquier fragmento de lo real. No: la idea es que lo que la sociología de la cultura investiga o indaga es, justamente, lo cotidiano, y que la distancia entre una y otro es solamente la distancia del análisis –ese que implica, también, someterse a uno mismo, biografía, placeres o deseos, a la misma crítica. En el medio, marcando esa distancia, la producción académica pone un lenguaje especializado y a menudo críptico; como marca de ese lenguaje, interpone el aparato crítico, un repertorio de citas que demuestra cuán letrados somos.

No quiero, con esto, renegar de ese lenguaje, que debe seguir existiendo y circulando en los medios específicos. Una ciencia es, entre otras cosas, un lenguaje, y la pretensión de que se puede hacer sociología o antropología en lenguaje cotidiano es una pretensión falaz y populista: el lenguaje cotidiano es, incluso, objeto de estudio de esas disciplinas. Los espacios académicos, en tanto especializados, tienen modos de circulación particulares: el *paper*, el congreso, la revista científica. Y, además, Roland Barthes decía (parafraseo en exceso) que entre la jerga y la chatura, era preferible la jerga. Lo que propongo es desplazar esa opción y apostar a una distinta: sencillamente, que es posible otro lenguaje si permite encontrar otro público y, al mismo tiempo, no deslizarse en el convencionalismo, el lugar común o un lenguaje que, cuando busca encontrarse con *lagente*, se transforma en banalidad.

Entonces, aquí la apuesta: que es de lenguaje porque es política. Difundir, discutir, debatir, arriesgar; poner en juego ideas y puntos de vista que pretendo más o menos novedosos; en un lenguaje que prescinda de los ripios académicos, pero que a la vez confíe en la inteligencia del lector o lectora; que no los someta al falso paternalismo del periodismo hegemónico contemporáneo ("*lagente* nos entiende"), paternalismo que implica, simultáneamente, la supuesta estupidez del público y la indiscutible estupidez del que habla o escribe.

Los modelos son varios, son los textos de grandes intelectuales que han desplegado su escritura en medios periodísticos, como Roland Barthes o Carlos Monsiváis; es Beatriz Sarlo, es Josefina Ludmer en su último libro –un juego de intersecciones entre la teoría, la crítica, el diario, la autobiografía–, entre otros y otras. La distancia enorme que separa los textos de este libro de sus modelos es, a la vez, la confesión de mis deudas.

7. Este libro también podría llamarse "Para terminar de una vez por todas con *lagente*". Los lectores y lectoras encontrarán que sistemáticamente la frasecita aparece *todajunta* y entrecomillada. Alguno de los textos enfatiza lo que aquí anuncio: y es que la aparición sistemática de esa categoría en el lenguaje periodístico y político solo ha contribuido a empobrecer el debate, a ocultar la complejidad de nuestras sociedades, a achatar la riqueza de sus lenguajes, a suplantar lo democrático –plural, y por tanto heterogéneo– por lo homogéneo. Este libro no va al encuentro de *lagente*: estos textos quieren dialogar con *gentes* diversas, como diversas son las voces sociales en las sociedades democráticas. Si a alguien convenzo con el argumento –como creo haberlo hecho con mis alumnos y alumnas durante diez años en los que tanto nos reímos con los ejemplos patéticos del uso y abuso de la categoría en el periodismo y la política–, habremos cumplido un objetivo. En el mismo momento en que escribo esto, el inefable alcalde porteño Mauricio Macri ha afirmado, orondo, que entre *lagente* y la política elige *lagente* (que, como todos lo sabemos después de otras desafortunadas declaraciones públicas, no incluye a los inmigrantes). Así se hace política en la Argentina, y aquí una de las razones de estos textos y de su compilación en este libro.

8. Que no es, empero, una recopilación: como dije, los textos son de toda laya y procedencia, y compilarlos implicaba una costura imposible. Sometí los textos a edición, reescritura, corrección, emprolijamiento, una reestructuración que desplaza la cronología para privilegiar lo temático. La cronología, aún cuando muchos de ellos tuvieron su primera aparición sujetos a la lógica implacable del día a día o semana a semana

–el caso, la noticia, la efeméride–, está esfumada: intento que los textos discutan problemas, usando el caso como disparador, no como núcleo. Eso permite el juego de extensiones distintas: las largas páginas que una reseña sobre dos libros permite dedicar al peronismo pueden yuxtaponerse con dos páginas concentradas en la figura de Eva Perón. Las partes del libro quieren proponer ese armado. La primera se ocupa de tópicos variados de la cultura popular y de masas: en el cine, en la televisión, en la música. La segunda trata temas deportivos –quince años de trabajo intensivo en los pliegues de las culturas deportivas me persiguen–, con cierto foco en los fenómenos de violencia y en la figura de Maradona, otro fantasma omnipresente. La tercera está dedicada a discutir el tratamiento de los fenómenos de inseguridad, que entiendo un lugar clave donde se debate el futuro de las libertades públicas y democráticas de nuestras sociedades. La cuarta, finalmente, se centra en el peronismo, los medios y los intelectuales, contra el telón de fondo de las discusiones entre el kirchnerismo y los grandes medios de comunicación, así como el recordado conflicto con los productores agrarios en 2008. El libro pretende, en suma, articular todos estos temas en una mirada sobre la cultura y la política en la Argentina contemporánea.

Una mirada sobre la cultura y la política: y por eso la recurrencia del peronismo, el populismo, el plebeyismo. Porque son las marcas de nuestras épocas locales, o al menos aquello que mis obsesiones de estos tiempos entienden como marcas de época, y por eso, reaparecen a lo largo de los textos, incluso, por fuera de su sección específica. Cuánto contribuyan estos trabajos a enriquecer el debate necesario sobre esos tiempos es mi incerteza; y nuevamente, mi apuesta.

Buenos Aires, marzo de 2011

La cultura y sus alrededores

Cómo hacen los (norte)americanos para entender América Latina[1]

1. Cartoons (Dibujitos)

En 1943, la factoría de Walt Disney estrenó un largometraje novedoso, no por la técnica ni por los personajes: se trataba de la misma animación que lo había hecho famoso por lo menos desde *La bella durmiente*, y la figura que conducía lo que compasivamente llamaremos *trama* era el Pato Donald, a esa altura un ícono de la cultura de masas americana. La novedad consistía en que las cuatro partes que, entretejidas, construían el film, transcurrían íntegramente en América Latina. La primera ilustraba una visita de Donald al Lago Titicaca, en el límite entre Bolivia y Perú, lo que le permitía al pato exponer la vida de las culturas andinas y de sus animales típicos (más concretamente: una llama algo caprichosa). La segunda la protagonizaba Pedro, un avioncito-correo humanizado que mostraba los avatares de la naciente aviación postal en las inmensas e inclementes tierras sureñas, intentando volar desde Chile a la Argentina a través de los Andes. El tercer segmento, "El Gaucho Goofy", nos presentaba a Goofy (Tribilín, por estas tierras, merced a la inventiva de nuestros traductores) disfrazado de gaucho argentino, aunque su vestimenta recordaba demasiado a los cowboys que la iconografía hollywoodense nos había acostumbrado a reconocer a primera vista. No en vano, en las notas que acompañan la información sobre este filme en Wikipedia se afirma que "Gaucho is the denomination for cowboys in South America Pampa region". Finalmente, en la cuarta y última sección de la película,

---

Donald descubría a un nuevo personaje, destinado a reaparecer en más de un filme: un simpático loro-papagayo brasileño, José Carioca, que le presentaba las maravillas de Rio de Janeiro —las paisajísticas y las humanas: más precisamente, las femeninas. La parte se titulaba "Aquarela do Brasil", y llevaba como banda sonora la celebérrima samba de Ary Barroso.

El filme se tituló *Saludos amigos*, en español en el original inglés. No conforme con tamaño gesto, se estrenó en Buenos Aires y Rio de Janeiro (en este caso, como *Aló amigos*) casi simultáneamente, en agosto de 1942, seis meses antes de su estreno estadounidense. Pero la saga de Disney en América Latina no terminó allí: el 21 de diciembre de 1944 se estrenó en México *Los tres caballeros* (nuevamente, antes de su estreno en los Estados Unidos, que ocurrió en febrero de 1945, simultáneamente con su lanzamiento en Brasil). En ella se reproducía la estructura episódica, otra vez hilvanada en torno del Pato Donald (a esa altura, un experto viajero): en este caso, se trataba del festejo del cumpleaños de Donald, que recibía como regalo una pantalla sobre la que comenzaban a proyectarse dos cortometrajes, "The Cold-Blooded Penguin" y "The Flying Gauchito". En el primero, el pingüino Pablo intentaba escapar de los fríos antárticos sobre un iceberg, con proa a las playas tropicales del continente. En el segundo, la precisión informativa de la producción de Disney hacía agua: un pequeño gauchito escalaba los Andes (¿algún sobrante de dibujo de la película anterior?) y encontraba un burrito alado, con el que comenzaba a correr carreras campestres de caballos. Con las alas tapadas por un oportuno "poncho", gaucho y burro eran objeto de las desalmadas burlas de sus competidores, hasta que en el momento oportuno el animal comenzaba a volar y vencía fácilmente. El problema es que el gauchito, según se afirma en el film, era uruguayo, lo que implicaría que para encontrar al burro debió recorrer unos 1500 kilómetros, distancia que separa la pampa uruguaya de los Andes argentinos…

El resto era más previsible. Aguijoneado por el éxito de su primera visita brasileña, Donald es nuevamente conducido por José Carioca, pero en este caso a Salvador, la maravillosa capital del estado de Bahía (título del segmento), donde culminan bailando samba pero intercalados en la coreografía y el canto de Aurora Miranda, a la sazón hermana menor de la celebérrima Carmen Miranda, quien ya desplegaba los estereotipos brasileños en la cultura de masas norteamericana –sintetizados por partes iguales en su físico exhuberante y en su tocado con frutas. Una nota de color, o a la inversa: en toda la coreografía no aparece un solo danzarín negro, a pesar de que el Nordeste brasileño, y en especial Bahía, es el foco de la cultura afro-brasileña.

Para finalizar, el film ampliaba sus horizontes de representación incorporando al "representante" mexicano, Panchito Pistolas, un gallo gritón, algo prepotente, perennemente armado con sus pistolas, pero amante de las fiestas, los amigos y las mujeres. Es decir, un típico mexicano, según el universo que estamos describiendo. La sección, última de la película y del prolongado viaje de Disney por el subcontinente, incorpora tanto las celebraciones navideñas de los niños mexicanos –que reproducen el peregrinar de María y José en el nacimiento, señalando así la fuerza del catolicismo en el país– como las piñatas (Donald debe romper una, con la que concluye su cumpleaños). Pero en el curso del viaje –que Donald, Carioca y Pistolas hacen en una alfombra mágica, posible tributo al orientalismo dominante–, se hacen un tiempo para visitar Acapulco, donde Donald, que ya viene conmocionado por la visión de las bahianas brasileñas, directamente llega cerca del delirio con la contemplación de las bañistas latinas.

En suma: con pingüinos, burritos, aviones, montañas inmensas, llamas caprichosas, indígenas cansinos, gauchos uruguayos o cowboys *agauchados*, loros brasileños y gallos mexicanos, carmenaurorasmirandas con o sin frutas, y muchas mujeres bellas y sensuales –pero, recordemos: sin un solo negro o negra–, Disney sintetizaba al continente. Lo exponía, lo caracterizaba, lo *re-presentaba*. Y en ese movimiento, presuntamente, lo conocía. Para que de esa manera, lo conociera su público.

2. Viajes

Esta *operación Disney* tiene, además, una trama expuesta y otra escamoteada: la primera, es que ambos filmes suceden a un viaje del propio Walt Disney a Latinoamérica en agosto de 1941, durante dos meses. La información escamoteada, o más ignota, es que ese viaje fue organizado por el Departamento de Estado norteamericano, como parte de la política de

Buena Vecindad (*Good Neighbour*) imperante en esos años. En su transcurso, Disney visitó, junto con un importante equipo de dibujantes, fotógrafos y animadores, Brasil, Uruguay (y de allí nuestro gauchito volador pero geográficamente ignorante), Argentina y Chile, para luego regresar por barco desde Valparaíso. Un documental sobre esta visita acompaña las ediciones comerciales de *Los tres caballeros*, pero también pueden consultarse las fuentes de la propia Walt Disney Family Foundation (que acepta explícitamente el dato del financiamiento estatal).

No he podido volver a ver ese documental, que conocí hace varios años, justamente mientras trabajaba sobre estereotipos argentinos y brasileños. Mientras escribo esto, las imágenes se agolpan en mi memoria: la recepción triunfal, con multitudes reclamando autógrafos, con presidentes y dignatarios sonriendo a cámaras acompañados por el creador de Mickey Mouse... Hay un dato que sobresale, que me resulta inolvidable: en Argentina, Disney se entrevista con Florentino Molina Campos, por ese entonces el ilustrador gauchesco más popular, a través de sus colaboraciones en periódicos y especialmente con sus dibujos para los almanaques de la empresa textil Alpargatas, que lo difundían por todo el país. Disney comparte reuniones con Molina Campos, se obsequian dibujos mutuamente; Disney toma apuntes que uno puede reconocer en los rasgos excesivos de los gauchos de "The Flying Gauchito" (especialmente, las narices: las narices de Molina Campos son inconfundibles), aunque no en Goofy —como dijimos, un cowboy. Pero tampoco puedo olvidar que, aunque en el documental no se hace referencia alguna, ese viaje de Disney construyó uno de los grandes mitos de la cultura de masas argentina. Cuenta la leyenda que el viaje incluyó un traslado a la Patagonia, a la ciudad de Bariloche: más precisamente, al Bosque de Arrayanes, en la península de Quetrihué. Allí, los apuntes de Disney, fascinado por el paisaje boscoso, habrían sentado las bases para los fondos del film *Bambi*, de 1942. Colonialmente homenajeado por la cultura local, el bosque presenta hoy día una pequeña cabaña conocida como la *casita de Bambi*, afirmando sin lugar a dudas u objeciones ideológicas que allí estaba la fuente de inspiración del dibujante.

Pero es preciso volver al dato político. El contexto de la Segunda Guerra Mundial y la influencia del Eje en las sociedades latinoamericanas habría determinado el viaje, como forma de obtener simpatías hacia la cultura norteamericana. Esto aparecía especialmente crucial en la Argentina, donde las simpatías nazis eran más preocupantes. Afirma J. B. Kaufman, biógrafo de la Disney Foundation, que los artistas anteriormente enviados para estrechar vínculos y publicitar el *american way of life* vía el influjo de Hollywood mostraban "insulting manners and demands", que granjeaban más antipatías que adhesiones. La elección de Disney como embajador cultural itinerante era, entonces, perfecta: Walt no se cansa de firmar autógrafos, sonreír para las fotos y dibujar incansables Mickeys y Donalds. Disney desplaza, además, por naturaleza, todo rasgo político: porque lo que pone en escena es el mundo de la infancia, por definición un mundo de toda pureza, a-económico, asexuado, ajeno a toda conflictividad, como treinta años después argumentarán Ariel Dorfman y Armand Mattelart en su célebre *Para leer al Pato Donald*, publicado en el contexto del gobierno de Salvador Allende y la Unión Popular chilena.

De este juego de viajes, representaciones y esereotipos nos resta una mención: Wikipedia sostiene que el historietista chileno René Ríos (más conocido como Pepo) quedó muy molesto con que el avioncito Pedro fuera el único carácter que su Chile inspirara a Disney: en respuesta, creó su personaje *Condorito*, que se transformó con los años en el personaje más exitoso de la historieta chilena. Así, los estereotipos coloniales, asexuados y puros de Disney fueron complementados con los estereotipos nacionalistas, sexistas, machistas y conservadores de la historieta local.

Y todo esto ocurrió antes del golpe de Pinochet, en 1973, financiado y co-organizado por el Departamento de Estado norteamericano.

3. Estereotipo, política y conocimiento

Inevitablemente, hablar de imágenes, representaciones y estereotipos implica hablar de conocimiento, de los modos en que una cultura conoce a otras y se presenta a sí misma para sí y para la mirada ajena. Y consecuentemente, implica hablar de política, porque siempre hay dos culturas en juego. Aún en el solipsismo que siempre se le achaca a la cultura estadounidense hay mucho de narcisismo y, por consiguiente, una orientación hacia el otro, hacia la mirada del otro: la cultura estadounidense fabrica imágenes para verse a sí misma –para regodearse y celebrarse, o incluso para criticarse– pero también para difundir esas imágenes –y sus relatos– en el resto del planeta. A la vez, desde muy temprano construye imágenes y narraciones sobre los otros, inventando diversas *otredades* más exóticas, más pintorescas, más cautivantes, más estigmatizadas, según el caso. No hace falta ir muy lejos ni rastrear en bibliotecas especializadas: alcanza con recordar las decenas de filmes con los que Hollywood ha tapizado el anti-islamismo después del 11 de septiembre de 2001. Y en este ejemplo, queda claro mi argumento: la relación entre dos culturas, cuando sus imágenes se ponen en contacto, no puede ser sino política, porque el contacto implica relaciones de poder y necesariamente esto politiza –más explícita o más implícitamente– el juego. Entre dos máquinas de representación, entre dos arsenales de imágenes, siempre se juega el poder: una de las dos posee mayor capacidad de imponer sus imágenes, las propias y las ajenas, como legítimas, y subordinar a las otras.

Esto es lo que hace muchos años Edward Said llamó *orientalismo*: la invención –en este caso europea, más que estadounidense, aunque con su gentil y activa colaboración especialmente en el siglo xx– de una imagen de Oriente, a través de la construcción de relatos e iconografía que se transforman en descriptivas y prescriptivas –*así debe ser Oriente*– por efecto del poder colonial de las potencias imperiales. Para eso actúan una larga serie de actores: las fuerzas militares, claro, pero especialmente los viajeros, los intelectuales, los narradores, los científicos, los antropólogos. El objetivo central es la reducción de la enorme complejidad de cualquier cultura a una serie de estereotipos que permitan su "conocimiento" inmediato, la clasificación en paradigmas reconocibles y por ende controlables, previsibles. Véamoslo en el viejo caso de la Crónica de Indias americana: cuando los españoles intentaban comprender los templos aztecas, los llamaban *mezquitas*. Aunque el estereotipo sea, como estoy definiendo, pura reducción de la complejidad de lo real a ciertos rasgos esquematizadores, el poder del estereotipo consiste en imponerse como descriptor de la realidad: luego, todos los árabes pasan a ser terroristas, los argentinos pedantes, los brasileños sensuales y los rusos borrachos. En ese movimiento que transforma simplificaciones en verdades asumidas e indiscutibles, los medios de comunicación son factores inclaudicables: distantes de la argumentación sofisticada de la sociología o la antropología, la cultura de masas construye y reproduce estereotipos con una facilidad digna de mejor causa, a veces tildándolos de conocimiento sociológico –para no hablar de las ocasiones en que el conocimiento académico se estereotipifica: por ejemplo, los *cultural studies* vueltos populismo neoconservador.

En esa línea, Ricardo Salvatore acierta cuando afirma que "tanto los antiguos estudios del imperialismo como su renovación bajo la forma de estudios de la dependencia continuaron enraizados en conceptualizaciones esquemáticas, rígidas y limitadas acerca de lo que constituye la dominación/hegemonía colonial o neocolonial" (p. 10). Las explicaciones de las relaciones entre América Latina y los Estados Unidos se rigen así por monocausalismos conspirativos, generalmente reducidos a la intevención militar o al neocolonialismo económico. En la línea interpretativa sugerida por el *orientalismo* de Said, Salvatore intenta en cambio reconstruir la trama de las *máquinas representacionales*, concepto que toma de Stephen Greenblatt (*Marvellous Possessions*, de 1991), los artefactos que construyeron imágenes latinoamericanas hasta 1945 en la cultura norteamericana. Es decir, las máquinas de producción de estereotipos –antes de la llegada de Disney a Rio de Janeiro.

"Observar, registrar, narrar, fotografiar, cartografiar, imprimir, clasificar, exhibir (...)" son las operaciones, en soportes distintos, que Salvatore analiza. Las Ferias Internacionales de finales del siglo xix, el naciente periodismo de masas, los cartógrafos, los viajeros, los *entrepeneurs*, los constructores de ferrocarriles, los arqueólogos, los acumuladores de saber y archivistas: todos ellos son los operadores de una gigantesca empresa de "conocimiento" que construye, en ese movimiento, la legitimidad para su intervención –a diferencia del imperio español, basado únicamente en la expoliación. Salvatore señala, con agudeza, que esta operación es más visible en Sudamérica, donde la política del garrote (el *Big Stick*, la intervención lisa y llana que asolara América Central, por lo menos, desde 1898 en la invasión a Cuba) era menos practicable. *Conocer* se presenta, en este desarrollo, como la mejor garantía del éxito en la intervención comercial e ideológica: la venta del *amerian way of life* traducido en bienes, cultura de masas o credos puritanos.

Pero *conocer*, como venimos argumentando, se reduce a la construcción de representaciones que, a la vez, pueden ser variables. Así, desde la pintura que reduce toda Sudamérica a primitivismo indígena y repúblicas infantiles en el siglo xix al "realismo" del dato económico para las inversiones de capitales, Salvatore historiza los modos hegemónicos de representación a lo largo de un siglo, en relación también con las tecnologías dominantes: el peso de la fotografía terrestre y aérea a partir del siglo xx –el momento de articulación neo-imperial de la máquina representacional entre 1890 y 1920– es sagazmente analizado.

Salvatore no centra su historia en las disciplinas académicas. La importancia de una figura como Hiram Bingham, el conductor de la Expedición Peruana de la University of Yale entre 1911 y 1915 que descubriera las ruinas de Macchu Picchu, es leída en la serie completa de las máquinas representacionales y no en cuanto arqueología o antropología. Así, Salvatore deja de lado una posible articulación de su trabajo –y esto no suene a reproche: la elección del libro es otra–: la de entender también la producción académica de conocimiento científico como operación orientalista o decididamente neo-imperial. Es lo que afirma Perry Anderson en *La cultura represiva*, aunque la academia británica no había generado ningún saber de totalidad en el siglo xix, se dio el lujo de inventar la antropología… para administrar mejor sus colonias.

4. Academias

Esa es, en cambio, la elección de Helen Delpar: una historia del conocimiento académico estadounidense sobre América Latina. No la cultura de masas o la fotografía aérea o los viajes de Charles Lindberg o las excursiones de Disney: lo que ocupa a Delpar son los departamentos latinoamericanistas, los LASA (los Congresos de la Latin American Studies Association, para el neófito, de los que ya se han hecho veintinueve), las políticas de subsidios a la investigación, las fluctuaciones políticas de los académicos en relación con las trasformaciones latinoamericanas. En ese sentido, sus objetivos se cumplen: el trabajo es minucioso, informado, completo, aunque su limitación a 1975 como tope evita las últimas tres décadas y consecuentemente un período riquísimo para el campo, el del exilio, la migración masiva y la *latinoamericanización* de los Estados Unidos.

Pero mis objeciones son otras. Aunque el libro de Delpar y el de Salvatore comparten de manera notable sus preocupaciones generales –ampliamente, las relaciones entre Estados Unidos y América Latina en una perspectiva histórica–, las diferencias que estoy señalando implican que se trata de textos complementarios y no confluyentes o polémicos. *Ambos libros no dialogan, sino en el vacío.* Las bibliografías son radicalmente otras. Una ausencia del sistema de citas de Delpar se revela como crucial, y es la de, justamente, Said. Faltando este, la misma noción de *orientalismo* –que organiza el texto de Salvatore y mi propia lectura– brilla por su ausencia, y el *conocimiento* de América Latina se vuelve, peligrosa e inocentemente, solamente eso. Delpar señala con claridad que los estudios latinoamericanistas son producto de la invención de los *Area Studies* en las universidades norteamericanas, en relación con avatares políticos que privilegiaron a los países bálticos y la vieja URSS durante la Guera Fría, y a América Latina a partir del triunfo de la Revolución Cubana de 1959. Pero no cita –ni utiliza– a Said, que cuestiona el origen y desarrollo mismo de esos estudios (ver, por ejemplo, su "Representar al colonizado. Los interlocutores de la antropología", de 1989, y reproducido en español en 1996, donde afirma que en los estudios contemporáneos sobre otras culturas "hay una ausencia casi total de referencias a la intervención imperialista norteamericana como un factor que afecta la discusión teórica").

Conocer encubre, detrás de la inocente pretensión cognoscitiva, una operación política. Incluso en el conocimiento académico: es imprescindible una reflexividad intensa, implacable, para evitar caer en las autojustificaciones que omitan el dato de las relaciones de poder involucradas en toda investigación. Cuando ese conocimiento implica las relaciones asimétricas y neo-imperiales entre los Estados Unidos y América Latina, el analista debe aguzar, a la vez, su reflexividad y su mirada crítica. Detrás de Bingham y la invención del Imperio Inca, está el indigenismo vulgar; detrás de Lindbergh y la fotografía aérea, está la compra de tierras y la expansión del capitalismo norteamericano; detrás de Disney, está la reducción de América Latina a sensualidad, indigenismo, gauchismo y tropicalismo; a Pedritos, Josés Cariocas y Panchitos Pistolas. Y esa es la operación política.

Pensar Cromañón

A fines de 2008, se editó *Pensar Cromañón. Debates a la orilla de la muerte joven*, un libro que compila las intervenciones de varios intelectuales argentinos en un ciclo de charlas que organizaron, poco más de un año antes, uno de los grupos de familiares y víctimas que militan en reclamo de justicia. Pasaron seis años de un hecho que insisto en llamar masacre, y la coincidencia de ambas cosas —el libro y los aniversarios sucesivos— merece nuestra atención.

Cromañón está demasiado ligado a lo personal para que prescinda de ello. Tengo grabadas las imágenes de esa noche y también de lo que estaba haciendo: por suerte, cenando con mis hijos, que tenían y tienen exactamente la edad de las víctimas, y que habían asistido a conciertos de Callejeros un par de veces. No puedo olvidar la cara de mis chicos buscando los nombres conocidos en las listas, las llamadas de esa madrugada para confirmar que los amigos estaban vivos; no puedo olvidar el peor año nuevo, mientras escuchaba los petardos que los pertinaces idiotas que nunca faltan insistían en seguir tirando. No puedo olvidar las coberturas periodísticas irresponsables y morbosas, que rápidamente pasaban de Omar Chabán a los reclamos por ponerle límites a los chicos —para que dejaran de correr peligro en "esos antros de drogas y promiscuidad". No puedo olvidar las admoniciones sobre la irresponsabilidad de los que habían llevado a sus bebés, sin reparar en que este país da poca educación sexual, menos anticonceptivos y ningún aborto. No puedo olvidar a la señora, madrina de un sobreviviente, que afirmaba que esas cosas pasan cuando se juntan tantos negros —para recordar, inmediatamente, que "mi ahijado no es negrito, claro". No puedo olvidar los relatos de un amigo, médico en el Penna, contando cómo se le morían los chicos y las chicas —de las edades de sus propios hijos.

Pero además de mis recuerdos, lo que permanece intacto es mi interpretación sobre la masacre. No digo nada nuevo —podría pensarse que a fuerza de repeticiones esto se ha vuelto lugar vacío, muletilla, y sin embargo debe ser obsesivamente repetido hasta que se haga conciente: a nuestros chicos y chicas los hemos expulsado del trabajo, de la educación, de la salud, de la ciudadanía, del futuro. Los hemos condenado a que se refugien en las migajas del consumo, los hemos condenado a que solamente traten de celebrarse a sí mismos, a exponer sus cuerpos (lo único que les queda) en la droga, el alcohol y el pogo, a encontrarse en el *aguante*, lo único que les permite afirmar que están vivos y que son cuerpos jóvenes. Fuera de eso, no existen ni existirán. Entonces, lo que repetiré hasta el hartazgo es que el eje de Cromañón es la enorme culpabilidad de toda una sociedad –adulta– que insiste en matar alegremente a sus hijos, mientras los desconoce por completo, mientras los califica de irracionales, de vagos, de chorros, de indisciplinados, de libertinos. Una sociedad adulta que no puede entender por qué un pibe prende una bengala, pero que cada diciembre va a volver a cargarse de petardos para demostrar que *tiene más aguante* que su vecino –alcanza con recordar una publicidad televisiva contemporánea a Cromañón, donde dos vecinos con sus hijos disparaban alegremente cañitas voladoras para disputar sus virilidades, todo financiado por un banco de primera línea.

Los chicos y las chicas siguen prendiendo bengalas, van a recitales y al fútbol, beben abusivamente, fuman todo tipo de herbajos, hacen pogo, *aguantan*, en suma, para demostrarse a sí mismos que están vivos a pesar de todo lo que le ha pasado a nuestra sociedad y de toda la represión que han sufrido y siguen sufriendo –porque los muertos por balas policiales también son siempre jóvenes. Los chicos y las chicas también llevan a sus hijos a las canchas y los recitales para transmitir generacionalmente esta memoria de la fiesta que los constituye como sujetos, que les permite ser *rolingas* o *villeros* como identidad esencial, como única posibilidad de la sociabilidad; llevan a sus hijos, de paso, porque los tienen, porque son padres adolescentes que tienen sexo desaforadamente y sin cuidarse, porque no tienen más remedio y no pueden abortar. Es sin duda, un cuadro espantoso: pero ellos, los chicos, no tienen más remedio.

Lo que tiene remedio es nuestra desidia y nuestra indiferencia, nuestra vergüenza. Sin embargo, ni la condena penal de los responsables ni la condena política de Ibarra son suficientes; porque los responsables, morales y políticos, son muchos más. La manera como hemos barrido el debate sobre Cromañón debajo de la alfombra es una buena y nueva muestra de lo peor de nuestro mundo adulto, de nuestra indiferencia social, de lo fácil que aceptamos la agenda periodística para organizar nuestro destino. Cromañón ya no es noticia: podemos, entonces, hablar de Riquelme. Demos gracias al Señor.

La desaparición de los dinosaurios

La profecía es un arte complicado, casi impracticable: los grandes profetas pertenecen al mundo de los mitos y las religiones, aunque algunos intenten demostrar, frente a cada catástrofe, que ya estaba anunciada por Rasputín o Nostradamus –para no hablar de los pronosticadores astrológicos locales o, siquiera, de los meteorólogos. Más interesante es el mundo del arte y la literatura porque, como no pretenden hacer ciencia, pueden terminar haciendo magia: de allí esa reiterada convicción con la que la vida insiste en imitar al arte, y de allí la minuciosidad con la que las clases dominantes argentinas se parecieron al señor Lanari, el inolvidable personaje de "Cabecita negra" de Germán Rozenmacher, que reclamaba, en 1962, el uso de "la fuerza pública y el ejército" para reprimir a tanto negro insurrecto.

A veces, claro, esa capacidad visionaria del arte falla. La música popular puede creer, por ejemplo, en algún momento de desbordante optimismo, que se desalambrará la tierra cuando se la tenga, sin imaginar la existencia de un *pool* de siembra sojero o que Emiliano Zapata iba a devenir el Torito Alfredito. O puede imaginar que los dinosaurios van a desaparecer, sin saber que la resistencia y la capacidad mimética de los grandes reptiles argentinos es infinita: mientras escribía la primera versión de esta crónica, el diario *La Nación* seguía fiel a su brontosaurismo, Mirtha Legrand almorzaba inconmovible, la UCR se imaginaba viva y cletista, mientras Charly García se extinguía en una clínica de adictos. Dos años después, dos cosas se modificaron: la UCR se imagina nuevamente alfonsinista, y Charly toma agua mineral, engorda y desafina concienzudamente.

No es por su capacidad profética que Charly fue lo que fue para nuestra cultura. En lo de los dinosaurios, le erró por mucho, transportado de optimismo –como tantos de nosotros– por la primavera democrática. Pero durante veinte años fue el mayor creador e innovador de nuestro rock –que era entonces, como no lo es ahora, la locomotora de toda la música popular, la que marcaba las líneas de la transformación y de la creatividad. El que inventó sucesivamente el folk acústico, la balada pop, el rock sinfónico, la modernidad sonora de los ochenta: mientras miraba las nuevas olas era parte del mar, un clásico a los treinta y dos años. Fueron veinte años increíbles e intensos, los que van de *Vida* a *Tango 4*; desde 1991 hasta hoy, hay mucho que no me gusta, salvo insistir en las recopilaciones o en las colecciones —como hice cuando su internación, conmovido ante la juventud de las fotos de *Vida* y el iconismo tan pavote de *Confesiones de invierno*, pero también ante la potencia de *Películas* o *La Grasa de las Capitales*. Todos ellos, apenas, cuatro clásicos de la música popular argentina del siglo xx.

Como buen ídolo popular, es altamente probable que Charly sea un tipo muy complicado: pedante, intolerante, machista (pero la llevó a María Gabriela Epumer a tocar la guitarra, en un rock tan macho como este), reaccionario; su menemismo no servía ni para espantar burgueses. Pero los ídolos populares no están para ser modelos ni para liderar nada: están —pavada de función— para nuestro goce. Y luego se consumen en la llama del deseo, porque soportar tanto placer transferido es muy pesado —pregúntenle a Maradona, otro genio tan atravesado como Charly. Más aún: una de las cosas que la sociología de la cultura ha descubierto es que la música no viene a reflejarnos, sino a constituirnos, a inventarnos. La canción popular no "refleja nuestra realidad": la inventa y a la vez nos construye gozando y soñando y sufriendo y amando —y vaya aquí mi homenaje para mi amigo Marcelo, que se enamoraba rasguñando las piedras. Nosotros, los de cuarentaypico, simplemente fuimos *inventados* por Charly García, entre pocos otros (Spinetta, por ejemplo, sobre el que volveré más adelante).

Y parece que los ídolos del rock se queman en su propia llama si son honestos y consecuentes, y deciden que si no pueden sustraer su música al mercado por lo menos van a sustraer su cuerpo al destino del caretaje: esa llama es el exceso, la desmesura de la transgresión, del sexo, droga y *rock & roll*. Sin rescates ni yogures *light*. En esa consecuencia, claro, redimen nuestra cobardía: se sacrifican por todos los que no podemos ni sabemos ni nos animamos a ser como ellos. Y luego, en la caída, son víctimas del morbo del mismo mercado al que dieron opíparamente de comer; de estrellas se transforman en basuras condenadas por los hipócritas y por las cámaras clandestinas que insisten en transmitir el derrumbe.

Hoy, dos años después de la primera versión de esta crónica, Charly se rescató, y en la casa de Palito Ortega: en el intento, dejó archivada la música en el mismo lugar en que quedó su exceso. No significa esto afirmar una causalidad: el mundo está pletórico de borrachos incapaces de escribir una línea o tararear una melodía. Pero sí que al igual que Maradona –ya que hicimos la comparación–, Charly se ha transformado en un índice que señala solo hacia el pasado. Ese en el que nos inventaba, no este presente en que se limita a reírse de su público.

Del Colón a la muerte rockera

Los veranos suelen ser culturalmente aburridos, a menos que uno pueda leer mucho –lo atrasado, las deudas, las sorpresas. Nada presagiaba a comienzos de 2009 la aparición de dos novedades culturales de envergadura: la necesaria renuncia de Horacio Sanguinetti al Colón y la inesperada muerte de Alejandro Sokol en su Córdoba adoptiva.

Sobre Sanguinetti se dijo poco porque había poco que decir, salvo que su renuncia confirmaba dos cosas simultáneamente: la primera, que designar un simple amante de la lírica en el Colón es como nombrar a un fanático de las novelas policiales en la Biblioteca Nacional. La condición de aficionado no transforma en administrador cultural a nadie: el currículum de Sanguinetti apenas mostraba su paso por la dirección del Colegio Nacional de Buenos Aires, un paso autoritario y excesivamente largo a juzgar por la opinión de unos cuantos de sus ex alumnos; antecedente bastante distanciado de la complejidad que la dirección del Colón exigía. Los pormenores de la pésima gestión de Sanguinetti los discutió con su acostumbrada claridad Diego Fischerman en *Página 12*: no vale la pena agregar nada a sus argumentos irrefutables. Sí quiero recordar la segunda cosa que demuestra su renuncia: simplemente, que para la gestión Macri la cultura es una oportunidad de negocios, y nada más. Lo sabíamos desde antes de que asumiera: la complejidad del mundo simbólico se reduce, para el macrismo, a los avatares de Riquelme. El Colón ha perdido, consecuentemente, un año irrecuperable. Esperemos que Sanguinetti no pase ahora al Área de Educación, con el objetivo de poner en caja a tantos alumnos irrespetuosos y tantos docentes quejosos: después de todo, esa es su verdadera especialidad.[2]

---

[2] Como todo el mundo sabe, el área de Educación estaba dedicada a acoger espías clandestinos. Cuando esto se reveló, Macri le encomendó el área a Abel Posse, momento en el cual estuvimos a punto de pedir por Sanguinetti… El Colón, por su parte, apenas se limitó a profundizar su deterioro, incluso reabriendo sus puertas.

Lo de Sokol, en cambio, tiene más densidad: porque vuelve a poner en el tapete algunos de los rasgos más complejos de la cultura del rock. En la crónica anterior, hablando de Charly García, dije que el rock no era más la locomotora de la música popular, la que marcaba sus líneas de creatividad y novedad. Pero esto, que pretende ser un juicio estético, no implica que el rock no siga siendo un nudo central de nuestras culturas juveniles: el lugar donde tantos y tantas se afirman, se vuelven sujetos culturales y sociales. La muerte de Sokol permite pensar una de sus claves: obviamente, el exceso. No lo digo con el tinte negativo que tanta tontería bienpensante puede afirmar. El exceso rockero es un rasgo estético y ético: estéticamente, porque es desborde de notas y de volumen, de ritmos y de estridencias. Éticamente, porque el rock, a pesar de tanto "rescate" y de su conversión en mercancía millonaria, se sigue reivindicando como el exceso frente a tanta hipocresía. *Pour epáter le bourgeois* –un modo del exceso que linda con lo ideológico– o como afirmación de una alternativa vital, de un modo de vida que se desvíe de lo programado, porque en ese desvío está el único futuro (o el no-futuro) posible.

Sokol provenía de esa línea, la más radical del rock argentino: la que se originó en Sumo y Luca Prodan, no en vano una de sus primeras víctimas. La muerte rockera argentina –la internacional también, en buena medida– está signada por ese dato: es una historia que arranca en Tanguito y su desborde psiquiátrico, y que tiene en Sokol otro de sus índices. Escapar de esa radicalidad tuvo dos posibilidades: el "rescate" de Ricardo Mollo o la transformación de Petinatto en mercancía televisiva. Para Sokol, en cambio, el reviente siguió siendo un significante crucial, por partida doble: por un lado, es el viejo mito romántico de la expansión de los sentidos, del poeta que abre las puertas de la percepción con la ayuda de sustancias que alteran la conciencia; por otro, es un gesto de resistencia, una forma de sustraer el propio cuerpo al régimen de lo prescripto y lo ordenado. Algo hay de machismo en todo esto, también: porque el reviente es parte del aguante, y la medida de la hombría pasa también por la cantidad de hectolitros consumidos –por eso las muertes de Federico Moura y Miguel Abuelo, ambas por SIDA, siempre fueron más sospechadas en una cultura tan masculina–. Pero a diferencia del aguante futbolero, en el rock este rasgo no se prueba en la violencia contra el otro: no se mide en combates, sino, nuevamente, en el exceso en sí mismo y contra sí mismo. El desborde, entonces, es un signo cultural, hasta cuando se vuelve trágico.

Y no empecemos, por favor, con lo de los malos ejemplos: mucho peor es ver tanta ignorancia y desidia en las clases dirigentes, tanto Colón hecho trizas.

Luis Almirante Spinetta

Mi relación con Spinetta ha sido difícil a lo largo de los 40 años que decidió festejar en su extenso recital en Vélez, en diciembre de 2009. Simplemente, porque tengo casi 50; eso significa que el primer disco de Almendra está entre los primeros impactos culturales que recuerdo con alguna conciencia, ya alfabetizado y tratando de crecer solito: sin herencias ni transmisiones paternas, porque mis viejos siempre pensaron que el rock es un accidente musical que debió haber sido evitado. Tardé mucho en tener el disco, pero poco en que esos temazos me fueran deslizando hacia asumir una identidad –o una máscara, o un disfraz, o una pose–: yo sería rockero. Claro que cuando fui adolescente, el que terminó de operar el pasaje fue Charly con Sui Géneris. Que nadie se horrorice: todo Sui era más fácil y digerible, y a los 14 nadie puede ser demasiado lúcido estéticamente.

El asunto es que ser rockero permitía sobrellevar mejor el conflicto generacional y a la vez asumir el tránsito por la dictadura: inevitablemente, para los más chicos, el rock nacional fue el refugio donde sentirnos más o menos contestatarios. En 1979, peregriné a Obras para ver a Almendra y oír por primera vez en vivo a Spinetta. Y aunque ya habían pasado Pescado Rabioso e Invisible, no pude sino seguir aferrado a Almendra: evidentemente, mi rockerismo tenía un corazoncito pop. Preferí el charlygarcismo y me refugié en sus pliegues. Spinetta quedó entonces como el primo lejano del que se tenían noticias cada tanto (aunque el primer CD que compré en mi vida fue *Pelusón of milk…*).[3]

Demasiadas veces me pregunté por qué había cometido ese pecado: oía y leía las afirmaciones perseverantes respecto de que Spinetta era

---

[3] Cuando esta crónica fue publicada, los comentarios de los lectores virtuales fueron agresivos y estruendosos, implacables. Uno de los más divertidos fue respecto de esta afirmación: un lector concluyó que yo jamás había escuchado música hasta 1991. No había caído en la cuenta de que antes del CD estaban los casettes, y antes los vinilos, y antes los discos de pasta…

lo más grande que le había ocurrido a la música argentina, y me sentía un poco culpable o un poco ignorante, o ambas cosas. Supongo (a la distancia, obligado por esta crónica y por las cinco horas y media que soporté la noche del recital) que me irritó siempre esa cosa un poco presuntuosa según la cual el Flaco era un poeta mayúsculo, mientras que a mí me costaba encontrar en sus letras algo más que retóricas ampulosas y sobreactuadas destinadas a generar el "efecto poético": algo así como "no entenderán un pomo, pero justamente por eso creerán que soy un genio". Y musicalmente, no me movía un pelo: pensaba que lo que Spinetta hacía ya lo habían hecho otros antes, y mejor (Beatles, Led Zeppelin, King Crimson, el jazz rock).

Este texto no quiere ser simplemente una confesión: aquí no viene la parte en la que pido perdón y me autocritico, ante tanto lector a punto de pedir mi fusilamiento (porque el spinettismo incluye una dosis de fanatismo).[4] Insisto en entender –y no me vengan con que no es una cuestión de entendimiento, porque justamente el spinettismo consiste en el culto de la inteligencia y la sensibilidad estética frente al pogo y al exceso corporal: el "aguante" que Spinetta celebró en su público la noche del concierto consistía en soportar el frío y los exasperantes intervalos en que cambiaban la escena para cada banda. No se trataba de un aguante literal o chabón: era el aguante de los convocados al festín de la inteligencia y la nostalgia. Y ahí, entonces, mis dos claves.

El mito Spinetta se ha construido exactamente en torno de la inteligencia y la ilustración: qué otra cosa puede ser un tipo cuyo disco central se titula *Artaud*. Spinetta construyó una carrera sobre la idea de que su música podía hacerte sentir inteligente, aunque no lo fueras: que los sentidos convocados eran el oído y la razón, salpimentados con "el amor" y "la sensibilidad", y con el auxilio insoslayable de la lectura –hasta publicar un libro de poemas, *Guitarra negra*, bastante malo por cierto. Un letrado: Spinetta es un letrado, un producto perfecto para clases medias que se imaginaban ilustradas hasta no hace mucho –hasta el menemato– y a las que el Flaco les permite seguir gozando de esa ilusión. En apoyo de esta hipótesis, vienen sus "compromisos": renuente a

---

[4] Que quedó palmariamente demostrado en el tenor de los insultos que desplegaron los lectores de *Crítica* en su versión digital.

otras militancias, resulta que Spinetta ha descubierto la tragedia de los chicos del colegio Ecos y entonces organiza cinco horas y media de un recital único en la historia de la música argentina en torno de ello. Aún con la emoción y el desgarro que esa tragedia me provoca, me parece un poco excesivo, al lado de, por ejemplo, Cromañón –una tragedia, además, rockera.

Y luego, dije, la nostalgia. En ese concierto, Spinetta se autopresentó como un punto de pasaje de toda la historia del rock argentino: desde Nebbia hasta Mollo, pasando por Tanguito, Manal, Pappo, García y Soda Stéreo. A pesar de sus reiteradas y certeras invocaciones sobre que "mañana es mejor", pasamos cinco horas y media comprobando las ventajas de todo tiempo pasado. Eso no habla mal de Spinetta, cuyas mejores canciones tienen más de treinta años; habla mal –una vez más– de nuestra cultura y de nuestro rock.

Carballo, Cromañón y la venganza de clase

El pequeño escandalito que generó mi crónica sobre Spinetta me dio muchas ganas de retomar y ampliar esos argumentos. Por supuesto, se trató apenas de un escandalito en Internet, causado por las decenas de lectores indignados que estaban haciendo cola para pegarme. Como había previsto –como, incluso, había dicho en la nota–, el spinettismo es una forma más del fanatismo argentino: mal que le pese a tantos seguidores autoconvencidos de su inteligencia superior, las reacciones abrevaron en lo peor del fundamentalismo y la intolerancia. Eso me permitiría disparar para otra zona cotidiana de nuestra cultura, no solo rockera sino más ampliamente política: la intolerancia con la que se critica la intolerancia.

Pero mientras paladeaba mis nuevos argumentos, pasaron otras cosas. Pensé que el rock me daría nuevas oportunidades de retomar el debate: lamentablemente, fue la coincidencia trágica de la muerte de Rubén Carballo y un nuevo aniversario de Cromañón lo que me obligó a regresar, insistente y testarudo. Porque una de las cosas que más irritaron a tanto spinettiano fervoroso, horrorizado por mi cuestionamiento al Artaud del subdesarrollo, fue la comparación entre la tragedia de los chicos de Ecos y Cromañón. La muerte de Carballo me permite desplegar un poco más ese nudo.

Carballo murió tres días después del recital de Spinetta: había sido golpeado hasta la agonía por la Policía Federal dos semanas antes, en los alrededores del mismo estadio donde tocaron las bandas eternas, en ese caso cuando tocó Pity Álvarez con Viejas Locas. Como soy un tipo impresionable, el día del concierto de Spinetta había pasado la entrada, el recital y la salida atento a esa circunstancia, para comprobar que el control, el cacheo y el ordenamiento de los desplazamientos eran livianitos, atentos, hasta obsecuentes. Me empeño en pensar que ese cambio tenía más que ver con la condición de clase de los espectadores –el precio de las entradas no era un dato menor– que con un rediseño de la seguridad a raíz del desastre de Viejas Locas. Lo cierto es que las cinco horas y pico del recital no tuvieron, ni de parte de los músicos –demasiado ocupados en celebrarse a sí mismos– ni del público ninguna mención de los palos al pibe Carballo. Más allá de muchas otras críticas que merecen –la mayoría fundadas– deberíamos reconocerles a los públicos del "chabonismo" un poco más de consecuencia, aunque fuere ritual: ellos insisten en recordar a Bulacio, a casi 20 años de su asesinato, nuevamente a manos de la Federal.

En este caso, en cambio, la muerte se coló, como acto de militancia, en el homenaje a los chicos de Ecos. Quiero ser cuidadoso: no hay muertes de primera ni de segunda; esa tragedia muestra aspectos aberrantes de nuestra sociedad; toda militancia por la seguridad en las calles y rutas merece mi apoyo enfático (he firmado todos sus petitorios). Pero me temo que se produce aquí un desplazamiento similar a los reclamos por la "inseguridad": hay que salir a *blumberguizar* la calle cuando matan a una maestra, pero hay que quedarse en casita cuando la cana mata un negrito o un rockerito. Y ahí venía mi comparación con Cromañón: se trató de una masacre rockera –la que *Rolling Stone*, con acierto, tituló "la mayor tragedia de nuestra generación"–, independientemente del juicio estético que Callejeros nos merezca. Para ser clarísimo: era una banda de cuarta, y sus miembros, como el juicio demostró, un puñado de cobardes que esconden su culpabilidad en la soberbia. Pero los públicos de Cromañón murieron por creer que el rock es una ceremonia que combina belleza y resistencia político-cultural: lo mismo que los asistentes al recital de Spinetta, si no me equivoco mucho. ¿Eligieron la banda equivocada? ¿Por eso merecieron la muerte? ¿No merecían, entonces, una mínima mención?

Los muertos de Cromañón fueron víctimas de la combinación de capitalismo salvaje –ganar dinero sin reparar en cómo– y retiro del Estado –que no sirve ni para hacer una inspección. Carballo fue apaleado por ir a un recital de "fieritas", lo que lo convirtió en alguien digno de que se le aplicara la pena de muerte reclamada por Susana Giménez y Spinetta y ejecutada cotidianamente por todas las policías argentinas. Frente a toda la serie, el comportamiento de las estrellas de rock –Spinetta, Callejeros, Pity y también los Redondos cuando fue lo de Bulacio– es invariable: mirar para otro lado, seguir hablando de la belleza y el universo y la galaxia de Andrómeda. Lo que todos estos crímenes insisten en hablarnos es de una sociedad cada día más injusta, si eso fuera posible, donde la clase social sigue siendo la variable que ordena las jerarquías, y donde la violencia se ejecuta sistemáticamente sobre los mismos actores. Pero todo este cuadro se vuelve atroz cuando además, cuenta con la complicidad activa de los que se proclaman como más concientes, inteligentes, cultos. Que lo haga Macri, vaya y pase: pero que el rock practique la venganza de clase me parece simplemente intolerable.

Piazzolla, Fischerman y Gilbert, y mi tío Tito

Entre Mercedes Sosa y Sandro, pero también con el megafestival spinettiano y el aniversario de Cromañón y la resurrección de Charly García y ahora también "aquiiiií Cosquiiiiiiiín", podríamos pasarnos meses discutiendo sobre música popular y sus vericuetos y aledaños, y sobre los convencionalismos de la crítica y los lugares comunes del rockismo y el folklorismo, y sobre el populismo cultural que vendrá a cuento en otras crónicas. Meses que no estarían mal invertidos para tratar de salir de la celebración acrítica de todo lo que más o menos venda bien o de los mitos intocables de la música argentina —mi fallido intento con Spinetta—. Los estruendos de Cosquín, por ejemplo, me producen escalofríos, pero ya llegará el momento de dedicarse a los misterios de Soledad, Los Nocheros y el Chaqueño Palavecino, y sus gritos en la mayor o sus llantos en la menor.

Mientras tanto, las vacaciones de 2010 me permitieron leer un libro sencillamente espléndido, que trajo un soplo de aire renovador a la crítica de la cultura y de la música popular. Se trata del tomo que Diego Fischerman y Abel Gilbert le dedican a Astor Piazzolla (*Piazzolla, el mal entendido*), publicado en 2009 y al que la crítica no le ha hecho suficiente justicia. Se trata de uno de los mejores libros de análisis de la cultura argentina de los últimos años, apoyado en el estudio minucioso y brillante de un caso, la biografía piazzolliana. Lo que Fischerman y Gilbert demuestran, entre varias otras cosas, es que la crítica precisa un buen análisis empírico, que no se trata de la acumulación de pareceres y devaneos e impresiones disfrazadas de verdades concluyentes —la especialidad de Juanjo Sebreli, Marcos Aguinis o Sergio Bergman, los "pensadores" de cabotaje a los que algún periodismo endiosa como nuestros gurúes intelectuales.

El análisis empírico implica rigor en la acumulación de la información, la diversidad y pluralidad de las fuentes —las biografías existentes y las entrevistas y las declaraciones y las anécdotas—, y también la construcción de una discografía minuciosa. Pero todo ese material debe ser sometido al contraste y a la revisión, y eso es lo que Fischerman y Gilbert hacen con solvencia, para escapar al riesgo habitual de la biografía que es la hagiografía, la vida de santos, la glorificación sin mácula del personaje. Análisis y a la vez teoría, porque esos materiales deben ponerse en diálogo con una teoría de la sociedad y la cultura que permita entender los funcionamientos complejos de la música popular en las sociedades contemporáneas, y más aún en las periferias, aparentemente condenadas al epigonismo y la imitación y el transplante. Y un indispensable saber técnico, porque analizar a Piazzolla exige explicar en qué consistieron musicalmente sus novedades, sus audacias o sus conservadurismos, debatiéndose entre Ginastera, Bach, Troilo, Borges y Miles Davis.

Lo que el libro discute con solvencia es las relaciones entre la música popular y las tradiciones cultas, y todo lo que eso tiene que ver con la legitimidad y con la industria cultural y con la innovación y con la creatividad –porque además estamos hablando de creación artística. Pero para colmo cruzado con el tango y sus esencialismos, y ese milagro según el cual una música estrictamente urbana y porteña (a lo sumo, rosarina o montevideana) se transforma en emblema nacionalista. Es decir: los cruces e intersecciones que arman la urdimbre que es nuestra cultura, una trama tan compleja que no puede reducirse al relato elitista ni al reduccionismo simplón del "ser nacional".

En definitiva, estas relaciones entre las tradiciones cultas y las populares que Piazzolla permite analizar pueden ayudarme a entender a mi tío Tito, hijo de inmigrantes italianos de medio pelo al que le pusieron Amleto –juro que se llamaba así– en homenaje a un tío que a su vez recibió el nombre por una ópera de Faccio y Boito de 1865: ópera que obviamente reversionaba *Hamlet*, pero en italiano. Mi tío, entonces, fiel a ese mandato étnico y cultural, era un amante de la ópera y consiguiente cantante de ejemplos líricos, aunque creo que era más lo que buscaba impresionar que su fidelidad al original. Entre tantos recuerdos, hay uno sobresaliente, impreso a fuego en mis ocho años: mi tío Tito aferrado al volante de su camioneta de reparto de fiambres y embutidos cantando "Ya sé que estoy piantao, piantao, piantao…". Ese día apareció Piazzolla en mi vida, mezclado con Verdi y la poesía, bastante elemental, de Horacio Ferrer. Después de leer la primera versión de esta crónica, mi prima Elsa, la hija de mi tío Tito, me acotó que el padre pensaba que Piazzolla no hacía tango, como cualquier tanguero –incluido este tanguero tan operístico– sostenía a comienzos de los setenta: salvo la *Balada para un loco*, con la que Piazzolla había encontrado el esplendor de masas que había buscado secretamente, a pesar de su apostura vangardista. Comprender esa mescolanza exige el análisis riguroso que reivindicamos. No simplemente entender la biografía de mi tío, tan parecida a la de tantos argentinos y por ello tan irrelevante y a la vez tan personal; es entender una cultura, con todo lo que eso implica de dificultoso y de imprescindible.

Páez, Arjona, Aliverti… y para colmo Sirvén

Puede sonar viejo, lo sé: las declaraciones de Fito Páez, las que desencadenaron una modesta polémica local, fueron a fines de marzo de 2010. Pero no es tanto la polémica –el breve intercambio entre Páez y Arjona, limitado a pocas palabras y menos ideas– como sus comentarios lo que quiero discutir acá, porque me permiten insistir en mis temas favoritos. La música popular y sus vericuetos, a la cabeza; pero lo que todo eso nos permite decir de un cuadro general de nuestra cultura no puede ser descuidado. Digamos, por ejemplo, que a pesar de los anatemas de Arjona, Páez exhibió su condición indiscutible de cantante de cabecera, ocupando el centro de la escena en los festejos del Bicentenario.

Las ideas son pocas: Páez se refugió en un elitismo banal y bastante intolerante, según el cual la "poca" repercusión de Charly García (tres Luna Park, que no están nada mal, pero frente a los treinta y cinco de Arjona) es signo de destrucción y decadencia.[5] La destrucción y la decadencia de nuestra cultura existen, pero no son estos los signos que las señalan. Esos argumentos no son nuevos en Páez: hace una década viene diciendo cosas peores sobre el rock barrial (alias *chabón*), argumentos que le valieron una crítica demoledora de mi colega Pablo Semán, que lo interpretaba en términos de una "revancha de clase". Más atinado era un fragmento anterior del mismo reportaje, en el que no se reparó lo suficiente: Páez recordaba que la diferencia simple-complejo no resuelve el enorme problema de la valoración en la música popular. Ahí había una idea mucho más interesante para debatir: pero ni Arjona ni el resto del periodismo recogió el guante.

Claro: las ideas de Arjona son aún más escasas, aunque chisporrotearon con el sentido de la oportunidad. Páez era una presa fácil y un árbol caído, y Arjona se dedicó a hacer toda la leña que podía. La acusación

---

[5] Páez no señalaba, tampoco, que para el estado de la garganta de García tres recitales eran demasiado. Diría más: tres minutos eran un exceso.

de narcisista se caía de madura, y no la evitó –era justa y necesaria. Pero el debate estético fue minuciosamente eludido: no porque se haya hecho el burro, sino porque lo redujo a "esto es un asunto de gustos y de emoción". En resumen: para Arjona, todo el problema de la norma, el valor, la complejidad, el goce estético se reduce a "me gusta/no me gusta" y al viejo argumento de la pasión (que ha hecho y seguirá haciendo estragos). Esa precariedad teórica pasó inadvertida para los comentaristas: Arjona quedaba como un salame incapaz de pensar dos cosas sobre su propia música, pero nadie se ocupó de recordárselo.

Por su parte, el 2 de abril de 2010 el suplemento "Las 12", de *Página 12*, dedicó su *dossier* al tema: pero lo focalizó en uno de los polos, bajo el título "¿Por qué nos gusta tanto Arjona?". El problema es que no se lo preguntó realmente, sino que decidió afirmar exactamente lo contrario sin beneficio de la duda. Para las convocadas, Arjona "no tiene una semilla de encanto" (Avigliano), es "torpe y retorcido" (Enríquez), "andá a lavar los platos" (Beck); y la única opinión masculina, la de Eduardo Aliverti, descerrajó la serie "chongadas románticas", "terrorista métrico-sintáctico", "mamarracho indescriptible", "malísimo de toda maldad". La respuesta a la pregunta del título, entonces, brilló por su ausencia. Como dijo Carolina Spataro –una investigadora joven que está trabajando exactamente sobre la música popular y las mujeres–, si afirmamos todo eso, "¿qué estamos diciendo de las personas que lo escuchan? La respuesta es simple: ellas son tontas y no tienen la capacidad –que nosotr@s sí tenemos, claro– de advertir que es un 'grasa, machista y con mal gusto'". Carolina agrega: "Muchas veces escribir desde un escritorio (…) puede llevarnos a encontrar solo lo que nuestra posición dominante nos permita ver. Esto no quiere decir que tod@s l@s periodistas deban hacer trabajo de campo para escribir, pero sí que modalizar las afirmaciones y dudar sobre lo obvio puede ser un buen comienzo".

Ese principio, la duda, no lo aqueja a Pablo Sirvén, al que quiero dedicar el cierre de esta crónica. Porque lo que estoy tratando de argumentar es que nuestra cultura –y la música popular dentro de ella– merece debates y análisis atentos, complejos, plurales, que no se encierren narcisista y etnocéntricamente en los valores y los juicios de las clases que los formulan. Y no merece la tontería disfrazada de tolerancia con que Sirvén pontifica desde *La Nación* el 28 de marzo de 2010: la polémica Páez-Arjona sería anticuada, dictamina Sirvén, porque hoy nos rige una democracia cultural en la que "las patronas de Barrio Norte ya pueden escuchar a la luz del día lo que antes hacían a escondidas por vergüenza a ser descubiertas con gustos similares a los de sus propias empleadas domésticas". Hablando de etnocentrismo: la preocupación de Sirvén por las patronas de Barrio Norte no demuestra ningún grado de democratización cultural, pero sí una grosera auto-percepción burguesa, incapaz de entender nada que no aparezca en el suplemento "Espectáculos" de *La Nación*. Sirvén prescinde de cuarenta años de teoría cultural para refugiarse en la vulgata populista (justo él, justo en *La Nación*). Eso sí: preguntarse por si las empleadas domésticas adquieren los gustos musicales o ampliamente estéticos de sus patronas, o qué hacen con ellos, jamás se le va a cruzar por la cabeza. Poco puede agregar, entonces, a los grititos de Páez, las zonceras de Arjona o los adjetivos veloces de Aliverti.

Las leyes y las voces

Durante agosto y septiembre de 2009, los atentos colaboradores de la página web del diario *Crítica* no hicieron otra cosa que recriminarme no tomar posición sobre la Ley de Servicios Audiovisuales, esa que la derecha argentina insiste en llamar Ley de control de medios o Ley de Medios K. No la había leido aún –son 150 páginas, tampoco es un folletito– y no quería parecerme a la mayoría de los que opinaban, incluidos algunos legisladores y buena parte de los medios de comunicación: a todos ellos/as parece haberles faltado un buen tiempo de lectura. O un poco de honestidad intelectual, digamos.

Por eso, me dediqué esas semanas a leerla y a seguir el debate. Mi postura quedó explícita en una solicitada que varios periodistas y colaboradores del diario quisimos publicar en él, aunque fue objeto de la censura que sus dueños luego transformaron en liso y llano vaciamiento. Acuerdo con la Ley, un poco más con las modificaciones que le hicieron en Diputados, aún más con alguna modificación que debieron hacerle en Senadores. No es la mejor Ley posible, pero ¿cuál es la mejor Ley posible, en esta Argentina y con el peronismo como gobernante? Por lo menos, rompe con los monopolios y con la hiperconcentración, federaliza un poco el espectro, amplía las posibilidades para que aparezcan otras voces, democratiza los órganos de aplicación. En este punto, es donde pensaría las modificaciones más radicales: introducir la figura del concurso con supervisión académica, por ejemplo –esos concursos que un tipo como Mariotto jamás ganaría, pero la diputada Giúdici o Julio Bárbaro tampoco.

En este tipo de reformas, los organismos de aplicación, regulación y supervisión son claves: vean si no lo que ocurrió con la inutilidad de los que debían supervisar a los servicios públicos. A pesar de muchas debilidades, las universidades nacionales siguen siendo un lugar fantástico desde donde ejercer esas supervisiones: propongo pensar con más énfasis en su rol como autoridad de aplicación. Quizás de esa manera, se podría conseguir algo parecido a un COMFER que sirva para algo: lo que es este, había que disolverlo con premura. Para desdicha de los que anuncian el apocalipsis y la censura, el COMFER censor fue el de la presidencia de De la Rúa, que en 2001 prohibió la difusión pública de ciertas canciones de cumbia villera. Pasamos del COMFER censor de los radicales al inútil de los peronistas: Tinelli aún espera su condigno castigo.

La clave de la Ley es desmontar la hipótesis de que la comunicación y la cultura pueden ser espacios desregulados. Los que saben de esto, los especialistas en economía política de la comunicación, vienen señalando hace años que, en realidad, las políticas de medios de los noventa no desregularon, sino que re-regularon a favor de la concentración y los monopolios, además de incidir de manera desvergonzada a favor de esos mismos actores (por ejemplo, cuando Menem le cedió a Radio 10 la frecuencia de Radio Ciudad). No hay tal desregulación: la economía y la sociedad argentina se regularon a favor de los grupos de poder, con el aplauso entusiasta tanto de peronistas (que siguen aplaudiendo) como de radicales (que hoy se hacen las vírgenes suicidas). Y lo que se jugaba y juega en estos ámbitos es crucial para el devenir de una comunidad: es nada más y nada menos que los espacios donde se construye y pone en circulación la mayor cantidad de bienes simbólicos. Identidades, memorias, expectativas, deseos (no pienso usar la palabra relato, devaluada por nuestra presidenta): y fíjense que los pongo en plural, porque además no se trata de una única versión del asunto, sino de su pluralidad –si el concepto de *una identidad nacional* me une con Macri, Aguinis, Moyano y Tinelli, prefiero volverme brasileño.

Por supuesto que todo esto no significa entregarse a los cantos de sirena kirchneristas. Como dijo Beatriz Sarlo en *La Nación* en ese entonces, el gobierno se mueve por impulsos y calenturas, fuera de todo plan y de todo programa. Entonces, una buena ley, más justa, no vuelve a este gobierno ni mejor ni más justo. Pero eso no puede llevarnos a criticar una ley porque anuncia una limitación a ciertas libertades: eso es una falacia insostenible, que sin embargo muchos sostienen y más creen. La libertad de expresión es una conquista democrática de quienes la ejercen, y de ninguna manera una concesión de las empresas periodísticas, que suelen trastabillar cuando las voces que reclaman no coinciden con sus intereses económicos desvergonzados. En una emisión de *Palabras más, palabras menos* de septiembre de 2009, cuatro líderes piqueteros debieron recordarle a Tenembaum que si no hubieran cortado las calles, nadie los hubiera invitado a la tele –al cable, no a *Telenoche*.

Nadie puede afirmar seriamente que esta ley limite posibilidades de expresión. Los límites siguen estando en otro lado: en la economía y en la desigualdad, que tan poco hacemos por reducir. Esta ley se ocupa de ampliar algunas posibilidades para que las voces circulen: pero el problema seguirá siendo quién puede *tomar la palabra* –que no es lo mismo ni es igual.

La ley y la voz: defensa de la protesta

Dije en las páginas anteriores: "Esta ley se ocupa de ampliar algunas posibilidades para que las voces circulen: pero el problema seguirá siendo quién puede *tomar la palabra*". Hoy ya tenemos la Ley de Medios, afortunadamente, a pesar de las campañas vergonzosas de medios y corporaciones que no se han caracterizado, históricamente, por sus convicciones democráticas o su respeto por las libertades. Estamos a punto de que algún multimedio sostenga (*La Nación* está primero en la lista) que nos hemos desbarrancado en una dictadura castrista. Y sin embargo, como afirmé entonces, la libertad de expresión seguirá a salvo en manos de los que la defendemos y la ejercemos cotidianamente: no nos hacen falta los monopolios para que lo hagan en nuestro nombre.

Tenemos ley también a pesar de la tozudez oficialista, empeñada en restarle legitimidad y consenso. En algún momento del debate, pensé que esta ley podría haber salido con un porcentaje enorme de los legisladores: dejando fuera a la derecha y al peronismo neomenemipostduhaldista —es decir, la derecha—, había la posibilidad de un puente de plata con los radicales y parte del ARI o como se llame ahora. Era cuestión de insistir en la ampliación de los órganos de aplicación y control, lo que hubiera mejorado aún más la ley. Pero no: los muchachos estaban apurados por cantar la marchita con los compañeros de Carta Abierta, de modo que no había espacio para un poco más de mesura y reflexión y consenso —lo que se espera del Parlamento.

Entonces: tenemos ley, pero eso no significa que las voces van a circular libre y democráticamente, como por arte de magia. Por un lado, porque la experiencia de Canal 7 no permite alentar grandes expectativas: aunque en tándem con el canal Encuentro han ofrecido la mejor televisión estatal en años, su manejo de lo informativo se empeña en darle la razón a sus críticos —y más aún ahora que se ha futbolizado, ahora que la voz más difundida por el canal del estado es la de Marcelo Araujo. Pero mi argumento central, en el que quiero insistir, es que la ley apenas mejora las condiciones, aunque no las garantiza, para que la circulación de voces sea realmente democrática en nuestra sociedad y en nuestra cultura.

Y un buen ejemplo es lo que está ocurriendo desde finales de 2009 con el resurgir de la protesta social: que no había desaparecido, pero que parecía aletargada o desplazada por la manera en que los sectores más poderosos habían ganado la calle. Justamente ese contraste demuestra mi argumento: de la cobertura gigantesca de la protesta rural pasamos, sin demasiadas mediaciones, a la estigmatización y condena de todos los movimientos de protesta popular de esas y estas semanas –para no hablar, lisa y llanamente, de la represión en Kraft o de la que siempre prepara Macri. El argumento central es siempre "el respeto del derecho del otro a circular": parece que si la calle se corta, se impide el ejercicio de un derecho inalienable, el de llegar temprano a las obligaciones o al hogar. Concedamos la molestia, que todos hemos experimentado: pero aceptemos que se llega a tiempo saliendo antes, y que si nos demoramos en volver al hogar eso significa que por lo menos lo tenemos. Lo que no parece comprenderse es la magnitud de lo que la protesta está poniendo en escena: nada más y nada menos que el derecho a la sobrevivencia –alimentación, salud, nacimiento, muerte: frente a la circulación o la llegada a horario, no parece haber comparación posible.

Pero el argumento es centralmente de mayor o menor democracia en una sociedad, y es ahí donde mi razonamiento se liga con la ley audiovisual: lo que la protesta exhibe es la diferencia de poder. Cierta vulgata periodística y política ha logrado instalar la idea de que "el poder" es el Estado: resistir al Estado –como hicieron los ruralistas– se vuelve una épica del humilde frente al poderoso. En realidad, en toda sociedad moderna las diferencias de poder se exhiben por doquier: hay diferencias en la clase social, en el género, en la etnia, en la edad, en las instituciones escolares –vean si no los conflictos en las escuelas porteñas durante el 2010. Hasta en los gremios, desde que los sindicatos persistentemente vandoristas abandonaron a la clase trabajadora para aliarse con las patronales –hace cincuenta años…– y comenzaron a perseguir fantasmas izquierdistas en sus comisiones internas. Esas diferencias de poder solo pueden refutarse en el conflicto, usando las armas del débil: si Kraft tiene a "la embajada", los medios, el sindicato y la Bonaerense, a los obreros solo les queda el corte de ruta.

La protesta –el conflicto– es el medio con el que los débiles pueden tomar la palabra. La Ley de Medios será democrática, entonces, solo si permite extender esta noción: si se vuelve un instrumento radical de circulación de las palabras más agudas y contrastantes, de las voces de los menos poderosos. Si se limita a garantizarle un lugar a una FM de algún puntero del conurbano o de un sindicato vandorista –y no de alguna comisión interna–, me quedo con *TN*.

Transgresores televisados

Creo que el primero en recibir el adjetivo fue Menem, y analizar los significados de ese uso puede ser revelador. Lo que se calificó como transgresor en Menem fue la voltereta en el aire que transformó al peronismo de populismo redistributivo en neoconservadurismo concentrador. ¿Qué transgredía Menem para merecer tamaño calificativo? Por un lado, la fama le venía de sus incursiones en el *jet set* –fue, hay que reconocerlo, uno de los fundadores de la farandulización de la política– y de esas patillas tan facundianas y tan poco a tono con los ochenta. Pero cuando produjo el giro conservador, la calificación de transgresor le vino por derecha: son inolvidables los elogios de Neustadt, que lo miraba a los ojos para decirle que se había transformado en rubio y de ojos celestes. Transgresión era, entonces, lo que otros llamaban traición –pavada de rima–; significaba desoír los mandatos populistas para encolumnarse en la pragmática senda del fin de las ideologías. Los transgresores hicieron fila: esa transgresión, sin duda, era redituable, y la inversa –abandonar los cantos de sirena del neoliberalismo para arrojarse en brazos del socialismo, por ejemplo– era poco habitual, si era.

Entonces: una transgresión conservadora. Y uno no se podía sorprender: la palabra revolución, tan de izquierda, y que ya venía maltratada por la revolución libertadora y por la revolución argentina, ahora se llamaba "productiva" porque no se animaba a llamarse conservadora, como sí lo había hecho la tradición anglosajona en la senda *reagantatcherista*. Los noventa fueron definidos como revolucionarios con cierto aire de paradoja: porque el capitalismo quedaba vigorosamente en pie, porque lo que se sepultaba era, justamente, toda expectativa revolucionaria. De las otras, digamos.

El problema es que detrás de Menem, con el menemismo, estos juegos y malversaciones lingüísticos se volvieron dominantes. Y televisivos –porque televisivo era el menemismo. De esos años, son los principales (autodenominados) transgresores que aún persisten: Tinelli, a la cabeza;

Pergolini, un poco retrasado, porque el *target* así se lo exige. La transgresión tinelliana consistió, básicamente, en decir "culo" en cámara sin ruborizarse, en transformar la pantalla cotidiana en un teatro de revistas de veinticuatro horas de duración. La invención de Tinelli, como todos sabemos, no tenía nada de original: ni el chiste berreta, ni la cámara sorpresa, ni la futbolización, ni el grito, ni la ignorancia orgullosa, ni el antiintelectualismo, ni los culos; todo ya había sido inventado (como bien demostraba mi colega Carlos Mangone hace más de quince años, en lo que sigue siendo el único libro académico dedicado al tinellismo). La novedad era la acumulación, el desborde, la desmesura, todos los días. Y esas redundancias –tantos culos, tantos gritos, tanto chiste verde y malo– fueron llamadas transgresiones por una crítica de espectáculos que hace rato abandonó la crítica por el chisme.

Lo de Pergolini es más complejo: porque lo transgresor allí es más una pose que un contenido, un estilo que un lenguaje. Tributa, sí, a los mismos lugares comunes: los culos, las puteadas, el fútbol como último horizonte de pensamiento, el machismo y la homofobia –tópicos en los que ambos se sacan chispas–. Pero sabe que a Tinelli la grasada le sale más natural, y entonces Pergolini la abandonó para refugiarse en un limbo clasemediero y rockero, con un tinte racistón.

Lo cierto es que la presunta transgresión de ambos es menemista, es decir, conservadora y repetitiva. Una transgresión que le apunta a un sistema moral inocuo, desgastado por su propio anacronismo, mientras deja intacto lo crucial ("es la economía, estúpido"). Y que, en su machismo, revela que la transgresión llega hasta ahí nomás, justo antes de que se vuelva un problema o le complique la vida a alguien. Es, en suma, otro signo más de estos tiempos desangelados: los tiempos en que Macri es "lo nuevo" o el kirchnerismo "la izquierda", o en que Florencia de la V oculta su travestismo para volverse casi casi una heterosexual. Por eso, los que insistimos en buscar las transgresiones, las resistencias, las impugnaciones, los que tercamente seguimos pensando que a esta sociedad le vendrían bien un par de vueltas en el aire –pero esta vez, no menemistas–, seguiremos creyendo que transgresor, lo que se dice transgresor, era esa manera irreverente con que la *troupe* de Casero se llevaba todo puesto, en los buenos y viejos tiempos de *Cha Cha Cha*. Hasta que llegó Suar y lo asfaltó, claro.

Ay, Marcelo

Vi el re-estreno de *Showmatch*, sus festejados veinte años en 2009, como algunos millones más de personas. Sigo viendo sus descendencias: vi, con parsimonia, sus antecesores. Explicar por qué todo me pareció y me parece tan malo merece un par de aclaraciones previas.

Quiero ser cuidadoso: porque es inevitable que mi opinión se cuestione como mero prejuicio, típica versión de intelectuales elitistas que no comprenden "los gustos de *lagente*". Pero mi juicio no se produce desde un presunto "deber ser" culto, que le reclama a la televisión que se transforme en vanguardia estética o a la música popular que respete los cánones eruditos. No: es posible –es imprescindible– hacer crítica de la cultura de masas desde sus propios estándares, desde sus propias pautas. La cultura de masas tiene también reglas estéticas, variadas y complejas –se trate de música popular, de ficción televisiva o cinematográfica, de radio, de noticieros, de documentales. Juzgarla desde otro lugar no es elitismo: es un grosero error teórico.

Pero eso no significa ceder al chantaje de la "popularidad": el argumento de que "a *lagente* le gusta" no es un argumento, sino un renuncio crítico. Explicar el éxito de los programas de Tinelli no puede implicar abandonarse a los cantos de sirena de un populismo berreta. Exige desmenuzarlos estética y formalmente: cosa que pocos hacen. Es significativo que la mayoría de las coberturas haya coincidido en elogiar su despliegue, su producción, su exhuberancia y muy especialmente su *rating*; pero que casi nadie se haya detenido en juicios un poco más analíticos. Por ejemplo: que es aburrido, redundante, previsible y muy pero muy conservador –y no estoy hablando de política, sino de estética televisiva.

Vi esos primeros programas de 2009: no asistí a las danzas infantiles, que reservé para otro momento –aunque Tinelli no me lo permitió: el "Bailando Kids" era tan malo y tan groseramente violatorio de las disposiciones vigentes que lo levantaron a las pocas semanas. Esos programas iniciales tuvieron la discutible virtud de dormirme, cosa rara para un programa tan histérico y gritón. Afortunadamente, la infinita gentileza de Canal 13, que vive repitiendo el programa a lo largo y lo ancho de su programación en todos estos años, me permitió ver lo perdido. Lo sigue haciendo. Y por eso insisto: el principio que ordena el show es la redundancia. Todo ocurre dos veces –y también tres. Nada pasa en el programa sin que Tinelli lo cuente antes a los gritos –o que la barra de amigos lo subraye fuera de campo. Lo más notorio, en ese re-estreno de 2009, fue el tratamiento de la famosa apertura-parodia de *Lost*: debimos soportar largas peroratas previas que nos anunciaban lo increíble de lo que íbamos a ver, el despliegue, la superproducción. Hasta, para colmo, pasar un fragmento de *Lost* antes de la apertura tinelliana propiamente dicha. Y eso es una grosería: si vas a hacer una parodia, no se puede poner primero el texto parodiado. Eso viola cualquier norma, culta o popular: si no se confía en que el público reponga por las suyas el texto que se va a parodiar –o citar u homenajear o parafrasear o lo que sea–, la parodia pierde todo sentido. Es como imaginar a los Simpsons –viejos cultores de la parodia televisiva– pasando fragmentos de *Citizen Kane* de Orson Welles antes de su "Citizen Burns". Tinelli entiende que su público es idiota: entonces, le explica todo antes, por las dudas no se entienda.

Juicios similares merece la coreografía de apertura. Yo no entiendo nada de danza –los que saben son Lafauci, Casán, Pachano, Alfano o Sofovich, como es público y notorio– pero hace rato que las coreografías parecen consistir en un montón de gente haciendo gimnasia y corriendo de aquí para allá. Supongo que tiene que ver con la figura del *coach*: si en vez de coreógrafos se usan *coaches*, es como tener a Bilardo dirigiendo al Ballet estable del Colón. Lo cierto es que el despliegue de 4567 bailarines en escena no es un mérito en sí mismo: todo era para rodear a Hernán Piquín, que baila de veras, pero le tocó hacerlo con la Archimó, que baila de mentira –y por eso pifió como pifió. Respecto del otro evento central de las primeras noches, la *sitcom* con Francella, también fue muy pobre. Primero, porque llamarla *sitcom* es una tilinguería: como mucho, fue un cuadro de comedia. Segundo, porque Tinelli actuando es un mamarracho. Y tercero porque Francella es otro invento: tiene un repertorio de cinco caras –sorpresa, picardía, complicidad, calentura y decepción– que va rotando según la situación, acompañado del verso socarrón, machista y porteñocéntrico que ya debiera habernos saturado. Quiero decir: ya sé que no es Billy Cristal o Bill Murray, pero tampoco es Olmedo.

El espacio no me da para ocuparme también de lo obvio: que a los 15 segundos se había dicho "mierda" por primera vez, por ejemplo, y que a partir de allí las groserías se acumularon sin tino; o que el "humor" tinelliano consiste, como siempre, en el gaste, la guasada, la homofobia; o que el machismo es tan descomunal que se vuelve parte del paisaje. Sí quiero asegurar que soy optimista: que tenemos derecho a una cultura de masas mejor, que puede existir, que debe existir. Pero que no es esta. El show de Tinelli consiste en la exhibición de misoginias machistas y mediocres, sin demasiadas ideas, lideradas por un tipo que nos grita durante dos horas. Y que nos falta decididamente el respeto.

(Y en esto soy cuidadoso y enfático: no se trata de suponer la idiotez del público, que debiera ser probada antes de ser afirmada. Los vericuetos de las audiencias son muchas veces inescrutables, y algo habrá entre el entretenimiento, el morbo y la socialización de masas que deberá ser investigado. Pero de lo que no me muevo es de que Tinelli afirma, a cada paso, que su público es idiota. Eso es otra cosa. Y ahí se pierde el respeto).

¿Hay vida fuera de la televisión?

La estruendosa aparición de los escándalos y las disputas internas en los elencos tinellianos durante todo el año, todos los años, dejan mucha tela para el análisis. Algunas afirmaciones son más obvias, más indiscutibles: por ejemplo, lo difícil que debe ser trabajar como cronista de espectáculos de *Clarín* y sobrevivir en el intento, amordazados por esa novedosa relación de los multimedios que hace del diario una especie de *house organ* de Canal 13. Nunca olvidaré, como ejemplo máximo de esa relación perversa entre los productos mediáticos, una emisión de *Telenoche* en la que la noticia "real" del día era la pelea Guevara-Garmendia, de la tira *Campeones*; inclusive, entrevistaban a los actores como si fueran boxeadores reales, como si el combate fuera a existir como parte de esa realidad que *Telenoche* se esforzaba duramente en "reflejar". Y luego, el canal y el grupo se desgarran hablando de su "credibilidad" y su "respeto por la noticia"…

Otras de las interpretaciones que estos tiempos tinellianos nos dejan ver es que, frente a la tinellización de la cultura que tantos colegas vienen señalando hace rato, hoy estamos frente a un grado aún más sofisticado, que es la tinellización de la lucha de clases. Aclaremos el punto: a pesar de que hoy parezca tan difícil sostener esto, soy de los que creen que las sociedades y la historia se siguen moviendo por el conflicto entre las clases sociales; que los intereses entre ellas son, en un punto, irreconciliables, mal que le pese al peronismo, que alienta esa esperanza, o a la derecha, que le importa un bledo. Entonces, en vez de explicar las sociedades por la conciliación, la unidad o lo homogéneo, soy de los que insistentemente buscan los lugares donde esa disputa se manifiesta –convencido de que esos lugares son los que permiten ver la riqueza y la posibilidad democrática de una comunidad. No quiero cansar con sutilezas teóricas: alcanza con afirmar que los conflictos entre clases, en el campo de la cultura, son los espacios donde se puede ver lo que las clases populares sueñan, desean o imaginan.

Pero eso, decía, ha sido reemplazado hoy por una versión más perversa, que es su reconversión tinellizada. Ya no se llama "lucha de clases", sino "guerra" –porque son tan ignorantes que no saben ni citar bien, aunque Jorge Rial apele a Marx y Engels en su apoyo–. Y han cambiado los viejos actores, las clases –proletarios y burgueses, obreros y patrones, pueblo y oligarquía, para citar de paso a D'Elía–, para reemplazarlas con nuevas categorías teóricas: divinas vs. populares, pero especialmente finas vs. grasas (dejemos de lado el entusiasmo poco riguroso de Belén Francese, que afirmó "enanas vs. bajas"). En esta vuelta de tuerca teórica, los actores sociales dejan de definirse por su posición en la economía, para ahora describirse por el rol que actúan. Porque, claro, nadie cree seriamente que Dolores Barreiro "es" fina o que Marianela Mirra "es" grasa; se trata de los papeles que les tocan en el reparto de actuaciones espectaculares. Para el marxismo, esto es una vuelta de tuerca fenomenal: el trabajo y la economía no nos posicionan más en la estructura social. Lo que nos cataloga, nos construye como sujetos y nos reconoce socialmente es el estereotipo, la imagen televisiva que nos toca en el momento de entrega de títulos: fina, grasa, hueca, gato, soñador, botinera, famoso, *gente* –léase "público". Hay subclases, claro, porque la riqueza social es tal que ni Tinelli da abasto, y ahí pueden aparecer los piqueteros, los ruralistas o los intelectuales, pero eso ya es problema de los movileros.

La estructura social básica está ahí, en el nuevo Manifiesto Tinellista: famosos del mundo, uníos. Todo es televisivo, y si algo hay por fuera de la televisión, solo lo sabremos en tanto y en cuanto se vuelva televisivo. Las clases sociales han desaparecido: bienvenido sea el mundo del puro espectáculo. Todavía nos queda la esperanza de que, si revisamos las categorías de la estructura de clases según San Marcelo, al menos se trata casi siempre de mujeres. Parece que los roles centrales son los que ocupan las féminas, que son ellas las que ordenan el mundo conocido y por conocer. Ese optimismo se desvanece, claro, cuando comprobamos –con una sola y mínima ojeada a la pantalla– que ese mundo sigue pertinazmente organizado por una mirada masculina, la mirada lujuriosa del mismo Tinelli, la mirada que pretende representar todas las miradas masculinas en la suya mientras corta la pollerita de la señora Carolina Baldini de Simeone o espía el busto de Karina Jelinek.

La administración de la imagen –en resumen: de la economía, de la historia, de la política, de la vida– sigue siendo del macho. Más precisamente: de *ese* macho.

Creo que va siendo hora de pensar, seriamente –ahora, citando a Lenin–, en tomarle el Palacio de Invierno.

¿Qué talento?

El *reality show* es el género televisivo hegemónico: bajo esa etiqueta se refugian *El talento argentino* y *Gran hermano*; es la matriz de *Bailando por un sueño*, aunque a veces no parezca –allí está *Soñando por Bailar* como para demostrarlo–, y organiza todos los *castings* habidos y por haber, se televisen –como "High School Musical"– o no. Y que al *reality* le vaya tan bien delata algunas cosas sobre la cultura global contemporánea: porque no se trata de un invento argentino, como todos sabemos, sino de una constante compra y venta de patentes (les dicen "formatos") que fluyen aquí y allá. El *reality* es un rito de pasaje: de ser "gente" a ser "famoso", en solo las semanas que sean necesarias. El/la candidato/a entra "gente" y sale bendecido/a por la fama: de la combinación entre algún don natural (la voz o el trasero) y un buen representante dependerá la longitud de esa fama. Ximena Capristo todavía disfruta de las consecuencias de algún *Gran Hermano*, mientras otras decenas han regresado al anonimato de donde nunca debieron haber salido –a juzgar por la envergadura de sus contribuciones artísticas o meramente mediáticas: la "osito" de GH 2007, por poner un ejemplo a la vez mínimo y ridículo.

Entonces: el *reality* deja ver una cultura organizada en torno de la circulación mediática, una tele-cultura, donde el éxito se mide en segundos de fama y donde la vieja profecía de Andy Warhol se vuelve ley universal. La televisión es la vía segura al éxito, mucho más que la escuela o la universidad, y ofrece desde alternativas tradicionales (el *talk show*, consistente en contar tus miserias en público) hasta las más audaces, como la que descubrió el Malevo Ferreyra suicidándose en público. El *reality* tiene, en esa serie, un grado mayor de legitimidad, porque lo que se supone es que se exhibe algo de talento: para cantar y bailar, como en la *troupe* de Tinelli o en la de *High School Musical*, o para serruchar el piso al vecino, como en *Gran Hermano*.

Quiero quedarme en esta cuestión, y especialmente en la que rodaba cada domingo por Telefé, porque desbancar a *Fútbol de Primera* de las preferencias de audiencia supone que algo debe haber por ahí. ¿Talento, quizás? ¿Es que acaso lo que seduce de *Talento argentino* es justamente el talento? ¿O exactamente su ausencia?

Por lo menos, lo que sobra en "Talento..." no es eso. Comenzando por el jurado, claro: el talento de Catherine Fulop no es precisamente su rasgo más notorio, o el que la ha hecho famosa (debiera indagarse más bien por su disciplina gimnástica, la que no supone talento sino tono muscular). El de Kike Teruel puede al menos discutirse: para mí es inexistente, pero puedo conceder que ha hecho lo que se conoce como una "carrera artística". El de Maximiliano Guerra es el más irreprochable, aunque aquí lo esconda para limitarse a hacer de Simon Cowel, el celebérrimo y malvado jurado de *American Idol* que fue, a la vez, el inventor de estos programas (que por allá se llaman *Got Talent*). A Guerra le toca ese rol, y lo juega con enjundia. De Mariano Peluffo, si el tema es el talento, no hay nada que decir.

El talento no abunda tampoco entre los participantes. O mejor: lo que debe discutirse es de qué talento estamos hablando. "Talento argentino" es una especie de acto de fin de curso en una escuela, momento en el que las maestras intentan mostrar todas las habilidades de sus alumnitos/as: entonces, hacen desfilar a la nena vestida de gaucho que canta zambas y al nene que hace magia. En una de esas, una tía emocionada murmura un "qué talento que tiene la nena/el nene", de lo que solo una mente afiebrada puede concluir que la carrera artística del infante no tiene techo. Sin embargo, en nuestro programa el jurado no para de afirmarle, a chicos de once años, que su futuro es impredecible. Entonces, para cumplir esa promesa, hacen desfilar a fenómenos que hacen de la gimnasia artística un espectáculo de circo o a nenes disfrazados con traje de tanguero que destruyen "El sueño del pibe", por si a alguien se le había escapado la metáfora. A eso le suman una cantidad inverosímil de clones de Céline Dion, que han decidido que el futuro se conquista a los gritos.

Es que el programa no exhibe talento, sino habilidades: para imitar –a Céline Dion o a Almafuerte o a Soledad– y para impresionar. Por ejemplo Facundo, un nene-guitarrista, que se reduce a puntear rapidito la guitarra, a llenarla de notas y a correr carreras contra él mismo y contra Paco de Lucía. La cuestión –el secreto del éxito– es ser ruidoso, ampuloso, tribunero: no olvidemos que, como buen *reality*, decide "el voto de *lagente*" –las compañías de celulares agradecen tamaña muestra de democracia. Si el futuro del arte y el talento argentino dependiera de todo esto, estaríamos fritos.

Por eso, me quedo con los metaleros de Los gauchos de acero, de la edición de 2009, perdedores contra un imitador de club de barrio: son clones, pero hacer ruido está en su naturaleza. No inventan nada ni se mueven del género: pero lo hacen bien.

Del fóbal a los Pells

Mal que le pese a muchos, hay vida después del fútbol. Y el debate argentino podría prescindir de los avatares deportivos, porque cada vez más, parecen banalidades frente a lo agudo de nuestras crisis y a la mediocridad de la clase política para enfrentarlas. Cada palabra de Cobos, De Narváez, Macri y Reuteman es un alerta sobre lo que se puede venir: cada gesto del oficialismo es pura perseverancia en los errores antes que militancia en los aciertos. A mediados de 2009, por ejemplo, el recambio del gabinete se llevó a José Nun, el mejor Secretario de Cultura que ha tenido este país: por primera vez, tuvimos políticas plurales, federales, democráticas, activas. Como las minucias culturales le importan poco al común de los mortales, esa salida pasó inadvertida. Estábamos, claro, demasiado ocupados con la gripe, con el campo y con los cuñados de Tinelli.

Entonces, como lo que más me importan son justamente las minucias culturales, insistía en ocuparme con la televisión. En el derrumbe de Tinelli, por ejemplo –su *rating* se caía, porque su público ya no podía entender tanta perseverancia en lo convencional, en la nadería, en la guasada; pero el 2010 lo vio remontando exitosamente la cuesta, porque su público aceptó perseverar en lo convencional, en la nadería, en la guasada. Y como contraste, en el final de los Pells, que se despidieron en julio de 2009 confirmando lo bueno y lo malo: más de lo primero que de lo segundo, lo cual merece un poco de detenimiento.

No creo que *Los exitosos Pells* haya sido un programa excepcional. Creo que la televisión contemporánea es muy mala y en consecuencia solemos destacar los programas que sobresalen por, al menos, alguna corrección. No creo que *Los simuladores* o *Hermanos y detectives* hayan sido una maravilla; creo que en la crítica tenemos que prestar atención también a la lógica de las productoras, esa que lleva a producir muchas porquerías y concentrar esfuerzos y gestualidades "elegantes" en un programa por año para ganar el Martín Fierro y sacar chapa de inteligente.

Telefé lo hace muy bien (*Vidas robadas* o *El elegido*, por ejemplo), Suar lo hacía (*Vulnerables*, entre tanto bodrio para clases medias psicoanalizadas), pero ya no se preocupa por ese target; hasta Tinelli produjo a Alberti y Capusotto u *Okupas*. La bajísima calidad del conjunto hace que la crítica celebre con entusiasmo excesivo, a mi gusto, productos apenas dignos o correctos. *Los exitosos Pells* estuvieron en esa lista, pero hubo allí señales en las que hay que insistir, perseverar, celebrar.

Una de ellas es justamente que haya sometido a crítica a la propia televisión. Tampoco implacablemente –es demasiado difícil una crítica implacable en el interior del mismo monstruo–, pero sí con inteligencia, y en especial en ese villano monumental que fue el Franco Andrada de Hugo Arana; hacía falta un villano de ese calibre. Y también en una mirada ácida sobre la construcción de lo noticioso: la información se mostraba, justamente en medio del debate sobre el "periodismo independiente", como construcción, show, corruptela. A la vez, uno de sus picos más altos eran las publicidades ficticias, las que ponían de manifiesto lo berreta del sistema de estrellas y su conversión en mercancías que venden cualquier mercancía. Pero eso se veía contradicho en el propio Amigorena haciendo publicidades de las más variadas: la contradicción (y la progresiva desaparición de las parodias) ponía de manifiesto que un hallazgo estético se sometía a la regla de la ganancia mercantil, una vez más. Para colmo, decidieron no escapar al infierno del chivo, de las PNT: y cuando una cámara escoge un plano solo por razones mercantiles, contradice un mandato estético e ideológico. Y pierde mi respeto.

Pero prefiero quedarme con otro rasgo positivo: porque la televisión argentina tiene unos problemas enormes para representar al otro o los otros. Está tan atornillada a la lógica de *lagente*, que no puede ver más allá de las clases medias blancas urbanas: negros, bolivianos, prostitutas, pibes y pibas le hacen ruido, solo pueden ser representados como estereotipos, como estigma, como condena. Los exitosos Pells, en cambio, pusieron en escena homosexuales excepcionales, maravillosos: Diego Ramos, especialmente, pero también Diego Reinhold y Mike Amigorena cuando le tocaba jugar de Martín. Con represiones –jamás un beso intenso, jamás la cama fuera de la sugerencia–, pero con vuelo y con juego. Cuesta muy poco: solo buenos actores y mucho respeto.

Escenas de la vida burguesa

Para Laura Visconti

La combinación de las vacaciones de invierno, vivir a cincuenta metros de un cine, una oferta irrenunciable de un supermercado y alguna tentación masoquista se desplegó en todo su dolor en el invierno de 2008, yendo a ver *High School Musical* al Rivera Indarte de Flores. Esos elementos precisaron de un catalizador: en este caso fue Laura, que cumplía once años, autodenominada "futura actriz internacional". Laura es la falsa sobrina que nunca falta cuando a uno le fallan los hijos como excusa; los míos me permitieron asistir a la reconversión de Disney y al estallido de Pixar en los noventa, pero hoy están más interesados en otras cosas, que aún no sé cuáles son –y hay una pequeñita que aún no debutó en el cine: ya habrá oportunidad.

Lo cierto es que con Laura fuimos al cine para contemplar asombrados a algún centenar de niñas cantándose todas las canciones de la película. Dije niñas: no abundaban los varoncitos, lo que no significa que sean mejores públicos –en la sala de al lado daban *100% lucha*, otro bodrio magnífico y post televisivo, mucho más masculino que el que nos ocupa. Parece ser que a los varones no los convocaba ni siquiera la presencia de Liz Solari, tan bella como pésima actriz. En fin, "actriz"… una de las cosas a las que hemos tenido que acostumbrarnos en la cultura argentina es que los rótulos se ponen y se sacan con una liviandad estremecedora; cualquiera que circula por la tele o por el cine vernáculo, en cualquier oficio, inmediatamente se autotitula "artista", porque resulta que el espectáculo mediático es arte. En fin; sería tema para otra discusión si no estuviera vinculado a que el bodrio en cuestión, la "jaiescúlmiúsical", participó entusiastamente de ese sistema, armando sus elencos con un cásting hecho programa televisivo, reproduciendo el esquema básico de todo el "arte" argentino contemporáneo: que lo puede hacer cualquiera, en tanto sea adecuada y oportunamente descubierto por la tele en alguno de sus programas ad hoc, Bailando/patinando/ cantando, *Gran Hermano, High School Musical,* El *talento argentino* (otro bodrio, pero con buena prensa, por un extraño milagro de esos que pasan seguido y al que ya nos hemos dedicado).

Pero no fui al cine para hablar de la tele y el arte; bueno, uno no va a ver ese cine para hablar de arte. Como con algo me tenía que quedar, elegí a Andrea del Boca, la única que da en el clavo paródico. Porque no hay ninguna posibilidad de entender esta película, este "producto artístico", fuera de la parodia: y Del Boca actúa una parodia de sí misma. El resto, en cambio, incluso los actores "serios", parece creer en lo que hace, pone las caras adecuadas (Mauricio Dayub, por ejemplo, en el momento mas dramático de la película, pone cara de "papá preocupado por el dinero, pero mucho más por la felicidad de su hijo que es lo único que importa, mire"). Pero los guionistas locales, sometidos al comando de la Disney, decidieron que era posible filmar una narración sin conflicto y nos ahorraron hasta el más pequeño, por lo que las caras serias no abundan. Lo que hay son catálisis que unen los cuadros musicales; el que quiera ver otra cosa, parece afirmar el productor, que busque el video de Chachi Telesco en la web.

A la Chachi la echaron del *casting* por tener sexo. Y es la mejor metáfora de la película: no hay sexo, no hay conflicto, no hay disturbios alimentarios (una chica gordita, nada más, en el fondo; los alumnos de la escuela comen ensalada y beben jugos), no hay política, no hay religión, no hay diferencia de clases (apenas un par de servidores, un repartidor y un paseador de perros, que no se distinguen de los protagonistas), no hay drogas legales ni ilegales (ni una birrita, ni un porrito, ni un mísero puchito). La película es el mejor ejemplo de una afirmación metodológica y teórica: los textos culturales no reflejan nada, sino que inventan mundos. En este caso, un mundo burgués perfecto; pero tan perfecto, que ni siquiera representa a los hijos de esa misma burguesía, que como todos sabemos beben, fuman, se drogan, tienen sexo y maltratan a los diferentes. Este fragmento de la cultura de masas argentina postula un mundo definitivamente feliz: un mundo inexistente, donde los *blumberg* cantan y bailan con los *blumberg* sin negritos ni drogas de diseño acechando, y donde los seres humanos y humanas se reproducen por cigüeña, lo que evita el embarazo adolescente y la tentación abortista.

Un mundo Disney, en suma: una perfecta fantasía burguesa. Parece mentira, treinta y siete años después, que tengamos que homenajear al libro *Para leer al Pato Donald*, de Ariel Dorfman y Armand Mattelart, tan setentista y a la vez tan actual.

El *Oscár*: narcisismo y estética

Marzo de 2010 fue un mes de puro exitismo: no implicó manifestaciones en el Obelisco, afortunadamente, sino apenas las portadas de los diarios y revistas, y unos cuantos minutos de TV. La tapa de *Caras*, por ejemplo, en la que el hijo de Darín sentencia que ganó un Oscar en su primer trabajo. Reviso la ficha técnica de *El secreto de sus ojos* y descubro que un tal Chino Darín fue meritorio de producción. Guau. En fin: apenas se comienza a usar la primera persona del plural y estamos fritos. Ganamos. Vencimos. Obtuvimos. Estamos. Perdimos no, porque ese verbo suele conjugarse solo en tercera: perdió, perdieron.

Sin ir más lejos, supe que tenía que estar muy contento porque la presidenta también pasó a presumir y a abusar de esos universales tan incómodos: "Los argentinos estamos muy contentos porque hemos obtenido un Oscar para una película extraordinaria", celebró la presidenta, sin invocar al menos una encuesta. Es llamativo que no haya recurrido al "y las argentinas", aunque supongo que le complicaba el "contentos". Lo cierto es que, a juzgar por el sentido literal del enunciado, si uno no está contento o piensa que la película no es extraordinaria (ambos son mis casos), o no es argentino o no es hombre, una de dos o ambas. Peor, por cierto, es ser peruano/a: los diarios traían la noticia de que el presidente de Perú, Alan García, afirmó que su país "ya concedió el Oscar a la película *La teta asustada*: ya nos sentimos satisfechos y ganadores porque se ha tomado en cuenta a nuestra patria en un escenario tan refinado como es el de los Oscar y el mundo de Hollywood". Francella diría "A comerrrrla", Diego diría "sigan chupando"; yo prefiero decir que don García parecía bobito en los ochenta y no ha hecho otra cosa que perfeccionarse. *Refinado*: le faltó un poco más de sinceridad, del tipo "al fin nos miran los gringos, es que somos taaaaaan cholos…".

En esa senda, hay mucha tela que cortar. Por suerte faltaba poco para el Mundial de Fútbol, momentos en que esos exitismos y estas bobadas se multiplicaron hasta la asfixia. Insistir en que, por favor, ni gobernantes ni publicistas ni periodistas deportivos (ni mucho menos Tinelli y su corte de bufones, por el amor del cielo) usen el *nosotros* es inútil: seguirán hablando de *nosotros los argentinos* y permitiendo que a lo largo y lo ancho de América Latina sigan haciendo todos los chistes étnicos a expensas *nuestras*. Pero en este caso, hay un plus: porque no se trata de adueñarse de la transpiración de algunos muchachos, sino que, teóricamente, estamos hablando de arte. De estética, digamos.

Y eso es lo que no veo por ningún lado. Celebrábamos un éxito internacional de un filme, no de un atleta: habían consagrado a *El secreto...* como mejor película *extranjera* (eso solo debiera alertarnos sobre alguna posición colonizada), lo que implicaría una discusión sobre lenguajes, sobre sentidos, sobre modos de narrar. Esa zona de la discusión, empero, se reduce a la glorificación del *talento*. Y bien: creo que *Crítica* fue el único diario que no celebró el talento del filme. Por el contrario, recuerdo la columna en la que Margarita García Robayo defenestró la película. Yo estoy más cerca de ella. Creo que no en balde los Oscares *argentos* se los dieron a dos películas a la vez mediocres y reaccionarias. Tanto *La historia oficial* como *El secreto...* son estéticamente conservadoras, planas, repletas de convencionalismos (¿hollywoodenses?): y consecuentemente, una celebra la teoría de los dos demonios y la otra va del abuso de poder sobre un cabecita –violador y asesino, y cabecita aunque rubión, y sólo por eso puede ser abusado por el personal judicial en la farsa que juegan Villamil y Darín– a la justicia por mano propia, nuevamente ejercida sobre el mismo ignoto cabecita. De la Triple A, de acuerdo, pero si el personaje de Darín denuncia los apremios sobre los albañiles al comienzo, la consecuencia ideológica debiera conducirlo a denunciarlos al final. No se trata de justicia popular: se trata, acá y en la China, de abuso de poder, de tortura, de delito. Como en este caso lo hacen los buenos, pasa inadvertido o justificado –para colmo, el lumpen en cuestión es el responsable del asesinato de la buena actuación de Francella: entonces, mejor torturarlo.

No: no se trata de talento, que a Campanella no le sobra –como su carrera ha demostrado largamente, amén de su corrección narrativa; por favor, dirigió *El hijo de la novia*, y eso debiera bastar para arruinar una filmografía. Se trata de inteligencia mercantil para filmar exactamente aquello que van a ver multitudes y va a ser premiado en la cumbre del conservadurismo estético. Se trata de habilidad para producir mercancías en el mercado adecuado: nada distinto de vender choripanes en el Bronx, si eso fuera redituable. Eso no está nada mal, claro; pero es una habilidad que usa el arte como excusa, no como soporte o fin. La discusión pasa a ser entre industriales, duchos en vender gato por liebre para obtener plusvalía. En ese caso, por favor, no invoquen el arte; nuevamente, no en mi nombre, en el de *nosotros*.

25 años de Cultura Popular en democracia: con decir culo no alcanza

Tengo guardada en algún lugar una entrevista que *Página 12* le hizo, allá por fines de los ochenta, a Heriberto Muraro, quien fue por muchos años uno de los más prestigiosos analistas de los medios en la Argentina. El título era tan provocador como inolvidable: "Hay que darle tiempo a Romay". El argumento de Muraro consistía en que el mero paso del tiempo le iba a permitir a Alejandro Romay, entonces orgulloso dueño de todo el *rating* y del único canal privado, el 9, *el de la palomita*, mejorar la calidad de su producción: que con paciencia y con saliva iba a unir, finalmente, el olfato popular con la calidad estética. Quedaba claro, por si a alguien le flaquea la memoria, que la calidad de los programas del 9 era poco menos que paupérrima, medida con la vara que se quiera: pero que a la vez eran de gran impacto popular, especialmente frente a la televisión estatal, dominada por la "calidad estética" del radicalismo gobernante. Las comillas son puramente irónicas: la presunta calidad consistía en haber abandonado las ínfulas iniciales –las viejas épocas de la "patota cultural" alfonsinista, que duró lo que un suspiro– y desbarrancarse en meros repartos de poder político. La gran innovación, obvia, era la ausencia de censura, aunque aún recuerdo el escándalo ultramontano que ocasionó un debate sobre la importancia del largo del pene. Los reflejos radicales fueron, como siempre, genuflexos y chupacirios.

La esperanza –o la apuesta teórica– de Muraro se disolvió rápidamente en la privatización feroz y acelerada de la televisión argentina con el menemismo. Desde entonces para acá, lo que queda cada día palmariamente demostrado es que la televisión argentina, sujeta a la única ley de la producción de plusvalía, se limita a acumular muecas seductoras de un público a veces esquivo, a veces histérico, a veces fiel, pero siempre mayoritariamente conservador, adocenado y mediocrizado. La calidad estética no está en el horizonte de expectativas ni de espectadores ni de productores, y la renovación o la transgresión se limitan a la cantidad de veces que la palabra culo es pronunciada en público. La cultura de masas argentina afirma paradójicamente un triunfo populista: que los productos de esa cultura, recubiertos de una pátina plebeya a tono con los tiempos, se han vuelto hegemónicos, que ya no disputan legitimidad con nadie, que no precisan sus contaminaciones "cultas" –peor: prescinden orgullosamente de ellas– porque orgullosamente afirman su carácter plebeyo. De las viejas oposiciones entre lo culto y lo popular, solo queda en pie lo popular vuelto masivo –gracias a su pasaje por lo televisivo.

Esto no puede significar, claro, que la teoría cultural y política haya dado un vuelco fenomenal, y que lo subalterno –es decir lo popular, pero dicho de otra manera más precisa y más política– ha derrotado las oposiciones de clase y las otras, y que la vieja utopía de la sociedad sin diferencias ni desigualdades está entre nosotros –y no nos habíamos dado cuenta. La monarquía de Tinelli y Susana, sin sombras de oposición, no significa, de modo alguno, el arribo de una *cultura común*, definitivamente democrática y plural. Por el contrario, demuestran que la cultura de masas es vieja y tramposa, y que nos ha vuelto a engañar. Hoy el engaño es más completo, porque antes se limitaba a enunciar su presunto e indemostrable carácter *popular* –que se limitaba a serlo por pura prepotencia de número: es decir, su carácter *masivo*. En el presente, la cultura de masas olvida ese adjetivo por las dudas de que se politice, y prefiere proclamar su carácter único –ya nada puede disputar con ella, de modo que puede contenerlo todo– y democrático, por multicultural: todas las voces, todas las imágenes, todos los cuerpos, sabiamente convocados y convocadas por la magia de la televisión y los hallazgos de la globalización.

En realidad, la cultura de masas mantiene sus viejos reflejos con nuevos ropajes. Las voces e imágenes y cuerpos subalternos siguen ocupando el mismo espacio: aquel que la enunciación blanca, porteña y clasemediera le conceda. El paso de los tiempos ha permitido la aparición de nuevas modalidades –el abuso del *reality* o de la no ficción–, pero siempre organizadas en torno del principio inalterado de *la voz del amo*. Los programas de periodismo realista, por ejemplo, que parecen propuestos para *épater* señoras gordas y corresponsales de *La Nación*, están dominados por el principio de "no tengo nada que poner, traéme un negro".[6] Lejos estamos de una representación democrática. Con ello no colabora, claro que no, la retórica tinelliana, que persevera a la vez en la exhibición del *freak* como si ello demostrara pluralismo, y en un machismo clásicamente argentino –el *chamullo* sobre el sexo, pero no el sexo: los hombres argentinos, lo sabemos bien, hablan tanto que no les queda tiempo para el coito. En el mismo sentido, apunta una cumbia que de tan bailada en los casamientos pierde todo rastro de subalterna, además de convertir su retórica antirrepresiva y presuntamente alternativa en ruido de fondo y estrategia de ventas. Nuevamente: un plebeyismo retórico, un modo de decir populista pero conservador, desprovisto de la vieja condición irreverente del populismo argentino y latinoamericano. Y un escenario donde la cultura de masas se desviste entonces de toda irreverencia y transgresión; un escenario donde hasta los lenguajes se achatan, pierden espesor y riqueza, se limitan a retóricas sin irreverencia, porque han perdido lo que las distinguía: todos dicen culo en cámara.

En eso estamos. Nos quedan dos horizontes: a largo plazo, la construcción –inevitablemente política– de una cultura democrática, donde la representación esté en manos del representado y donde la pluralidad de voces recupere su espesor: que podamos ir y volver del culo a Wittgenstein y de Mozart a Pablo Lescano. Otro a corto plazo, porque ya está entre nosotros: el uso y abuso de la crítica y la parodia y el humor, el arma inmortal que puede ayudarnos a combatir tanto macrismo cultural y tanta impostura democrática –pero parodia significa distancia y clausura, y no la autocelebración narcisista de TVR. Por uno, dos, mil Bombita Rodríguez.

---

[6] Frente a las inveteradas propuestas de aislar los barrios populares para que los "delincuentes no nos invadan", habría que pensar una contrapropuesta: erigir muros, sí, pero para que no entren los movileros ni los productores televisivos. Por ejemplo, los de *Policías en acción*. O todos los de América TV.

678: el peronismo, los medios y
la izquierda criolla

1. Izquierdas: Comienzo con algún silogismo falso. *678* es un programa kirchnerista/el kirchnerismo es la izquierda argentina/*678* es un programa de izquierda.

No hace falta ser un especialista en lógica para encontrar que este silogismo es en realidad una falacia; no hace falta tampoco ser un especialista en teoría política para descubrir que la calificación de "izquierda" para el kirchnerismo es un tanto excesiva. Posiblemente, todo se reduzca a una mera voluntad declarativa, pero también a una buena dosis de inteligencia política: el kirchnerismo fue quien con más lucidez entendió el mandato de la crisis de 2001 y supo armar discurso y práctica en función de ese diagnóstico. No vamos a analizarlo aquí con detenimiento digno de plumas más entendidas en la teoría política. Pero sí señalar que supo asumir una agenda pública que exhibiera los puntos más publicitados y rendidores de un listado de buenas intenciones progresistas. De su agenda oculta, de sus contradicciones, de sus limitaciones, también habría mucho para decir. No es, nuevamente, el lugar ni el propósito.

Lo que me interesa aquí es que entre esos puntos de una lista progresista, las políticas culturales y comunicacionales fueron algunos de los más visibles. *678* es su producto televisivo, notorio y estruendoso; la Ley de Servicios de Comunicación Audiovisual, su producto jurídico rotundo. Entre ambos, opacan algunos aciertos más consistentes: la gestión de José Nun en Cultura, por ejemplo, el desarrollo más democrático y plural en políticas culturales desde 1983 para acá. O el Canal Encuentro, que aunque aquejado de varios de los males kirchneristas más *peronistas* —el alineamiento monocolor de sus productores—, significó una innovación creativa en una televisión pública tan monótonamente deteriorada desde la dictadura.

Y los opacan por excesivos, por ruidosos, hasta por prepotentes. La Ley mereció mayor consenso y más cuidado: el nombramiento de intelectuales como Jorge Capitanich en su Autoridad de Aplicación es una burla al progresismo que la sustenta, a la innovación democratizadora que la impulsó. Y 678 insiste, día a día, en ocultar sus méritos y multiplicar sus aristas más negativas.

2. Peronismos: El peronismo siempre supo que había que hacer algo con los medios de comunicación, aunque nunca quedara muy claro qué era lo que había que hacer –o lo que quería hacer. El período 1946-1955 fue la primera vez que se formularon políticas específicas, aunque predominaran las gestualidades autoritarias o las tentaciones manipuladoras: de esa época perdura más la tenebrosa figura de Alejandro Apold antes que la política cinematográfica o la invención de la televisión. La política cultural peronista, errática y contradictoria, era a la vez un repertorio de nacionalismos arcaizantes y una dinámica concepción de la cultura de masas urbana. Y entre el batifondo de la publicidad oficialista, el saldo fue otra contradicción: "me eligieron con todos los medios en contra y me echaron con todos los medios a favor", afirmó Perón luego de la libertadora. La oposición comparaba a Apold con Goebbels, pero tomó debida nota del nuevo rol de los medios en una sociedad moderna, y actuó en consecuencia: la dictadura de Aramburu no se fue sin adjudicar antes las licencias televisivas –la televisión privada argentina fue un invento autoritario.

El retorno del peronismo al poder en 1973 lo encontró más pertrechado teóricamente, con la producción de las primeras indagaciones sobre las políticas de medios y la cultura popular. Pero, como símbolo de su antiintelectualismo militante, sus acciones políticas prescindieron de la teoría y prefirieron la pragmática patotera: la estatización de la televisión fue lopezreguista, y le entregó el sistema de medios a la dictadura, luego de depurarlo de cualquier tentación progresista. El retorno democrático mostró que, a pesar de la presunta reconciliación de la política con la teoría, lo que primaba era un pragmatismo temeroso: los medios habían adquirido poder en la formación de opinión pública, la telepolítica daba sus primeros pasos; el alfonsinismo prefirió entonces suspender sus ímpetus democráticos para priorizar la exhibición de sus comunicadores orgánicos y entablar la negociación permanente con los medios gráficos. Una política timorata, entonces, permitió la *tierra arrasada* menemista: la combinación horrorosa de farandulización, banalidad y autorreferencialidad –entre Sofovich y Tinelli– junto a la mayor concentración oligopólica del mapa de medios de la historia comunicacional argentina.

Y eso también fue política de medios peronista, incluso defendida teóricamente por intelectuales que habían acompañado este proceso desde los setenta.[7] La teoría había producido su deriva *recepcionista*: la idea de que los públicos eran sabios munidos de controles remotos, armas inclaudicables que producían procesos audaces y creativos de selección y recombinación sobre la oferta televisiva. La privatización y desregulación –en realidad, como dicen los expertos, re-regulación en favor de las empresas privadas– significaba, entonces, una presunta democratización, en tanto los públicos eran los encargados de seleccionar y sancionar con sus favores los productos adecuados. Populismo radical y conservador: pero populismo al fin, según el cual *vox populi vox dei*, aunque el *pueblo* haya sido reemplazado por *lagente* y su voz se escuche solo en los *ratings* y en las encuestas de opinión.

3. Y sin embargo, la crisis: junto con los sucesos de diciembre de 2001 apareció un grafiti callejero, tímida y efímeramente: "Nos mean y Clarín dice que llueve". La explosión movilizada de las asambleas populares y barriales incluía la aparición de la crítica mediática. Los medios de comunicación eran propuestos adecuadamente como continuidad del esquema de poder neoconservador menemista que había desembocado en la crisis. Por supuesto: se trataba de una crítica ilustrada, urbana y de clases medias con ciertas competencias culturales. Y que recuperaba una vieja tradición intelectual, más izquierdista que peronista: los medios como manipuladores, como cómplices del "sistema capitalista explotador y pro-imperialista". Dos textos fundamentales de los sesen-

---

[7] Por ejemplo Heriberto Muraro, que pasó de fundar la economía política de la comunicación en la Argentina a conducir las campañas electorales de Palito Ortega.

ta y setenta en esa línea: *Para leer al Pato Donald* de Ariel Dorfman y Armand Mattelart, en Chile; *La hora de los hornos* de Pino Solanas y el Grupo Cine Liberación, en Argentina. En el film se afirma: "los medios de comunicación están dominados por la CIA"; "los *mass comunication* son más eficaces que el napalm". Entonces: una tradición de izquierdas, o de peronismo de izquierda, que reaparece en un momento de crisis radical y se vuelve crítica de masas. Ilustradas, pero masas al fin.

El salvataje conservador de Duhalde permitió que esa crítica se desplazara junto con el mítico "piquete y cacerola/la lucha es una sola". El kirchnerismo se limitó, inicialmente, a tomar nota, pero no a trasladar ese síntoma a una ejecución política. Su política de medios fue inicialmente mera continuidad del tardo-menemismo: negociación y cesión con las empresas de medios y continuidad acrítica de la hegemonía *tinellista* en la cultura de masas, aunque salpimentada con acciones más activas e inteligentes en el plano de los medios públicos, con transformaciones en la programación de Canal 7 y la invención del Canal Encuentro. Solo con la nueva crisis, la del "campo", decidió simultáneamente que el peronismo era de izquierda, que los medios de comunicación eran más eficaces que el napalm y que hacía falta un vietcong. Aunque, a falta de un Ho Chi Minh o un Che Guevara, prefirió confiar la empresa a Diego Gvirtz.

4. Una guerrilla semiológica: un viejo texto de Umberto Eco llamaba así a la propuesta de generar televidentes activos, críticos, polémicos, mediante pequeñas vanguardias —nuevamente, ilustradas— que esclarecieran las mentes adormecidas por el flujo televisivo. *678* es su reproducción criolla. Producto de los tiempos, esta guerrilla no invoca a Vietnam y no pasa de la reivindicación leve y meramente icónica del Che; más bien, prefiere citar a Baglietto y Fito Páez: "multiplicar es la tarea".

Y por eso, consecuencia de esa levedad, *678* anuncia una crítica de medios donde casi no la hay. Es relativamente eficaz en encontrar las limitaciones ideológicas de la oposición política: un trabajo sencillo, que la edición pone de manifiesto con predominio de la ironía y con la invalorable colaboración de la misma oposición, que suele acomodar sus intervenciones públicas al guión de la productora (digámoslo

así: las intervenciones de Macri o Carrió parecen guionadas por 678).
La mediocridad de buena parte de los/as políticos/as argentinos/as es
demasiado notoria: sus intentos desesperados para poner de manifiesto sus ignorancias e inconsistencias descuentan la captura minuciosa
de los grabadores de PPT, se sujetan a sus necesidades. De la misma
manera, la colaboración de buena parte del periodismo político es insoslayable: la famosa "crispación" kirchnerista es mero epigonismo de
la crispación de todos los discursos, que adelgaza las posibilidades del
análisis, de la agudeza, de la inteligencia (digámoslo así: las intervenciones de Eliaschev o Grondona parecen guionadas por 678). En ese
campo, entonces, los editores de 678 encuentran material de sobra para
sus ironías. Por supuesto, siempre en el campo ajeno: las mismas inconsistencias y mediocridades jamás serán halladas en terrenos propios.
Para usar una cita peronista: "al amigo todo, al enemigo ni justicia",
sentenciaba años atrás, la inefable Isabel Perón.

Una crítica de medios sin medios, una semiología de masas sin semiología: porque lo que 678 no puede hacer es someter toda la lógica
de construcción mediática a crítica, porque eso implicaría criticarse a
sí mismos. No solo respecto de las contradicciones y las inconsistencias ideológicas del kirchnerismo; sino del mismo programa en cuanto
producto mediático. Los programas de archivo, de los que Gvirtz es
uno de los grandes creadores, significan una autorreferencialidad excesiva: la televisión –los medios en general, pero *la tele* como gran
máquina hegemónica– aparece en estos programas como el último
horizonte del pensamiento y de lo real. Frente a la invención de la
realidad que propone la televisión, el archivo se limita a ratificar su
poderío: en este caso, proponiendo una construcción alternativa de lo
real, tan discursiva y tan artificial como la que se propone "denunciar".
La movilización callejera promovida por Facebook, un dato extrate-
levisivo, se transforma finalmente en televisivo, cuando regresa a la
pantalla; operación que la saca de la calle y la devuelve a su condición
virtual –de red social.

Y sin embargo, la guerrilla semiológica es eficaz como seducción de
sus públicos. 678 realiza el viejo sueño del televidente de poder ejercer
la crítica de medios: aunque delegada en Gvirtz y sus panelistas, aunque
reducida y limitada, como dije, la fantasía de la crítica se despliega en el

programa. Y lo transforma en un fenómeno, diga lo que diga una medición de *rating* que es, en el mismo periplo, también dudosa.

5. Éticas y estéticas: con su habitual lucidez, Beatriz Sarlo aseguraba hace diez años que la televisión argentina era irresponsable ética y estéticamente. La sentencia no ha perdido validez. La ficción, el *show,* el entretenimiento oscilan entre el conservadurismo formal y narrativo –irresponsabilidad estética– y el *chivo* –irresponsabilidad ética. Para no hablar de sus machismos y sus carnavales perennes –otra idea de Sarlo: Tinelli como un carnaval eterno, que por eso mismo deja de ser transgresor para volverse conservador. Y la no ficción demuestra un desapego por lo documental, por el rigor periodístico o la precisión socioeconómica que solo puede producir ruido, desinformación, la vieja y nunca bien ponderada manipulación de masas.

Frente a ese cuadro, *678* amaga con la denuncia y la crítica; esgrime en una mano los manuales de semiología del CBC de la UBA y en la otra la vulgata alternativista de los setenta. Pero luego oculta que sus mecanismos de construcción son exactamente los mismos, aunque *políticamente correctos*; que lo real es, apenas, lo real oficialista.

6. Televisión pública: que debería ser, porque para eso está, radicalmente plural, radicalmente democrática; y además debería ser, porque para eso está, radicalmente creativa, radicalmente experimental. Frente a ese horizonte, *678* se proclama, apenas, radicalmente kirchnerista; un universo situado a la izquierda de su pantalla, señora.

Pero *izquierda* significa, o sigue significando luego del tsunami conservador, pluralismo, democracia, igualitarismo radical, irreverencia, revuelta, creatividad. De todo ello, poco hay en *678* –y mucho menos aún en el resto de la televisión argentina. Aunque jamás lo diga así, es solo otro programa peronista. Que no puede, entonces, ser de izquierda.

Gitanos y bombachas

Para Rubén Russo, in memóriam

Sociología barata y periodismo de goma. Cuando el cadáver de Sandro estaba aún caliente –murió, como todos recordamos, el 4 de enero de 2010–, las librerías porteñas pusieron en exhibición un libro publicado en agosto de 2009, escrito por un ex periodista de "Espectáculos" de *Clarín* y hoy en *Página 12*, Mariano del Mazo. En su página 10, apenas en la introducción, del Mazo cuenta cómo conoció a Sandro, cubrió sus recitales, lo entrevistó en varias oportunidades; es decir, reclama los argumentos de legitimidad de todo buen periodista de espectáculos –los periodistas deportivos suelen usar algunas variantes de este mecanismo–, basados en el conocimiento personal del fenómeno, antes que en la crítica, la interpretación o, Dios no lo permita, en la teoría. Y allí descerraja: "Leía abundantes artículos de sociología barata, que en aquellos destemplados años menemistas intentaban explicar el fenómeno". Poco más adelante, haciendo referencia a los míticos cumpleaños de Sandro todos los 19 de agosto en su casa de Banfield –mejor: en la puerta de su casa–, del Mazo insiste: "Ya no eran solamente 'las chicas', 'las nenas', las que iban a saludarlo, sino que además la diferencia ahora es que todo quedaba expuesto a la mirada del ávido pan y circo de móviles de exteriores, fotógrafos y hasta estudiantes de sociología en plan de tesis".

Mariano del Mazo nos introduce, más que a su libro, a su obsesión según la cual la sociología pretendió explicar a Sandro y en función de su baratura no lo consiguió. Sin embargo, más adelante, Sandro le dice en una entrevista –aunque Mariano del Mazo estaba mirando para otro lado y no lo escucha–: "¿Por qué me siguen yendo a ver con esa pasión, con ese amor? No lo sé. Estoy esperando un sociólogo que me lo pueda explicar?". Es decir: Sandro reclama una lectura sociológica de sí mismo como fenómeno, que del Mazo en cambio, dueño de la verdad periodística y del saber definitivo sobre el ídolo popular, desprecia por su ineficacia, redundancia o inutilidad, entre tantas posibilidades de la baratura.

En una revisión extensa de materiales, no pude encontrar un solo texto de sociología –ni de la barata, ni de la cara, que descuento que existe– que intentara explicar a Sandro. Apenas hay menciones aisladas en textos sobre música popular: alguno mío, que en un lejanísimo 1993 le dediqué dos páginas –y elogiosas–, que luego fueron retomadas y expandidas a su vez por Eva Giberti en su *Hijos del rock* –también elogioso de Sandro. O en los infatigables trabajos de Sergio Pujol, que siempre ilumina lo que toca. No se trataba allí de sociología, sino de historia, psicología social, semiótica y comunicación –mi trabajo de 1993 no era sociológico. La insólita referencia a los "estudiantes de Sociología en plan de tesis" choca con el inconveniente de que la mayoría de los estudiantes de Sociología argentinos no escriben tesis para recibirse. Y sin embargo, el periodismo de espectáculos se empeña en trabajar con la sociología como fantasma omnipresente. Con la crítica o con el análisis cultural como fantasma: "ellos son baratos, no saben nada, no pueden sentir, son corazones duros, los corazones duros de los críticos que pretenden explicar los fenómenos populares". Reconozcamos, sí, que las ciencias sociales han tenido unos cuantos problemas para lidiar con los fenómenos populares, y especialmente con los que llamamos "consumos vergonzantes": pero de un tiempo largo a esta parte, ese reclamo ya suena un tanto apolillado –como aquel que afirmaba que los intelectuales no sabíamos nada de fútbol.

Lo cierto es que del Mazo, imbuido del sagrado deber del periodista, le dedica ciento treinta páginas a intentar explicar el fenómeno de Sandro. Puedo asegurar que no lo consigue: aunque su descripción, que no es explicación aunque rime, es bastante exhaustiva. Porque lo que sí hace del Mazo, de una manera eficaz, es una cronología: cómo aparece Sandro, qué es lo que empieza a hacer, cómo se transforma en aquello que quiero tratar de interpretar, qué llegó a ser. Voy a seguir esa cronología, aunque deba solapar la sociología barata al periodismo caro.[8]

---

[8] Para eso cuento con la lectura y crítica de Carolina Justo, Malvina Silba y Carolina Spataro, que leyeron el primer borrador de este texto e hicieron observaciones lúcidas y agudas, a las que espero poder responder, hasta en las disidencias.

Playback. Cuenta la leyenda que en 1958 Sandro era un ignoto Roberto Sánchez, nativo de Parque Patricios pero mudado a Valentín Alsina. Como buen muchacho del sur –doble sur: de la ciudad, luego duplicado en el conurbano– había dejado la secundaria: "esto no es para mí", le habría dicho a su padre. Mientras hace changas de índoles variadas, despunta el vicio de la guitarra y se presenta en bailes barriales en los que se limita a hacer fonomímica, nombre que designa el *playback* pero con sutileza: porque el *playback* habla de estafar al público, mientras que aquí se trataba simplemente de fingir, con el artificio a la vista, la presencia de ese rock americano que no podía llegar jamás a ese conurbano desangelado. No son tiempos de *karaoke*, como bien recordó Horacio González. La misma leyenda afirma que una noche de ese frondizista 1958 se produce el accidente decisivo: se rompe el disco, hay incertidumbre, los asistentes se miran entre sí, y Roberto Sánchez, desfachatado, con la soltura que le dan los 13 años –y la necesidad de inventar un mito fantástico para inaugurar una carrera–, dice "déjenme a mí". Y se larga a cantar imitando a Elvis Presley. Si no es verdadero, está bien contado.

Sexo y rock&roll. Agrega Sandro: "Fue un exitazo. Salí a bailar con las pibas más lindas de la noche y me dije: 'esto es lo mío'". Con lo que queda claro qué es lo que explica toda la carrera de Sandro: la seducción. Todo lo que le importaba era seducir mujeres, y en esa noche y de golpe comprueba que cantando y moviéndose como Elvis Presley lo consigue. Había nacido el Elvis Criollo, versión mejorada.

Hay un video que puede verse en Youtube –no tiene sentido reponer el URL, es cuestión de teclear *Sandro*–, y que es un fragmento breve, casi invisible e inaudible de un film de 1965, *Convención de vagabundos* – que fue lanzado hace poco en DVD, por lo que espero verlo completo en algún momento. En ese fragmentito, aparece Sandro con Los de Fuego, su banda definitiva en los años sesenta antes de su lanzamiento solista, minuciosamente disfrazado de Elvis, contorsionándose en el escenario –más bien, un piso de plató–, rodeado por gritos femeninos que lo acompañan, que responden con más erotismo a esa sensualidad suburbana.

Eso era el rock: sensualidad, ficción y muchos gritos. La sensualidad arranca en Elvis y su pelvis prohibida, y se reproduce aquí y allá; la ficción también, en tanto Elvis juega a ser negro y a fingir una revuelta que la industria cultural y el ejército americano le pavimentan velozmente; y los gritos señalan una nueva experiencia de la sexualidad que está pugnando por hacerse pública. Apenas unos años después del estreno accidental de Sandro, Los Beatles explotan todo hasta su clímax, como tan bien lo contó Hanif Kureishi en "8 brazos para abrazarte". Desde allí, sexo, droga y *rock&roll* se vuelven reclamo de masas.

Simulación. En Sandro, todo eso reaparece, pero duplicado como epigonismo e imitación. La fonomímica ya es un signo de esa relación de duplicado: la imitación de Elvis la redunda, como los gritos femeninos y su condición de veloz símbolo sexual. Pero además, en el primer LP de Sandro y Los de Fuego están las versiones de Los Beatles debidas al inefable Ben Molar (Moisés Smolarchik Brenner), que era el dueño de los derechos en castellano. El mote de Elvis criollo, que venía ganando espacio desde sus apariciones televisivas con el histórico conductor de programas ómnibus sabatinos, Pipo Mancera, se vuelve pleno. Por supuesto: no son solo Los Beatles, sino que todas las primeras grabaciones son versiones en español del rock anglosajón (aunque también esté Adriano Celentano, o un dudosamente rockero Paul Anka), versiones ridículas por su poco apego a los originales. O mejor aún, el ridículo consiste en la literalidad de la versión musical y la poca fidelidad de la traducción.[9] Entonces: Elvis criollo significa *rock acriollado*, aunque esa criollidad se limite al mal uso del inglés. Y entonces, también significa, exhibe, la relación centro-periferia de nuestra cultura.

En toda esta serie, Sandro está condenado a la condición de simulacro, que el nombre de una de sus bandas ejemplifica: *Los caniches de Oklahoma*. O mejor aún, el *gitano* que aparece en su tercera película como estrella, de 1970. Un discutible ancestro encubre una ficción de marketing: Sandro es antes que nada un morocho del suburbano, y entonces la gitaneidad permite el escamoteo de la –subalternidad de– clase para re-

---

[9] Son los años en los que nos condenaban a la traducción: las ediciones locales de los discos traducían de maneras fantásticas sus títulos, del álbum y de los temas. Inolvidable: el "Get Back" de *Let it be* traducido como "Toma revancha". O "Please, please me" convertido en "Por favor yo".

emplazarla por la –subalternidad de– etnia que, aunque discriminada, se reconoce como juego antes que como condena.

Y sin embargo: no alcanza con catalogar como simulación y epigonismo para explicar los gritos y el éxito –la fama, el dinero, las mujeres; cuarenta años después, un cortejo fúnebre kilométrico. Algo más debe haber; en Sandro, está, por ejemplo, en el cuerpo.

Erotismos. *Como Elvis, pero mejorado*: por un lado, para el consumo originalmente local, el cuerpo de Sandro está aquí, en el escenario, en el film, en la televisión –y aunque las imágenes distancian el cuerpo real, el grano de esas imágenes es nuevamente local, por lo tanto inmediato, accesible. El color de las películas argentinas de todos esos años –de toda la carrera cinematográfica de Sandro– es un índice de localidad; pero por las dudas, además del reconocimiento obvio de las locaciones, en *Quiero llenarme de ti* Sandro actúa en el porteño Canal 9, nombrado como tal, exhibido como tal; y además, con el actor Fidel Pintos como su portero, nombrado como "Fidel" –más tarde, será anunciado en una tele blanco y negro por el conductor Héctor Larrea. Puro reconocimiento multiplicado hasta la hipérbole.

Por otro, ese cuerpo duplica la significación de la eroticidad negra que Elvis había capturado, pero para reenviar a otra eroticidad, latina y local. Morocha, suburbana, en español: ese cuerpo puede mirar a los ojos –la mirada de Sandro no es algo para despreciar– y gritar, en nuestra lengua, "te lo juro por esta", como en *Quiero llenarme de ti*, su primer film. Sandro es un pésimo actor, como la mayoría de los cantantes populares sometidos a la condición actoral por exigencia de su conversión en mercancía, como el mismo Elvis, que sin embargo se transforma cuando canta: porque allí *interpreta*, asume plenamente su ficción, pero es la ficción de la canción, lograda, al interior de la ficción mayor, el film, un espanto.

Una acotación: me pasa lo mismo con una escena, solo una, de *Luces de Buenos Aires*, un bodrio monumental de 1931 en el que debuta Carlos Gardel como protagónico. En todo el film, Gardel demuestra palmariamente que lo suyo no es la actuación, pero de pronto se queda a solas con Pedro Quartucci para lamentar el engaño y la traición de su novia,

Sofía Bozán. Están en un bar lleno de borrachos; se sientan a una mesa, y de pronto suenan los primeros compases de "Tomo y obligo". "¿Conoce esa música?", pregunta Gardel desencajado. "¿Conoce los versos de esa canción?", agrega, para inmediatamente cantarlos ante la mirada compasiva de los asistentes. Gardel desgrana el tango con furia, con dolor, con pasión, hasta el último verso: "que un hombre macho no debe llorar". Allí rompe en llanto sobre la mesa, mientras millones de espectadores se siguen preguntando cómo semejante intérprete puede ser tan mal actor.

Entonces: el cuerpo de Sandro está aquí, y significa, perturba, sacude. De lo que será, a comienzos de los setenta, la sagrada trinidad de la música popular argentina (Sandro, Palito Ortega, Leonardo Favio), su cuerpo es el que está más marcado por la eroticidad, primero elvispresliana, luego autónoma –la copia perfeccionada, como argumenté. Además, entre 1965 y 1980 –después será otra cosa, su reinvención, que merece un capítulo aparte. Es decir, en tiempos represivos, censurados, donde coexiste una presunta liberación sexual acompañada de explosión psicoanalítica y píldoras anticonceptivas con allanamientos en hoteles alojamientos y entes de calificación cinematográfica, más moralinas, pacaterías y supervisión católica (incluso: los análisis de la moralidad de las formaciones guerrilleras también nos hablan de esa represión sexual investida como moral revolucionaria).

Ese contexto solo ayuda a resaltar esa eroticidad morocha: indiciaria –su pelvis, su rostro, sus labios, sus ojos y su mirada desvastadora, el grano de la voz– y metafórica, desprovista de todo trazo grueso o chiste verde. Incluso, las letras no abundan en las insinuaciones que Arjona puede poner de moda treinta años después. La eroticidad sandriana se basa en esos índices y en la imaginación femenina, a la que tanta represión no hacía más que estimular. En los sesenta se exhibe en el grito: falta mucho para las bombachas arrojadas. Y la morochidad del erotismo de Sandro nos envía a la racialización de la sexualidad, ese lugar común –necesariamente racista, pero eficaz– que asocia la tez oscura con la naturaleza y por consiguiente con una sexualidad salvaje; de la que deriva el valor agregado de mujeres y hombres afrodescendientes en el mercado del sexo. Sin llegar a esa condición, comparemos, para respaldar esta afirmación, los imaginarios eróticos que mueven respectivamente Sandro y Palito Ortega, que aunque más pobre y *cabecita* se blanquea denodadamente. Al pobre Palito, monógamo consecuente por imperio de esa elección ideológica, jamás le arrojarán, no digo una bombacha, ni siquiera la foto de un corpiño.

Melódico. Si la invención es la mejora de Elvis, el estallido consiste en abandonar esa retórica rockera inicial para desplazarse a otros sonidos: dice del Mazo que "el *rock and roll* tenía un techo", y era un techo de ventas; eso lo lleva a Sandro a producir una "concesión al sonido estandarizado de las orquestas que solían proponer las compañías discográficas". Es decir: entre el modelo Elvis y la reversión de Los Beatles se construye una tercera opción que remata en 1967 con *beat latino* y el triunfo en el 1.° Festival Buenos Aires de la Canción con "Quiero llenarme de ti". Es el arribo a la balada romántica y la construcción definitiva del Sandro final. La banda de rock deja paso a la orquestación de Oscar Cardozo Ocampo, primero, de Jorge López Ruiz, después; los *covers* son reemplazados por las canciones propias, la aparición de la dupla definitiva Sandro-Anderle –por Oscar Anderle, su co-autor, mánager, amigo y guía. La campera negra rockera queda guardada en el ropero, desplazada por el esmoquin o el traje, los moños o las corbatas –o las camisas suficientemente abiertas para insistir en el índice erótico. Toda innovación queda relegada por la taquilla. Sus míticos compañeros de ruta, los compañeros de copas en el bar La cueva de Pueyrredón que "inventarían" el rock nacional –que ya había sido inventado por Sandro–, son remplazados por el panorama estético dominado por Nicola Di Bari, Raphael, Nino Bravo, José Feliciano, Palito Ortega, Leonardo Favio. Y Roberto Carlos (claramente, el Sandro brasileño).

Brega. Hay una categoría en la música popular brasileña, música *brega*, que puede ayudarnos por homología a entender qué y cómo construye Sandro su éxito. *Brega* no designa un género, sino un estilo y un público. En una música tan rica y tan heterodoxa –la música brasileña es, como toda su cultura, antropófaga–, *brega* designa lo que solo puede clasificarse por su público: los *pobres de espíritu*, que se superponen pero a la vez exceden a las clases populares, e implican a las clases medias. Las fuentes señalan que *brega* remite, en trayectos con muchos vericuetos, a significados de prostitución o trabajo doméstico: música para mujeres pobres. Pero el dato indiscutible de la venta expande el significado restringido de la clase social y lo instala como significado estético: música *pobre* para pobres de diversas pobrezas, estéticas –musical y líricamente– pero también morales –conservadurismos y machismos– o ideológicas.

Una alumna me narra la siguiente anécdota:

> No puedo olvidarme como subestimé a Sandro. De pendex le pregunté a mi abuela, una mujer de clase alta de Vicente López, primera generación de inmigrantes, de padres italianos, quién era Sandro y me contestó, textual: "Es el cantante de las mucamas". Pero, semanas después de la muerte, nuevamente le pregunté si alguna vez había escuchado a Sandro y me respondió: "Cuando yo era chica, Sandro y fútbol eran cosas de otro grupo de gente, pero ahora no. Y la verdad es que entre tanta porquería actual, Sandro me resulta mucho más sano".[10]

De *brega* a legítimo: es el trayecto de la plebeyización de la cultura. El periplo de Roberto Carlos es más complejo: por un lado, porque a una calidad bastante similar –sin valorarla aquí–, le agrega que su masividad *brega* de los sesenta es sin embargo respetada como valor estético por los músicos tropicalistas –hay una historia compleja alrededor de Roberto Carlos, O Rei, y Caetano Veloso, que además giran juntos en 2008. Por otro, porque su derechismo católico es apenas comparable al de Palito Ortega, que incluso lo disimula un poquito. Finalmente, porque la obra de Sandro será homenajeada hasta la saciedad por los rockeros locales, pero recién en un tardío 1999.

Sandro como *brega* local, entonces: ni el rock como alternativa ética y estética, ni el jazz como vanguardia, ni el folklore como politización, ni siquiera el tango como renovación piazzoliana o como mera redundancia nostálgica. Simplemente, la balada romántica, apuesta por públicos

---

[10] Para la abuelita en cuestión, la *porquería* es simplemente, como acota Carolina Spataro, la explicitación de la dimensión sexual de los vínculos afectivos en las canciones de amor contemporáneas. Desde la cumbia villera, pasando por el reggaetón, hasta Arjona, la metaforización de Sandro se desbarranca en bombachas que deben ser nombradas en las líricas, en vez de arrojadas, porque funcionan como el significante sexual por excelencia.

masivos, especialmente femeninos, sin demasiadas exigencias estéticas
–ni letrísticas ni rítmicas o tímbricas. Del Mazo lo sintetiza así: "un puñado de canciones inspiradas, sólidas, lo suficientemente dramáticas y
románticas, lo suficientemente nostálgicas y *naïves*, como para capturar
la atención de un público global". Es decir, *brega*. Nada por aquí, nada
por allá, y a la captura de América. La diferencia la hace, justamente, el
mismo Sandro: ese puñado de canciones tiene poco de inspirado y mucho de lugar común, poco de solidez y mucho de convencionalismo;
pero las canta él.[11]

(Acabo de volver a escuchar el disco tributo de los rockeros locales:
salvo "Tengo", por Divididos, y posiblemente "Quiero llenarme de ti",
por Erica García, el resto no pasa la prueba del reversionado. Porque no
son grandes canciones: son grandes interpretaciones, nada más, nada
menos, no sabe/no contesta).

Pero a la vez, clasificaciones como *brega* –o, ahora sí, *grasa*– también nos hablan de la persistencia de las jerarquías al interior de la
música *popular*: justamente, el adjetivo *popular* señala una diferencia
que remite en su origen a la clase, pero que en la expansión de la industria cultural durante el siglo xx fue limitando esa referencia hasta
simplemente designar a la música *erudita* como lo otro, invirtiendo la
distinción. Hoy, como lo explica con solvencia Diego Fischerman en
Efecto Beethoven, la música popular designa el horizonte, no la excepción: y en ejemplos como el de Sandro o Roberto Carlos –y con más
dureza, la cumbia– lo que vemos reaparecer es la potencia discriminadora de clasificaciones que siempre son propuestas desde posiciones
de poder –ampliamente, de capital cultural; más restringidamente, si
la sociología de la cultura no se ha equivocado, de clase social. De
paso, demuestran que este horizonte plebeyo de la cultura contemporánea sigue siendo jerárquico y discriminador, malgrado su disfraz

---

[11] Desde ya: como reclama Carolina Spataro, esto no solo caracteriza a Sandro sino a casi
toda la letrística de las canciones románticas de diferentes géneros musicales históricamente. "She loves you", de Los Beatles, o "Love of my life", de Queen, están llenas de
lugares comunes respecto, por lo menos, de las relaciones amorosas. Pero estas canciones
hacen inteligibles los sentimientos y las emociones de una manera efectiva y poderosa,
permiten poner en palabras –de otros, con música y ritmo que nos resulta placentero– lo
que de otra manera es muy difícil de expresar. Y claro: las cantan McCartney y Mercury,
no Macri o Tití Fernández.

democratista. Descartar como *grasa*, *groncho* o *chabón* un repertorio no nos dice nada sobre esas canciones o esos intérpretes, pero sí bastante sobre el que clasifica. Para interpretar a Sandro no nos alcanza.

Del Elvis criollo al Sandro de América: un periplo magnífico. De epígono y copia —mejorada— a productor de significado: el sueño argentino por excelencia. En 1970, después de vender discos en toda América Latina hasta cansarse, se transforma en el primer latino en cantar en el Madison Square Garden de Nueva York. Con truco: mientras Wikipedia afirma estentóreos 50.000 espectadores, del Mazo concede 5000 apretados en el Forum del Madison. Tres años más tarde, canta en el Carnegie Hall; pero siempre se trata del alquiler de la sala. El Sandro de América entra en el mercado latino, pero no se vuelve el Frank Sinatra del subdesarrollo ni una Carmen Miranda a destiempo; ni siquiera es, 30 años después, Gardel —que hizo toda su carrera cinematográfica para la Paramount—: el "de América" es el gesto prepotente y narcisista argentino. Igual, con el mercado latino le alcanza para recaudar con pala —no con Brasil: aunque edita un disco en portugués, *Uma menina e uma guitarra*, Roberto Carlos es irremplazable, y el intercambio de *brega* por *grasa* no parece satisfacerlos. Luego de su muerte, los diarios norteamericanos lo colocan en su lugar de origen: "Muere a los 64 años el cantante Sandro, el Elvis argentino". Y dejan en claro, una vez más, como siempre, quién tiene el poder.

Pero es *beat latino*, y no es un oxímoron. Lo que Sandro intenta producir a partir de la unión de estas dos partículas es hablar de una procedencia que viene del rock, de Elvis, de los Beatles; y sin embargo, un giro que le pone el adjetivo "latino" lo coloca en el escenario de lo melódico, de la balada, del bolero. Es decir, algo bastante parecido a lo que hoy se conoce como "pop latino". Uno podría llegar a decir, entonces, que Sandro fue tan innovador que hasta inclusive inventó el pop latino. Quiero decir que Luis Miguel, Ricky Martin, Alejandro Sanz, Ricardo Montaner… sigue la lista –una larguísima lista; en muchos casos, intolerable lista– le debe su origen a ese *beat latino* que en 1967 bautizó Sandro —o la CBS— al pasar a ser solista. Allí su potencia: aunque ninguno de ellos lo homenajee con la misma dedicación con que lo hizo el rock local.

Películas. Lo que nunca podría haber hecho es ganar un premio actoral, y tampoco se lo propuso. Su filmografía es francamente deplorable. Libertad Borda acota con lucidez que la función de esos filmes era reproducir en cada sala de barrio la presencia del ídolo, y que esa es la aspiración de todos los filmes con cantantes exitosos durante décadas, hasta que la invención del videoclip la reemplace con eficacia. En consecuencia, basta con encadenar con premura y sin demasiada preocupación estética o narrativa las escenas musicales, donde el cuerpo se pone en escena y soporta la voz –recordemos: un cuerpo poderoso. Es cierto: pero Los Beatles habían hecho algo bastante más interesante en sus películas de 1965 y 1967, por un lado –el juego, el delirio, la psicodelia, la autocrítica, la exhibición de las condiciones de producción del trabajo artístico, la parodia–; y por otro, la pobreza narrativa de los filmes de Sandro es tan radical que solo puede entenderse como proto o auto-parodia.

Me detengo en dos: la primera, *Quiero llenarme de ti*, hecha de apuro sobre el éxito del tema y la consagración de Sandro, en 1969, y dirigida por Emilio Vieyra, director también de *Gitano* en 1970, y al que por suerte ni la muerte ha rescatado de su condición de pésimo director y peor fascista. A lo largo de la película, Sandro va recibiendo la inspiración como un rayo divino que le va soplando líneas de la canción: en realidad, le sopla una –que cualquier espectador avispado reconoce como el anuncio del tema– y que Sandro recibe con un "Es solo una línea, no tengo más que esto", como si hiciera falta algo más que eso: toda la película es entonces la puesta en escena del proceso de creación. Uno diría: "¿Noventa minutos para que escriba 'Quiero llenarme de tí'?". Bueno, la producción poética tiene esas dificultades. Son noventa minutos en los cuales Sandro insiste en encontrar esas palabras justas en esas notas perfectas. Para eso, dispone de un piano de cola sobre el que se inclina en esmoquin, señalando de paso que se trata de arte con h –nada malo o cualunque puede salir de esa mezcla.

Por supuesto, todo está entreverado con dos muchachas, una del barrio y otra del centro. Roberto, muchacho de barrio que ha llegado a la fama siendo Sandro, se enamora de una muchacha de la *high society* –esos roles en los sesenta eran siempre de Marcela López Rey, la *cheta* por excelencia del cine argentino, cuerpo a cuerpo con Graciela Borges, aunque esta podía simultáneamente ser la cautiva del *Martín*

Fierro–. Y la muchacha de barrio es Soledad Silveyra, que con el tiempo se transformará en la muchacha aristocrática de *Rolando Rivas, taxista* –el espectáculo argentino tiene una intensa movilidad de clase. Soledad Silveyra es una maestra de jardín de infantes del barrio, primera novia de Sandro en sus viejas épocas. Sandro se debate entonces entre el amor a una muchacha aristocrática y una de barrio (un clásico del relato romántico), que para colmo es el objeto del deseo de su amigo interpretado por Walter Vidarte –un verdadero desperdicio actoral. Esto constituye el drama central del film, el nudo del conflicto: la oposición entre el centro y el barrio. Es decir, la original historia del muchacho que ha salido del barrio y llega al éxito, que abandona el barrio y para el que el regreso puede simbolizar un baño de fidelidad, de sencillez, de pureza, frente a la impostura del mundo aristocrático: una historia poco novedosa –más bien, insoportablemente redundante–, que ya está codificada en 1933 en la primera película sonora argentina, *Tango*. Una trama de significaciones que rodean al barrio, y que es la trama del tango, del rock barrial, de la cumbia villera: el territorio cargado de sentido frente a las luces del centro. El barrio es donde todo sigue igual, es el espacio donde no hay conflictos, donde las relaciones son horizontales; el barrio es el lugar en donde los conflictos no estallan, sino que, por el contrario, se resuelven. Un mundo conformista, donde todo debe permanecer intocado e incontaminado. La negación del conflicto es otro lugar común del melodrama latinoamericano, que de esa manera expurga de la cultura popular los contenidos que puedan ser un poco disidentes o conflictivos; la variante argentina es que para eso existe el barrio como espacio perfecto, natural. El barrio permite entonces la reconciliación de clase, jamás la oposición: porque luego de ese baño de pureza territorial original, Sandro podrá volver a su muchacha cheta, con la frente alta, mientras su amigo se queda con la maestrita. Un juego de suma cero, en suma, puntuado por las canciones de Sandro –incluyendo la actuación en su vieja escuela primaria, para más redundancia– y el arribo final a la inspiración definitiva que permita sonar "Quiero llenarme de ti" con los títulos del final.[12]

---

[12] Para explorar: hasta dónde esa mitificación del barrio no explota, en tiempos neopopulistas, con el desborde de *Villa Celina* o *El campito*, los libros de Juan Diego Incardona, que le agrega peronismo explícito y *aguante* a una mitología a la que no le faltaba mucho. En Incardona también está el contacto con el rock chabón, especialmente encarnado en Pity Alvarez.

Carolina Spataro recuerda que aquí aparecería el único rasgo original del film: en los melodramas, los galanes suelen preferir a las buenas y pobres, si para colmo son rubias; en este, vencen las malas, ricas y morochas –aunque se le otorgue a la rubia pobre un premio consuelo.

La segunda película es *Gitano*, un año después –y recuerdo haber visto ambas en el viejo cine del Ateneo Popular de Versailles, acompañado por mis amigos sandristas, cuando era muy chico–, también de Vieyra, que se permite aquí dar rienda suelta a su derechismo. Sandro es Roberto (una vez más), un hijo de gitanos que trabaja en una feria de entretenimientos populares. No se espere el tratamiento respetuoso del mundo popular de un Favio –con *Soñar, soñar* a la cabeza–, sino el esquematismo berreta del que tiene ese ambiente solo como decorado. Su amigo Ricardo Bauleo, harto de la pobreza y el mal trato del patrón, intenta robarlo; en el entrevero, el patrón muere accidentalmente y Roberto es injustamente perseguido –porque carga con la condena de sus ancestros, y porque su mismo padre había pasado por similar experiencia. No veremos aquí la saga del hombre de pueblo perseguido injustamente –nada hay de martinfierrismo en el film–, sino apenas el engarce de canciones y mujeres (nuevamente Soledad Silveyra, aunque en este caso se queda con el botín mayor y no con el amigo) para avanzar 90 minutos hasta los títulos del final. Pero antes podremos asistir a la escena clave: Bauleo y Sandro son detenidos –el crimen no paga– y llevados ante el juez para ser careados. Bauleo confiesa su protagonismo, desvinculando a Sandro del crimen –que, recordemos, no ha sido tal–; Sandro ratifica su versión. El juez, entonces, le pregunta por qué había huido; Sandro invoca su pasado de gitano discriminado. La platea tiembla: parece haber un vestigio de reclamo subalterno, de politización larvada. Pero no: el juez afirma que "su único pecado ha sido no confiar en la justicia", para inmediatamente dejarlos libres y permitir el abrazo de los títulos con Soledad Silveyra en el medio de la calle Talcahuano.

De acuerdo: es el final esperado y necesario de este bodrio. Pero es de 1970: gobierna Onganía, y la justicia argentina es todo menos justicia; y en ese contexto, estos dos ladrones de gallinas complicados en una muerte deberían haber esperado un par de décadas en la cárcel, más que ese juez comprensivo y sentencioso. Por supuesto: el cine no está para reflejar la realidad –ni siquiera el cine realista o documental lo hace, sino que finje lo posible para que parezca real, sin poder serlo–, sino para inventarla, y en ese invento trazar el mapa de un imaginario. En este caso, la intersección entre el imaginario del director –el escamoteo del carácter represivo de la justicia argentina– y el de su público –pobre Sandro, mirá lo que le pasa por ser tan bueno.

A otro lugar con este análisis: el público busca en la película apenas dos escenas, inolvidables. La primera son los títulos de apertura, con Sandro desnudo de la cintura para arriba, apenas vestido con un estrecho pantalón blanco, cabalgando en una playa un potro al que monta en pelo. No hay otra cosa que eroticidad; nada más que la bruta eroticidad de ese potro –el de arriba. La segunda es por la mitad, cuando Sandro encuentra en una de las carpas de la feria a un amigo de su padre: fundido a verde y aparece Sandro con un enorme y estereotípico bigote, disfrazado de gitano –de su padre– cantando "Al final la vida sigue igual". Esta escena está en Youtube: búsquenla, disfrútenla, luego me cuentan. Y comprobaremos, por el abuso del fragmento, que no estamos hablando de cine: apenas de videoclips, aunque eso nos obligara –en 1970– a soportar los devaneos fascistas de Emilio Vieyra durante hora y media.

Parodia. Como dije antes, la filmografía de Sandro es tan desopilante que solo puede entenderse como parodia. Un año más tarde, en 1971, filma *Siempre te amaré*, en este caso dirigida por Leo Fleider, la recordada película en la que interpreta a un exitoso y soberbio corredor de autos, castigado por el destino con un accidente en el que queda paralítico y ciego. Veinte años después, Alfredo Casero hizo blanco a esta película de una de sus mejores parodias, "Me quedé ciego"; y Mirta Varela dijo al respecto, luego de la muerte de Sandro:

> Alfredo Casero en *Cha, cha, cha* parodió muy inteligentemente a Sandro en estas películas. Le dedicó "al Gitano" uno de sus ciclos en homenaje al cine argentino de todos los tiempos: "Me quedé ciego". Casero supo combinar muy bien el acercamiento afectuoso al personaje, la estética que formaba parte de su memoria y la crítica despiadada que solo puede hacerse a algo que se considera propio. Roberto, el protagonista del filme de Casero,

cantaba con la inconfundible dicción del Gitano: "Fuiste un pedo en el verano nada más" o "Qué macana, me quedé ciego". Recuperaba de esta manera, el gesto irreverente, el rasgo entrañable del personaje homenajeado.

Agrego: "Fuiste un pedo en el verano" se canta como Sandro, pero se titula como Favio ("Fuiste mía un verano"), con lo que la parodia dispara para varios lados a la vez, lados que sintetizan de manera descomunal toda una época y una zona de nuestra cultura, aquella de la que Sandro nos está permitiendo hablar. En sus canciones, pero también en los colores, las vestimentas, las texturas musicales. No sé si hay tanto afecto como Varela afirma, y si la crítica solo es posible sobre algo que se considera propio. También puede ejercerse sobre un texto que se considera radicalmente ajeno. Pero sí coincido en que es despiadada: tan despiadada como aquellos filmes lo permiten.

Mersada, homenaje y menemismo. Del Mazo dice en su biografía que los ochenta "fueron años en los que se extendió la despectiva idea del Sandro mersa". No sé si comparto el diagnóstico con tanta precisión sociológica: sí creo que Sandro fue objeto del mismo desplazamiento que Palito Ortega, aunque atenuado. La salida de la dictadura no lo encontró con el diagnóstico de complicidad que alcanzó al tucumano, con razones holgadas; lo de Sandro siempre fue más sutil, apenas desbarrancado en el apoyo a la invasión de Malvinas. No había en ello más que ese nacionalismo popular simplote, en el que el diario *Crónica* ha hecho estragos y que el *jet set* criollo compartió malvineramente a diestra y siniestra. Pero el corrimiento de Sandro del centro de la escena tenía más que ver con algún espíritu modernizador en el que el rock calzaba mejor que el baladismo sandrístico –además, en 1981 había disuelto su fructífera sociedad con Oscar Anderle, con lo que nada de nuevo podía esperarse de él; de su discografía posterior, no hay una sola canción que haya tenido un mínimo porcentaje del éxito y la memoria de sus grandes temas de 1969 a 1975.

En 1985, encaró una serie de recitales en el teatro Astros titulados "Vengo a ocupar mi lugar": Wikipedia afirma ciento diez recitales en todo el país, pero del Mazo acepta que el ciclo fue un fracaso relativo, sin agotar localidades. Lo que comienza en esos años de margen es la reivindicación rockera: en 1988 graba "Mi amigo" con León Gieco; en 1991 graba "Rompan todo" con García y Aznar en *Tango 4*; en 1999 será el disco *Tributo a Sandro*. La versión de "Rompan todo" implica varias cosas: el tema es de los uruguayos hermanos Hugo y Osvaldo Fattoruso, que lo habían grabado en inglés como "Break it all" en 1965 con su banda Los Shakers. Treinta y cinco años después, la versión de Sandro lo castellaniza, realizando la misma operación que Sandro había producido en esos mismos años fundadores. Una suerte de víbora que se muerde su propia cola. Pero es también el reconocimiento del pionerismo de Sandro en el rock, realizado en el momento de mayor autonomía del mismo: cuando el rock *nacional* vuelve a grabar canciones en inglés, luego de una fundación basada exactamente en el gesto contrario. Y finalmente: es una maravilla, potente, juguetón –Sandro juega con su voz y con su risa–, rockero. Sigue siendo mi Sandro favorito, aunque sea tan poco Sandro –o quizás exactamente por eso.

El disco de 1999 hace una operación también interesante: porque en este juego de tributo al fundador, no captura el Sandro rockero, sino que rockeriza el Sandro melódico. El rock nacional parece afirmar qué gran rockero habría sido Sandro si no hubiese producido, más de treinta años atrás, ese movimiento de concesión a la CBS en busca de un público y de una facturación. A fines de los noventa, todo eso no debe importarle a nadie, no hay pecado original que recordar –el rock argentino no era un convento de carmelitas descalzas, por su parte– y la facturación se vuelve una simple cuestión de deseo, inmune a toda condena.

Lo que sí se produciría en los noventa era, según del Mazo, que "otros públicos se acercaban a fenómenos populares con una pátina inequívocamente snob". Lo que la frase describe se llama plebeyización de la cultura, y se subtitula menemismo, y está en la clave de interpretación de lo que fue el renacer de Sandro en esos años. En 1990, entre agosto y noviembre, condujo un programa de televisión propio, "Querido Sandro", en Canal 13, con un *rating* aceptable y Martín Fierro incluido. En 1993, comenzó con sus espectáculos en el teatro Gran Rex: "30 años de magia" llevó 60.000 espectadores en 18 funciones. En 1996, "Historia viva" llevó 90.000 en 27 funciones. En 1998, hizo 40 funciones de "Gracias…35 años de amores y pasiones", superando los 120.000

espectadores. Lo que sigue es conocido: el Gardel de oro, el Konex de Platino, el Grammy latino, el enfisema, el homenaje del Senado, el deterioro, la muerte, el velatorio en el mismo Congreso —moraleja: no hay que aceptar homenajes en vida–, el cortejo multitudinario. Pero permanece inalterable el síntoma: los noventa fueron los *años Sandro*. Luego de su muerte, Martín Caparrós afirmó en *Crítica de la Argentina*:

> Yo creo que la apoteosis del señor Sandro es un episodio más de la plebeyización del gusto que empezó con el menemismo, cuando los ricos argentinos y sus repetidoras habituales consiguieron por fin deshacerse del deber ser que decía que tenían que alabar la "alta cultura" y se entregaron sin tapujos a la cumbia y el fútbol (…) y legitimaron esos gustos: los convirtieron en valores.

La plebeyización designa el proceso por el cual bienes, prácticas, costumbres y objetos tradicionalmente marcados por su pertenencia, origen o uso por parte de las clases populares, pasan a ser apropiados (a veces literalmente expropiados), compartidos y usados por las clases medias y altas. Es un proceso complejo, no puntual, extendido en el tiempo, y que puede leerse en la música como en el deporte –la *macrización* de Boca y la futbolización de la cultura argentina– o en el lenguaje: la extensión de la *retórica del aguante* que discutimos en otros lugares. Se trata de un fenómeno perverso, porque parece afirmar la democratización de una cultura —el hecho de que los bienes populares puedan ser compartidos por otras clases sociales hablaría de una especie de *cultura proletaria* en la que las clases bajas han impuesto su hegemonía cultural a los dominantes— cuando en realidad es un proceso profundamente conservador: la cultura parece reconocer la democracia simbólica en el mismo, exacto momento en que ratifica la peor desigualdad material. Eso fue el menemismo, exactamente, revestido además de la máscara populista del peronismo —*esto es lo que la gente quiere, porque nunca se equivoca*–, y significó, como ya lo sabemos aunque convenga recordarlo, el peor retroceso de nuestra sociedad, en continuidad franca y popularizada con la dictadura.

De todo eso, Sandro no tenía la culpa ni mucho menos: pero no podemos terminar de interpretarlo sin ese dato. Fuera de ese contexto, la muerte del Gitano no habría sido otra cosa que un fenómeno *popular*:

apenas limitado a los millones de mujeres que lo habían adorado por décadas, pero sin Senado y sin Gardel.

Mitologías y sexualidades. Del Mazo decide terminar su biografía recurriendo a un cóctel de psicoanálisis, magia y, finalmente, un poco de sociología:

> Esa complejidad de fans, máscaras, vértigo, sosiego y desesperación determina una de las historias más apasionantes y genuinas de la cultura popular argentina. Esa complejidad es una alegoría de la movilidad social, el sueño americano amasado en Valentín Alsina. El deseo colectivo, la obsesión de almas solitarias. Una veintena de canciones memorables que flotan en el viento y el artificio del hechicero genial. Esa complejidad, finalmente, define las aristas afiladas, nunca ingenuas, de un artista total. O una simple ilusión suburbana que se disolvió en el mito. Y el mito es perfecto, hermoso, eterno.

Pero como se puede apreciar, la recurrencia al mito clausura más de lo que abre: porque el mito se vuelve eterno, incuestionado, y para someterlo a crítica hay que recurrir a la operación de Roland Barthes, la *mitología* que desmonte el mito, lo analice, lo desmenuce, lo vuelva invención humana y le quite esa dosis de hechicería a la que recurre del Mazo. La sociología es más apta para esa empresa. O la crítica literaria —la empresa original de Barthes—, más entrenada para leer mitos que el periodismo de espectáculos, más entrenado para fabricarlos.

Martín Kohan, por ejemplo, lee con lucidez en *Perfil*, entre el abanico de notas destinadas a tratar de ponerle algún sentido a tamaña muerte y tamaño velorio, las continuas contradicciones que inventan el mito: "Vivió cuarenta años en la misma casa de siempre, y no obstante le decían 'Gitano'". O la relación entre esplendor y decadencia: "Sandro tramó en cambio una hazaña bien distinta, que fue lograr que la decadencia pasara de algún modo a formar parte del esplendor y del apogeo". Frente a su reivindicación como Gardel posmoderno, Kohan señala con agudeza que no hay tal posibilidad, sino un deseo, no en vano procedente de momias sometidas a la ficción quirúrgica de la eterna juventud como

Susana Giménez y Mirtha Legrand –las que más atizaron la previsible metáfora neo-gardeliana para Sandro. Ellas *desean* que Sandro sea como Gardel, y por eso afirman la comparación –*es* como Gardel–; desean, necesitan que se muera joven, porque no pueden aceptar que Sandro envejezca mientras ellas rejuvenecen; y no pueden tolerar que la decrepitud, el envejecimiento y la gordura sandriana forman parte de la belleza, pasan a formar parte del mismo modelo.

> También en eso –culmina Kohan– fue el Elvis Presley argentino, y no un Gardel: sumó canas a las patillas y varios kilos al contoneo y demostró que podía superar también la dicotomía entre la cumbre eterna y el declive. (…) Volcado al género melódico, saturó como corresponde las metáforas del corazón (…) vino a morir con el corazón de otro, víctima final de la literalidad.

Entre las pistas que las notas *post mortem* desparraman, creo que las más firmes son las que se aferran al dato de la sexualidad. Diego Trerotola, en *Página 12*, le da un giro homoerótico magnífico:

> [Los] movimientos demasiado sensuales que no eran propios del machito rockero. Todo Sandro era muy pélvico, muy rosa-rosa, muy sexualmente desafiante: aceptar el valor de un golpe de cadera del Elvis argentino era poco más que un desafío a la integridad rocker de esa época, que no sabía qué hacer con semejante dicha en movimiento. Federico [Moura] fue, ante todo, un puto valiente, y salió contra la corriente a reivindicar a Sandro. (…) Y yo, oso fetichista, que también me considero una de sus nenas gordas, le dedico este breve obituario al Sandro redondeado, de curvas, canas y arrugas, al daddy sexy, galán maduro en robe de chambre sobre el escenario-cama donde llegaba al orgasmo a fuerza de canciones sin ningún miedo a caer en una cursilería casi maricona de "poemas de amor y rosas".

Si el plus de Sandro –ese exceso que lo vuelve inclasificable y obligaría a recurrir a la interpretación mágica– es especialmente erótico, el de Treretola es un giro radical: porque el erotismo es además –no *solo*, sino *además*– de una sexualidad herética, de una herejía radical incluso para el mismo Sandro, que en uno de los pliegues del libro de del Mazo afirma, sin miedo a ninguna incorrección: "Yo cometí todos los errores que un ídolo puede cometer. Menos tomar falopa y ser trolo, pasé por todas". La interpretación de Treretola cuestiona un límite más: el del propio machismo vulgar de Sandro.

Esa misma herejía está en el texto de Marta Dillon, también en *Página 12*, en el suplemento feminista "Las 12": "Sandro no era otra cosa más que sexo. Él seguía entregando un relato para que las manos se perdieran bajo la ropa interior de mujeres que ya se suponen expulsadas de ese paraíso". Por un lado: la referencia es claramente etárea, y como dice Carolina Spataro es el dato que explica por qué las canciones de Sandro reinsertan a mujeres mayores de 40 y hasta de 60 años en un mercado erótico del que ya no participaban o, por lo menos, no para las industrias culturales, que muestran incansablemente que las únicas mujeres que pueden ser deseadas o que pueden desear son las jóvenes, con sus consabidos culos parados, tetas grandes y panzas chatas. Pero además, lo que Dillon nombra sin demasiadas vueltas es una herejía cumbre: la masturbación, pero para colmo femenina y por eso doblemente prohibida. Sexualidad inútil, en la cosmovisión religiosa, condenada con el fuego del infierno; pero además femenina, y entonces sexualidad autónoma —que aunque sujeta al estímulo del macho, puede prescindir de su falo. Placer por fuera de la reproducción: que si al macho se le reprocha retóricamente —y solo retóricamente, porque tanta paidofilia clerical no permite otra cosa–, a la mujer se le prohibe terminantemente (*parirás con dolor, y para eso, y solo para eso, tendrás sexo*).

Entonces (que es lo que queríamos demostrar), las bombachas en el escenario y "esas manos que se pierden en la ropa interior", nos están hablando ahora sí de una fabricación de los públicos: el rasgo más autónomo de la épica de Sandro. Hay también aquí una matriz romántica que todavía espera su desmenuzamiento, la interpretación que nos explique el encuentro que se produce entre líricas pavotas, metáforas del corazón y deseo —en esa senda andan algunas colegas como Carolina Justo, Malvina Silba o Carolina Spataro–; provisoriamente, las bombachas que durante quince años tapizaron el escenario del Gran Rex nos están hablando de un escape a tanta represión y tanto crucifijo —precario, provisorio, desviado, incierto y seguramente gratuito como todo escape: pero por lo menos con un significado más promisorio que el diagnóstico apresurado de la idiotez colectiva. Y también, agregan las colegas: nos están hablando sobre el modo en el que el erotismo de esas mujeres se pone en juego en un momento determinado –el recital– en donde el juego entre Sandro y *sus nenas* habilita correr los límites sobre lo que puede expresarse en público de algo que es, en teoría, privado. Y para colmo, pensar a mujeres de más de 40 tirando bombachas al escenario es un gesto irreverente, genial, ingenioso y claro.

Sandro y Perón, un solo corazón. En esa interpretación prefiero refugiarme, aunque la figura del Gitano merezca y espere todavía más análisis. Todo ídolo popular exige desentrañar un misterio, pero no un secreto: el misterio es accesible, el secreto es lo indescifrable. Los signos de Sandro están a la vista –como los de Mercedes Sosa, o Maradona, o Gardel– y nos exigen reordenarlos para traducirlos, escapando a las superficies mitificadoras o las vulgatas neo-sociológicas. O a los deseos de clase: Jorge Fernández Díaz afirmaba, en *La Nación* –que nunca le dedicó demasiada simpatía a Sandro:

> Con el tiempo logró "desgrasarse" sin dejar el *target* plebeyo, y acceder a públicos más sofisticados, que lo veían como un Sinatra criollo y *kitsch,* y lo seguían con una mezcla de perplejidad, condescendencia y profunda admiración en sus conciertos del Gran Rex. (…) Sabiéndose ya unánime, Sandro gozó al final hasta del prestigio, el Olimpo que no muchas voces románticas alcanzan en vida. Después de muertas, cuando se vuelven inofensivas, esas voces suelen ser canonizadas por las clases medias biempensantes [sic] y hasta por los intelectuales.

Como ya señalamos, no hubo tal Sinatra criollo –Sinatra no era objeto de bombardeos de bombachas ni acarreaba los significados tan locales que Sandro cargaba por toneladas. Sandro había nacido en 1945, semanas antes del 17 de octubre, y tampoco es posible prescindir de tamaña contemporaneidad. El prestigio transclasista que invoca Fernández Díaz tiene más que ver con el menemismo y su descendencia que con una supuesta ley general de la muerte y la canonización.

> Murió un ídolo argentino que era un caballero, un campeón de la cortesía, un milagro de la amistad, un hidalgo. No muere un demagogo, ni un profesional del escándalo, ni un improvisado ni un caprichoso ni un fabricante de rencores. Muere alguien que se parece a lo mejor que los argentinos queremos ser, y también a lo que lamentablemente no hemos sido.

Lo que *La Nación* postula, por boca de uno de sus editores, es el horizonte recurrente de las clases dominantes argentinas, el populismo –falacia democratizadora, como dije– sin pueblo. La canonización revela su sentido real: no se trata de una operación intelectual –no hemos sido los intelectuales los que mejor hablamos de Sandro luego de su muerte–, sino política, aquella que encuentra en la reconciliación de clase el mejor horizonte, reconciliación conducida por un bloque hegemónico intocado e intocable. La pasteurización del símbolo incluye el erotismo: en la versión de *La Nación*, el símbolo sexual se vuelve un gordito simpático. Postular a Sandro como aquello que "lamentablemente no hemos sido" es un deseo que encubre, en la generalización, su carácter tanto de clase como de género: *macho y cheto* –términos que, como todos sabemos, son imposibles de reconciliar.[13]

En algo tiene razón Fernández Díaz: Sandro "se parece a lo mejor que *los argentinos* queremos ser". Es decir, millonarios seductores de millones de mujeres. Respecto de lo que *las argentinas* quieren ser, no nos ha dado ningún indicio. Respecto de lo que las argentinas querían hacer(le), Sandro nos dio innumerables. Es la ventaja de los artistas, de su magia y su misterio.

---

[13] Y sin embargo, nuevamente aparecen las contradicciones de las que hablaba Martín Kohan: Sandro es el macho incansable que seduce a todas, pero que se casa con Olga vestida de blanco; vive una cotidianeidad suburbana, heteronormativa y para nada glamorosa, sin la bata de raso del recital en el Gran Rex; tenía *las* mujeres, afuera de la casa, frente al muro de Banfield, mientras adentro la tenía a Olga con las pantuflas y el mate. Esto lo acota Carolina Justo, mientras menta a Ricky Martin, el amante secreto de millones de mujeres que se reía desde su homosexualidad escamoteada. En definitiva: esta debe ser la famosa magia del espectáculo.

Escenas de la vida deportiva
(violentológicas y maradonianas)

Fútbol y literatura(s) en América Latina[14]

1. Ausencias

A pesar del peso descomunal que el fútbol ocupa, a simple vista, en la vida cotidiana, económica, política y cultural de la mayoría de las sociedades latinoamericanas, solo en los últimos diez años puede hablarse de la invención de un campo de estudios relativamente autónomo, con producción específica, en las ciencias sociales de América Latina. Por el contrario, fue siempre un campo especialmente fértil para el periodismo especializado. Si la prensa de masas nace con la modernidad (al igual que el deporte, surgido como invento británico en la segunda mitad del siglo XIX), el periodismo deportivo, centralmente en la prensa popular, es absolutamente contemporáneo. Las (pocas) investigaciones realizadas en América Latina señalan el mismo panorama: la ausencia del discurso académico es inversamente proporcional a la sobre-saturación del periodístico, que apareció más tempranamente. De esa manera, la contraposición entre dos tipos de discursos, con condiciones distintas de producción, circulación y legitimidad, así como dos cronologías (una extendida, la otra sumamente reciente), es un ingrediente importante a la hora de analizar el campo.

Las razones para el bloqueo de la investigación académica son múltiples. El fútbol latinoamericano integró durante todo este tiempo un lote cada vez más reducido de prácticas culturales cuyo estudio parecía imposible. Las ciencias sociales del continente, atentas a las múltiples maneras en que se estructuran la sociabilidad y la subjetividad, las identidades y las memorias, no constituyeron hasta tiempos muy recientes saberes especializados sobre estas prácticas. Es posible que la causa sea, justamente, el peso del deporte en la constitución de la identidad y la

---

[14] A propósito de *El fantasista*, de Hernán Rivera Letelier (Santiago de Chile, Alfaguara, 2006) y *Muerte súbita. La historia que los hinchas no conocen*, de Philip Butters (Lima, Aguilar, 2006).

subjetividad. El fútbol se sobreimprime a situaciones identitarias clave: la socialización infantil, la definición de género –especialmente, la masculinidad–, la conversación cotidiana, la constitución de colectivos. Situaciones que involucran al propio observador, que recorren su cotidianeidad. Frente a esta mixtura, la lectura de los intelectuales tendió únicamente a dos salidas: la imposibilidad de la distancia crítica-científica, y por lo tanto de una mirada analítica, o la exasperación de esa distancia, hasta el silencio y la condena. Los límites entre el amor incondicional (y acrítico) y el rechazo exasperado se transformaron en la distancia que separa la ingenuidad del prejuicio.

De manera complementaria, otros dos problemas colaboraron en este cuadro: uno epistemológico, otro académico. El primero fue el clásico calificativo del *opio de los pueblos*: desde comienzos de los setenta este enunciado había desplazado su referente de la religión al deporte, constituido en –presuntamente– nueva y gigantesca herramienta de alienación de masas. Pensado como petición de principio, su consecuencia solo podía ser la clausura de un debate que nunca había comenzado. No en vano, a principios de los ochenta solo podían contabilizarse en todo el continente dos libros importantes, ambos producidos desde esta sociología crítica y apocalíptica, y traducidos al español por editoriales latinoamericanas: el clásico de Gerhard Vinnai, *El fútbol como ideología*, de 1970 (traducido en un temprano 1974); y el de Jean-Marie Brohm, *Sociología política del deporte* (traducido en 1982).

El segundo problema fue académico, o mejor dicho, de estructuración de las disciplinas académicas: *¿quién debía ocuparse del deporte?* El mundo anglosajón encontró una respuesta rápida en los departamentos universitarios de educación física, creados en los sesenta. Aunque con debilidades, especialmente en el tono empirista y en la ausencia de reflexión teórica, la existencia de estos departamentos permitió el surgimiento de una investigación académica. Para los latinoamericanos, esa posibilidad no existirá hasta los ochenta, y solo en el caso brasileño; en el resto del continente, esta posibilidad continúa casi bloqueada. Así, no habrá disciplinas autónomas que se encarguen del deporte; o mejor, en tanto entendemos que los estudios sobre deporte no constituyen una disciplina *stricto sensu* sino un campo sub-disciplinar, no habrá un reconocimiento académico del campo de estudios hasta fecha muy reciente.

En todo el continente. Las excepciones fueron solo dos: en el lejano 1957, un sociólogo argentino, Alfredo Poviña, había publicado una *Sociología del deporte y del fútbol*, un débil intento de formular una sociología del deporte que sin embargo fue durante años el único texto sobre el tema en la Biblioteca de Sociología de la Universidad de Buenos Aires. En Brasil, Joao Lyra Filho publicó una *Introdução à sociologia dos esportos*, en 1973, libro que la antropóloga brasileña Simoni Lahud Guedes califica como anacrónico, erudito pero ecléctico y hasta contradictorio, en la coexistencia del "relativismo cultural de Ruth Benedict y el determinismo biológico de Lombroso, para citar apenas un ejemplo de las curiosas mezclas hechas, a veces en la misma página".

Pero ese mal que aquejaba a la producción científica también acometía contra la ficción o la poesía. Solo en Brasil, en especial de la mano de su periodismo deportivo, habían aparecido algunos materiales interesantes. El texto central de esa serie es el libro de Mario Rodrigues Filho *O negro no futebol brasileiro* (1947), que intentaba explicar, a través de la historia de la incorporación de los negros a un fútbol originariamente discriminador y duramente racista, la potencialidad integradora del fútbol brasileño, acompañando el *mito de las tres razas*: la "sabia" integración de lo europeo, lo indígena y lo afroamericano en el Brasil moderno. El mito, inventado en los treinta por el antropólogo Gilberto Freyre, alcanzaba en el fútbol su más alta eficacia, sostenía Filho. De allí que Freyre prologara entusiastamente el libro en una combinación de periodismo historicista y antropología de divulgación sin precedentes –diría mejor: también sin descendencia. Filho había sido una de los grandes inventores del periodismo deportivo brasileño, y junto a él Nelson Rodrigues –su hermano– y José Lins do Rego constituyeron la tríada de los grandes cronistas: en ese género es donde la escritura brasileña desplegó su mejor y mayor producción (especialmente, en *A pátria em chuteiras* y *À sombra das chuteiras imortais*, de Nelson Rodrigues, los libros que compilaron en los noventa las crónicas publicadas durante décadas en los más importantes periódicos brasileños). Incluso, el mote de Brasil como *a pátria das chuteiras (la patria de los puntapiés)* proviene de la obra de Rodrigues. Lins do Rego, por su parte, publicó, además de crónicas, la que parece haber sido la primera novela latinoamericana de ambiente futbolístico: *Água-mãe*, de 1941. La cultura brasileña, en principio más permeable a las circularidades entre materiales cultos y populares –la tradición antropofágica–, también permitió incursiones futbolísticas de algunos de sus más renombrados poetas: Oswald de Andrade, Jôao Cabral de Melo Neto, Carlos Drummond de Andrade o Vinicius de Moraes (quien dedicó un soneto al célebre jugador Garrincha, "O gênio das pernas tortas").

En cambio, en el resto de América Latina la dominante es el silencio. Así es que cuando el ensayista argentino Juan José Sebreli intentó descalificar las que llamó "aproximaciones populistas" al fútbol hasta 1981 (el momento de su *Fútbol y masas*), solo pudo citar fragmentos de poemas o relatos, crónicas periodísticas, alguna metáfora perdida en el campo de batalla ("el alma está en orsay/ che bandoneón", del tango "Che, bandoneón", de Homero Manzi). Pero no podía citar nada más, porque nada más había. Más notoria había sido esta ausencia quince años antes, cuando en dos antologías contemporáneas, editadas a ambas márgenes del Río de la Plata, el mismo Sebreli y Eduardo Galeano habían intentado ofrecer un panorama ensayístico y ficcional de los textos sobre fútbol. Sebreli, en su *El fútbol* (Buenos Aires, 1966), ordenado desde una perspectiva condenatoria y denuncista, que abreva en todos los lugares comunes de la retórica del *opio de los pueblos*, debe recurrir a –pocos– materiales europeos. Por su parte Galeano, en su *Su majestad, el fútbol* (Montevideo, 1967), a pesar de su entusiasmo por demostrar que algo hay en el fútbol que vale la pena ser narrado o enaltecido, poco más tiene a mano; aunque en el volumen compila lo que presumiblemente sea el primer cuento latinoamericano de temática futbolística ("Juan Polti, half-back", del también uruguayo Horacio Quiroga, publicado en 1918). Este despliegue de puros fragmentos se ratificaba en *Literatura de la pelota* (Buenos Aires, 1973), una compilación debida al poeta argentino Roberto Santoro, desaparecido por la dictadura militar en 1977. Fuera de una gran cantidad de textos breves –muchos, pero breves y generalmente accidentales, entre los que se cuentan la crónica de un juego entre Argentina y Uruguay escrita por Roberto Arlt y un capítulo de *La cabeza de Goliat*, de Ezequiel Martínez Estrada–, el centro del volumen consiste en un largo escrito de Santoro rememorando los cánticos de los hinchas. Estos eran, hasta entonces, los únicos que dedicaban sus afanes intelectuales a una producción poética sostenida, aunque francamente ilegítima –y solo factible de ser considerada *literatura* por el espíritu populista de Santoro.

2. Fundaciones académicas

Entre estas dos matrices se movió la –poca– discusión latinoamericana hasta los ochenta: la condena anti-populista y apocalíptica de Sebreli, heredera de una vulgata frankfurtiana sin mayor espesor, y la reivindicación romántico-populista de Galeano. Desde esas perspectivas, era difícil suponer la invención académica de los estudios sobre fútbol y deporte en general. La mirada apocalíptica aparecía como dominante en el campo intelectual latinoamericano, lo que sumado a las dictaduras militares y al bloqueo generalizado sobre la producción crítica en las ciencias sociales del continente, no permitía ser muy auspicioso. Dos sintagmas parecían dominar, entonces, cualquier posibilidad de producción: *los intelectuales no saben nada de fútbol*, el argumento periodístico por excelencia, el que preserva al cronista de cualquier irrupción excéntrica o, peor de peores, más legítima que la periodística; y el argumento intelectual inverso, *el fútbol como opio del pueblo*, que limitaba la intervención a la condena, al prejuicio, a la distancia, o mejor aún, al silencio.

Así, la publicación en 1982 de *O universo do futebol*, la compilación del antropólogo brasileño Roberto Da Matta, fue de carácter fundacional. Los trabajos anteriores de Da Matta, especialmente su clásico *Carnavais, malandros e heróis* de 1979, habían bordeado el fútbol en su intento de analizar la cultura brasileña; si el intento que definía todo el trabajo de Da Matta era trazar una "sociología do dilema brasileiro", la aparición del fútbol cobraba legitimidad al tornarse uno de los rituales donde entender la jerarquía, el *malandragem*, la carnavalización, la inversión o la reproducción. Es indudable la presencia de la antropología interpretativa del Clifford Geertz de *La interpretación de las culturas*, pero particularmente su celebérrimo trabajo sobre la riña de gallos balinesa, que por desplazamiento permitía entender los mecanismos puestos en juego en los universos deportivos: *jugar con fuego sin quemarse*, la idea de la apuesta simbólicamente relevante porque lo que se discute es la jerarquía, el estatus, la identidad, la pertenencia a un colectivo, a través de una práctica tan periférica como la riña de gallos… o el fútbol, para nuestro caso. Es significativo que todos los trabajos de la compilación de Da Matta deban comenzar señalando la ausencia de trabajos anteriores o contemporáneos y explicando las razones de la legitimidad de su propio esfuerzo. Esa es la marca fundacional por excelencia. Da Matta, incluso, dedica una parte importante de su ensayo a rebatir la tesis del *opio del pueblo*, considerando que esta revela una visión instrumental-funcionalista de lo social.

De estas indagaciones inaugurales deriva una afirmación fundamental para los trabajos posteriores: el fútbol puede ser visto como un foco, un punto de pasaje de la mirada crítica que a través de esa focalización se interroga por la dimensión de lo simbólico y su articulación problemática con lo político. Pero también: el fútbol es un espacio donde se despliegan algunas de las operaciones narrativas más pregnantes y eficaces para construir identidades. Entonces, en esa periferia de lo legítimo –porque el lugar central seguirá siendo la cátedra o la política o los medios, según su capacidad históricamente variable de instituir y administrar legitimidades del discurso– podemos leer las dificultosas construcciones de las narraciones de identidad.

En esa línea, contemporáneamente e informados por el trabajo de Da Matta, son los primeros textos del argentino Eduardo Archetti, de 1984-1985. También antropólogo, el derrotero de Archetti puede explicarse por la misma fórmula: la predilección por las prácticas –solo en principio– periféricas. En un artículo de 1994, Archetti afirmaba que una identidad nacional o étnica está vinculada a prácticas sociales heterogéneas (la guerra, las ideologías de los partidos políticos, la naturaleza del estado, los libros de cocina o el deporte) y se produce en tiempos y espacios discontinuos. Así, ante la predilección de la teoría y la historia por analizar los espacios oficiales, legítimos, solo en principio más visibles, de invención de una nacionalidad, Archetti se dedica a las prácticas marginales, limítrofes, sean ellas populares o no (el box o el polo); pero siempre con el objetivo de analizar, a través de ellas, cómo se habían inventado los relatos de identidad latinoamericanos. Su libro de 2003, *Masculinidades. Fútbol, polo y tango en Argentina* (originariamente publicado en Inglaterra, en 1999), es posiblemente uno de los mejores textos producidos por las ciencias sociales latinoamericanas sobre estos tópicos.

3. Ficciones

Pero la explosión futbolística de los noventa, el crecimiento descomunal del peso del deporte como mercancía mediática –cuantificable en horas de televisión y radio, centimil gráfico, cadenas exclusivas de cable, facturación por publicidad y *merchandising*, entre otros indicadores irrefutables–, permitió otra configuración del campo. En lo académico, se dio una mayor visibilidad y legitimidad de los estudios sociales del deporte y el fútbol latinoamericanos, paulatinamente más prolíficos en *papers* y libros, en conferencias y reuniones científicas. En lo literario, aparecerá una profusión de compilaciones de crónicas, memorias y biografías –deudoras de la práctica periodística, que se volcaba al libro como forma de colonizar un espacio de, imaginariamente, mayor legitimidad que el periódico–; pero también narraciones, ficcionales o semi-ficcionales, deudoras de la serie que inaugurara el inglés Nick Hornby con *Fever Pitch* (1992), traducida en España como *Fiebre en las gradas*, y que consistía en narrar sus andanzas como hincha del Arsenal londinense.

En América Latina, fue clave el libro de, nuevamente, Eduardo Galeano, *El fútbol, a sol y sombra* (1995), que ha tenido larga fortuna no sólo de ventas, sino también de traducción al portugués, al inglés y al francés. El libro combina una escritura deliciosa con la clásica predilección de Galeano por la argumentación narrativa a partir del relato de casos, en algunas ocasiones simples viñetas. Pero Galeano evita cualquier indagación teórica, lo que es su debilidad a la hora de la argumentación. Esa debilidad teórica consiste en que en demasiadas ocasiones termina refugiado en un consabido *sentido común* futbolístico, con los tópicos populistas de la resistencia cultural, la carnavalización, la inventiva, la fiesta y la belleza a la cabeza, conformando una matriz teórica recuperada por buena parte de una discursividad periodística levemente progresista ansiosa de legitimidad.

En la Argentina, mientras tanto, al aluvión de biografías e historias parciales (de Maradona o de Di Stéfano, de River o de Boca), se le sumó la revalorización de las historias que tanto Roberto Fontanarrosa como Osvaldo Soriano habían publicado en sus libros de los ochenta, aunque inicialmente habían pasado inadvertidas. Fontanarrosa había publicado una larga lista de relatos de ambiente futbolístico en sus volúmenes de cuentos e incluso una novela, *El área 18* (1982), era una parodia de una novela de espionaje internacional en la que un imaginario país africano, Congodia, alcanzaba su independencia, su salida al mar, sus campos petrolíferos y otras ventajas geopolíticas en partidos internacionales de fútbol. Así, Congodia no tenía ejército: solo mantenía su seleccionado nacional (que enfrentará a un combinado organizado por la CIA para disputar una concesión de la Coca-Cola). Por su parte, Fontanarrosa ponía en escena en sus cuentos al fútbol como forma de desmenuzar ácidamente los lugares comunes de la cultura masculina argentina, en la que el fútbol ocupa un lugar clave; para ello, narraba historias de hinchas, minúsculos partidos de pueblo o eternas conversaciones de café, siempre en una eficaz clave humorística. Soriano, a su vez, había publicado pequeñas historias derivadas de sus andanzas biográficas como goleador de un equipo del norte de la Patagonia a fines de los cincuenta y comienzos de los sesenta, que luego cobraron autonomía en *Memorias del míster Peregrino Fernández y otras historias de fútbol* (1998), un director técnico imaginario que recorría la Patagonia dejando un tendal de fracasos y fraudes a su paso.

Hay en estos textos dos claves: la primera, la idea de que el fútbol permite narrar *otra cosa*, de mayor envergadura que simplemente banales historias deportivas. En esas ficciones, lo que se narra es la masculinidad, la tradición, la memoria, las identidades, la lengua, e incluso la patria –en exceso paródico en *El área 18*. La segunda clave es el hecho mismo de su relectura y legitimación a partir de los noventa, que permitirá a Fontanarrosa reeditar todos sus cuentos de fútbol dispersos en un solo volumen, *Puro fútbol*, de 2000. No solo había operado esa ampliación del mercado mediático-deportivo, esa fubolización de nuestras sociedades a la que hice referencia: también funcionaba una nueva legitimidad intelectual, teñida de neo-populismo y plebeyismo, según la cual narrar el fútbol había dejado de ser una empresa marginal y condenable para transformarse en una actividad aceptable, de gran demanda de masas, e incluso recomendable, en tanto saldaba una presunta deuda de los intelectuales con los públicos populares –aunque en el ínterin estos hubieran dejado de leer, dicho sea de paso– y hasta permitía alguna campaña estatal de difusión de la lectura: en Uruguay, un póster mostrando un golero, apoyado contra un poste de la meta de gol, leyendo apasionadamente; en la Argentina, la impresión estatal de cuentos breves de los nombrados Galeano, Soriano y Fontanarrosa que se repartían gratuitamente en los

estadios, o de nuevos cuentistas surgidos al calor de la moda: el ex jugador Jorge Valdano, por ejemplo (tan mal narrador como buen jugador),
o periodistas deportivos que practicaban paralelamente la literatura breve de ambiente futbolístico, la gran mayoría publicados por una editorial
cooperativa titulada Ediciones Al Arco.

4. Dos novelas

En ese contexto, no es de extrañar que dos sellos de gran impacto y
circulación en el mundo de habla hispana como Aguilar y Alfaguara hayan publicado sendas novelas de temática futbolística. Como señalé, lo
hacen en contextos culturales en los que las narraciones futbolísticas adquieren legitimidad y encuentran un horizonte de expectativas lectoras.
Sin embargo, es notorio que, simultáneamente, se trate de ediciones y
distribuciones locales, que no han alcanzado circulación latinoamericana. Es posible que cierto *localismo* de lo narrado, en ambos casos, haya
funcionado como ancla en ese sentido; pero también nos permitiría pensar hasta qué punto las narrativas futbolísticas no han radicalizado su
localismo en el mismo y preciso momento en que su condición de mercancía mediática exacerba su condición global.

El localismo de la novela de Rivera Letelier, *El fantasista*, no es nacional, sino estrictamente regional, lo que duplica esa afiliación y supone,
según los cánones de la literatura globalizada, una restricción excesiva
para sus posibilidades de circulación. Porque lo narrado en la novela no
es el fútbol chileno, sino la manera en que el fútbol permite poner en escena las historias de las oficinas salitreras pampinas –la *pampa* del salitre
en la zona norteña de Iquique– en los comienzos de la dictadura pino-
chetista. Esa doble restricción –geográfica y temporal– no impide, sin
embargo, a cualquier lector atento desprenderse de un localismo que es
a la vez lingüístico, para sumergirse en un relato pleno de intensidad política y emotiva. El partido de fútbol que narra Rivera es nada menos que
el último de los clásicos entre dos oficinas salitreras, por el cierre de una
de ellas; lo que se pone en juego no es simplemente un resultado o incluso una apuesta, sino la tradición, la memoria, las muertes y las vidas de
los miembros de la comunidad, que deben limitar a la vez con el fin del

trabajo y con el clima represivo de la reciente dictadura. El fútbol funciona entonces como memoria –memoria de juegos que jalonan una historia cotidiana y política– y como consolación, como el espacio de libertad en medio de la opresión. Como ocurre con las viñetas de Galeano, opera aquí una metáfora a esta altura lexicalizada, la que entiende al fútbol como el espacio democrático y creativo predilecto de las clases populares.

Por su parte, *Muerte súbita*, la novela de Butters, aunque pone en escena historias del fútbol peruano y las andanzas de sus jugadores más exitosos por el escenario europeo, presenta un localismo más restringido ante la decisión de producir una novela en clave: exige un lector bastante entrenado que pueda reconocer, en los pliegues de los nombres falsos, las referencias concretas –y que estimularan mi recuerdo ante las menciones en clave de los grandes jugadores del Mundial de 1970, la generación dorada del fútbol peruano. Para un lector ajeno a ese entrenamiento, al conocimiento acabado de las minucias y miserias de la actualidad peruana, la mayoría de la referencias caerán en saco roto. La novela puede leerse, entonces, en un sentido estrictamente denuncista: lo que se presenta es un fútbol asolado por las múltiples plagas de la corrupción, el caos, la incapacidad, la miseria moral. Aquí, la estrategia narrativa procede por acumulación y exceso: todo lo malo que uno puede imaginar en ese escenario les ocurre a los protagonistas en las 263 páginas de extensión. Complots, desbordes, excesos de todo tipo, degradaciones morales pretenden presentar un cuadro de decadencia y explotación suma donde nada puede solucionarse, donde no es posible la salvación y la muerte funciona como castigo. Pero esta pintura, honesta y realista, se debilita porque la novela olvida precisamente eso: que es una novela. Y la literatura, sin que esto pretenda ser una añeja reivindicación culterana, también exige, junto al frenesí de la denuncia y la condena, la atención al lenguaje, a la respiración narrativa, a la elección de la frase. Los distintos *futboles* latinoamericanos son espacios corruptos, donde el exceso de capital se acompaña con el accionar de mafias de todo género, donde los futbolistas son transformados precozmente en mercancías desechables y objeto de trata de esclavos, donde el periodismo deportivo es un clímax de la acción de monopolios mediáticos, donde los partidos se compran y se venden clausurando la imaginación deportiva. Todo eso es bien sabido. Narrarlo bien es otro desafío.

Irresponsables, hipócritas, guitarreros, paranoicos

Las discusiones sobre el *doping* en el deporte son a la vez viejas e infructuosas. Algunas cosas deberían estar, a esta altura, claras: en el contexto hiperprofesionalizado del deporte contemporáneo, recurrir a sustancias prohibidas que aumenten el rendimiento es tan ilegítimo como probable. Ilegítimo porque el deporte se basa (desde su invención en el siglo XIX) en la igualdad y la meritocracia, en la suposición de que todos los participantes están igualados al inicio de la competencia y de que ganará el mejor, el que más esfuerzo invierta y más talento o capacidad demuestre. Pero a la vez es probable: porque el dinero involucrado es tanto (el deporte es una de las industrias más redituables) que la tentación propia del capitalismo –la trampa, la competencia desleal– está ahí, a mano, a un solo paso. En tiempos de capitalismos salvajes e individualismos feroces, esa probabilidad se agiganta.

A nadie puede sorprenderle, entonces, ni el posible *doping* de Lance Armstrong, ni la Juventus inyectando hormonas durante una década a sus futbolistas, ni Ben Johnson, ni los experimentos con las nadadoras de Alemania Oriental –aunque, en este caso, el objetivo no fuera el dinero sino el prestigio stalinista. Lo extraño es que alguien se desgarre las vestiduras por la ilegitimidad, sin reparar, insisto, en que la misma estructura industrial del deporte contemporáneo está preparada para buscar en el doping la maximización de la ganancia propia del sistema. Nada nuevo hay, pues, bajo el sol.

Desde ya que los casos por *doping* permiten ver otros pliegues de la cuestión. No deja de ser llamativa la aparición reiterada de las llamadas "drogas sociales" en el caso de los futbolistas argentinos –la cocaína de Maradona o Caniggia, la marihuana del Lobo Cordone y tantos otros. En esas ocasiones, puede pensarse otra posibilidad del mismo problema: que el deportista, sometido a la maquinaria industrial que solo reclama sangre y sudor a cambio del beneficio económico, no puede resistir el juego de presión y exigencia sin recurrir a un auxilio extraordinario y penado –presiones y exigencias que no son solo las del club o el *sponsor*: también son las de los medios de comunicación, que los transforman en mercancías espectaculares o modernos *sex-symbols,* o como en el caso de Maradona, nada menos que en una mezcla de dios ateo y San Martín redivivo. En esos casos, la detección y sanción del *doping* pretende encubrir, bajo la apariencia de la sanción moral por una ventaja deportiva que no se verifica –jugar bajo los efectos de la marihuana puede ser gracioso pero no eficaz...–, la hipocresía industrial: se sanciona con más dureza al que pretende escapar de la máquina de producir excedente económico que a aquel que se somete a sus dictados y se inyecta eritropoyetina para demostrarlo.

En el caso de Mariano Puerta, suspendido por *doping* en 2005 y que motivó esta crónica, aparece otro pliegue más, minuciosamente criollo: la irresponsabilidad vocacional, con el añadido del guitarreo, lo que vuelve al suceso un típico fenómeno de las pampas. Todo el fallo de la FIT insistió sobre un argumento evidente: si Puerta sabía que cualquier reincidencia lo dejaba definitivamente afuera, todo cuidado era poco. Aún aceptando el alegato del Effortil que tomaba su mujer –aunque suene demasiado al viejo truco de "ella tiene la culpa"–, ningún deportista profesional medianamente responsable, que se sabe sometido a controles previstos e imprevistos, toma agua en el primer vaso que encuentra en el camino. Salvo que participe del *slogan* preferido por los argentinos: "total, qué me va a pasar". *Slogan* extendido: hasta el empresario que cierra una puerta de emergencia en un recital de rock participa de esa creencia. La irresponsabilidad –la absoluta desconsideración por las consecuencias de las acciones propias sobre los otros o sobre uno mismo– va de la mano de lazos sociales deteriorados, de individualismos narcisistas y autistas. Parece mucho: pero en la irresponsabilidad de Puerta, aunque no tenga consecuencias sociales, asomaba la misma grosera creencia de que, como nuevo pueblo elegido, Dios vela por nosotros.

Lo que debemos evitar es incurrir en el paso siguiente de las creencias argentinas, aquel que habla de la conspiración universal, del complot planetario contra el pueblo elegido. Que tantos tenistas argentinos dieran positivo a lo largo de estos años es signo de todo lo que acabo de argumentar: que a más de uno se le haya escapado la interpretación paranoica muestra la presencia de nuestro narcisismo. Quedémonos tranquilos: la famosa oficina de la CIA dedicada a preparar conspiraciones contra la Argentina es solo una ficción del genio de Fontanarrosa.

¿Hay vida después de River-Boca?

El normal devenir de los hechos asegura dos River-Boca por año (o más bien, un River-Boca y un Boca-River, para que nadie se sienta disminuido). Las exigencias del espectáculo le agregan otros dos o tres clásicos veraniegos, generalmente desangelados. El imprevisible mundo de los resultados deportivos le añadió dos más, allá por mediados de 2004, pero en este caso dedicados a la exhibición internacional: fueron las semifinales, nada menos, de la Copa Libertadores. El mundo debe, entonces, detenerse, y hasta una revista cultural podía ocuparse de ello: la revista Ñ me pidió esta crónica. Mucho ruido, seguro: ¿algo de nueces, acaso?

Sí, pero poco que ver con lo deportivo. Porque para colmo, en un gesto publicitario que merece haber sido deliberado, en esos meses había circulado un informe periodístico inglés que ponía al Boca-River (esta vez, el orden es el correcto, porque el estadio predilecto es la Bombonera) como el mayor espectáculo deportivo del mundo, aquel que ningún aficionado podía dejar de ver una vez en la vida. Este diagnóstico, que algunos argentinos afirmaban solo como muestra de un inveterado chauvinismo, motivó las exasperadas coberturas de la prensa deportiva, invariablemente dispuesta a batir el parche del orgullo nacional; pero a la vez desató las maniobras de ventas de entradas desplegadas por el club Boca Juniors, destinadas a satisfacer un mercado turístico insospechado y muy redituable —más: perfeccionado, "La 12" decidió asumir por su cuenta el fenómeno y proponer, luego, el *barratour*, una ocasión ofrecida a los turistas de hacer el periplo *hinchístico* por los recorridos bosquenses. Es en ese marco de hierro que se mueven estos partidos: la lógica del espectáculo y el *merchandising*, la facturación publicitaria y la venta de ejemplares, el *rating* venido y por venir. Dejando lugar, consecuentemente, a las hipótesis conspirativas (todo un modo popular de entender el mundo, decía Fredric Jameson) del resto de los hinchas: ese penal mal anulado en octavos de final favoreciendo a River solo se explicaría en función de la baja expectativa de público televisivo latinoamericano del Santos Laguna de México. *Si non é vero...*

El fútbol, mal que le pese a algún anacrónico defensor romántico de un folklore caduco, se ha vuelto centralmente esto: un negocio espectacular. Un negocio que debe reducir, como buen negocio, su margen de imprevisibilidad, margen que corresponde a la lógica de lo lúdico, a lo aleatorio de un poste cuadrado o redondo, de un mal pique o una jugada inspirada. Para garantizar su margen de plusvalía, el fútbol debe entonces concentrarse y volverse monopólico. Así, la consecuencia inmediata es la progresiva *uruguayización* de nuestro fútbol. A falta de Nacional-Peñarol, bueno es River-Boca. Sin haber leído en su vida a Gramsci, Macri aseguraba, hace unos años y antes de ser presidente boquense, que quería formar *un Boca hegemónico*. Sin duda que lo logró, aunque compartiendo la hegemonía en una alianza de clases (permítanme la metáfora) con River. Este nuevo bloque histórico consiguió desplazar definitivamente toda otra posibilidad de juego, todo discurso alternativo. Instauró una cultura futbolística *riverboquista*, que envía cualquier alternativa a la periferia, a las páginas interiores, a los minutos de síntesis, que redujo la clásica pluralidad de nuestras tradiciones deportivas (que hasta alguna vez se quisieron federales) a puro monólogo. Esto no es una consecuencia deportiva, propia de una sumatoria de noventa minutos de juego, ganadores y perdedores, goles y amores. Es consecuencia de políticas económicas, de decisiones empresariales y especialmente televisivas, que concentraron poder (económico, industrial y político, nuevamente) en los *dos grandes*, lo que les permitió saquear los planteles de los otros equipos, condenarlos a la venta de jugadores adolescentes, desplazarlos a los márgenes periodísticos y consecuentemente deportivos (no al revés). Esto es cultura y es política: la concentración económica y monopólica del neo-conservadurismo se reprodujo futbolísticamente en el riverboquismo argentino.

Descuento que muchos queridos amigos, riverboquistas pero inequívocamente progresistas, van a resistirse a esta caracterización: la tildarán de exceso, de resentimiento de equipo chico, insistirán sobre que goles son goles, que siempre gana *el más mejor*, que la tradición del *jogo bonito* gallina o que la garra bostera, que la pasión popular y todas las mitologías habidas o por inventar. Se resistirán a entender que

142

el fútbol no puede ser un espacio justo, democrático y pluralista en un país injusto, concentrado, vaciado y excluyente. Es duro aceptarlo, claro que sí: el fútbol funcionó históricamente en nuestra cultura como el espacio del deseo, de lo posible, de la meritocracia, de lo imprevisto, de los David venciendo a los Goliath. Hoy, de eso no ha quedado nada, o perdura en un pliegue recóndito, lejos de la industria y más cerca de una cancha de tierra en Zapala. No en el Monumental de Núñez.

Entonces, *todo el resto es literatura*, como decía Paul Valéry: que se juega a la tarde, que se juega a la noche, que la Bombonera sí, que la Bombonera no, que Castrilli es malo y Macri es bueno o viceversa, que Fulano se lesiona, que Mengano tiene más experiencia, que a Perengano le duele un callo, que Zutano no puede dormir de la ansiedad. Que la acústica de la Bombonera o el césped del Monumental. Que hay una pelota y que hay que hacer goles. Eso es vocinglería destinada a dar algún sentido relevante a aquello que no lo tiene, exigencia de llenado de espacio y tiempo periodístico. Quizás como esta misma nota, desencantada y pesimista. Gramsciana, en última instancia. Y de equipo chico, claro.

El verso de la pasión o las razones del corazón

Nos une la pasión. Antes de ser un *slogan* publicitario, la frase había sido la justificación de una insólita pareja de hinchas, ella de San Lorenzo, él de River, ambos activos militantes de sus respectivas hinchadas, de esos capaces de irse a Barcelona o a Ushuaia a ver una copa de verano; cuando les pregunté cómo hacían para conciliar sus militancias tan radicales y excluyentes, respondían publicitariamente, antes –unos años antes– de que se le ocurriera a algún cráneo del marketing. La cosa era sencilla: lo que los unía, lo que los enamoraba (porque así era) era que el otro/la otra fuera capaz de sentir tanta pasión por un objeto tan banal como un equipo de fútbol. Y esto tenía una dimensión de género, bastante provocativa en tiempos en que las mujeres recién comenzaban ese proceso que las llevaría, como ya lo es hoy, a proclamarse hinchas furiosas apenas frisan los catorce o quince años; hace quince, los tipos les negaban a las mujeres la mera posibilidad de sentir pasiones desbordadas y desbordantes como son las futbolísticas, puramente masculinas –peor: el lugar donde el hombre concentraba su monopolio de la razón, el saber futbolístico, y además el de la pasión, el amor incondicional por los colores de Cambaceres o Atlanta. Fulano le reconocía a Mengana –para qué hacer nombres, si todas las hinchadas los conocían– esa capacidad; a Mengana le fascinaba tanta tetosterona vuelta militancia futbolera.

Lo que entonces, diez años atrás, aún tiempos menemistas o casi, no podía reconocer era hasta qué punto ese asunto de la pasión se estaba volviendo una *concepción del mundo y de la vida*. La pensaba puramente futbolística, como el argumento incontrastable por el que los hinchas justificaban sus más increíbles avatares –esas historias de faltar al bautismo o al parto, o de obligar al cura durante el casamiento a poner por los altavoces de la iglesia el partido en el que Racing estaba volviendo a primera– y sus más intolerables aberraciones: dar la vida por los colores, aunque mejor si se da la vida del otro. Entonces, la pasión aparecía como la instrucción básica que ordenaba una educación sentimental, especialmente masculina. Después –ya era entonces, pero solo después se hizo definitivamente visible–, la pasión se transformó en partido único, en dogma, en el Gran Relato de la vida. Casi en peronismo, al que le debe tanto.

Por supuesto que el deporte sigue siendo el gran lugar para ver esto. Pero ya no solo el fútbol: "las chicas" del *hockey* se hicieron llamar Leonas aludiendo a sus garras –porque no podían alegar testículos, que sí se mencionaron con los basquetbolistas, para después rematar con los *rugbiers*, que de tan pasionales pero blancos y ordenaditos se volvieron casi un modelo nacional. Sobre ellos, horas y horas de publicidad machacaron sobre que la pasión no solo nos unía, casi como un teléfono celular, sino que incluso nos distinguía ante el mundo. Allí estaba la madre del borrego: porque así se podía construir un discurso narcisista, ese que nos habla de una condición –indemostrable– de mejor hinchada y mejor público de la galaxia a partir de tanta pasión, tanta garganta hecha añicos, tanta ovación inolvidable. Somos los mejores, qué duda cabe, porque nadie hay tan pasional (y luego, las argumentaciones étnicas: qué querés, somos latinos, muy tanos, viste). Luego, solo importaron las gestualidades adecuadas: golpearse el pecho –allí está el corazón, que es la fuente inmarcesible de tanta pasión, y golpearse el cerebro es de pecho frío–, ordenar todo el lenguaje en torno de los "huevos", hasta transformar la oralidad cotidiana en un vestuario (nuevamente: las lenguas masculinas, pero también las femeninas). O hasta jugar con las confusiones, porque "la pasión puede llevarse un poco más abajo del corazón" –pero era en la panza, con las hamburguesas.

Claro que tiene que ver con el peronismo: desde Soriano y después el Gatica de Favio, sabemos que "nunca me metí en política, siempre fui peronista". Que el peronismo es pura cotidianeidad y es puro sentimiento, que no se puede explicar, como la pasión. Pero también tiene que ver con el neoconservadurismo, y por eso su explosión de los últimos diez años: porque al "desaparecer" las ideologías, lo que se enseñoreó no fue el puro pragmatismo –que también lo fue, como cualquier votante de Macri puede atestiguar– sino aquello que, frente a la vaguedad de los discursos ideológicos, aparecía como lo único innegable: la pasión, las razones del corazón que la razón no entiende.

La culpa, una vez más, no era del fútbol. Las hinchadas o el *hockey* o la filatelia o las telecomedias de Suar –aunque con grados distintos de seducción y eficacia– fueron y son las grandes excusas donde volcar tanto corazón frente a tanta amargura. Permítanme incluso un girito semiótico: no era solo el neoconservadurismo, sino todo un mundo en el que producir películas o *software* o desfiles de moda –es decir: símbolos– es más importante que fabricar autos o heladeras –es decir: fierros. Frente a tanto símbolo, entonces, tanta hipocresía y caretaje –dirían los "fieritas"–, la pasión se convirtió en lo innegable, junto con el cuerpo, claro: quién puede negar lo que siento, lo que me pasa por el corazón y el alma y el amor y el dolor.

De acuerdo: hay que ser intelectual y psicoanalizado –y no es tan feo serlo– para sostener que la pasión, antes que nada, es un verso; que más importante que la pasión es hablar de la pasión, mal que le pese a tanto aguantador apasionado o a tanto Maradona desbocado; que las razones del corazón son las que la razón entiende, porque las otras no existen. Y que por eso puedo explicar perfectamente por qué siempre lloro como una Magdalena exactamente en el mismo fragmento de *El gran pez* de Tim Burton, una y otra y otra vez.

La pelota no dobla

Para Adolfo Mendoza, Fernando Carrión y José Fornari

Posiblemente la frase del título no diga nada a los lectores fuera de la Argentina.[15] Para los seguidores de la blanquiceleste, en cambio, es uno de los mejores sintetizadores de la polémica sobre el fútbol en la altura. En 1996, luego de una escueta derrota por 2 a 0 contra Ecuador en la modesta altura quiteña, el entonces entrenador argentino Daniel Passarella comenzó sus argumentaciones post-derrota en la conferencia de prensa con esa frase memorable. "Cómo no íbamos a perder, la culpa es de la altura", señalaba Passarella; "cuando Ortega pateaba los córners, la pelota salía recta, no le podía dar chanfle", continuaba, para rematar: "en la altura, la pelota no dobla".

La frase le ponía un remate glorioso a la eterna queja de los equipos del llano frente a los efectos de la altura: el punto dejaba de ser las dificultades de los físicos, el lugar común del reclamo argentino-brasileño-uruguayo, los problemas de oxigenación o ahogo. Adquiría, o pretendía adquirir, otro volumen, que impactara directamente en el juego. Ya no se trataba, en la fantasía *passarelliana*, de una lógica de lo orgánico que aquejaba a los hombres; se trataba directamente de un factor elemental en la lógica del juego: una constatación de lo innegable. Posiblemente por eso, la siguiente escala de Passarella fue un escándalo que no pasó a mayores, aunque debiera haberlo sido: en La Paz, nuevamente enfrentado a la tortura del déficit de chanfle y a la derrota frente a los locales, prefirió intentar la vía del escritorio. El jugador Cruz (uno de esos milagros que se repiten cada tanto en el fútbol argentino, un mediocre goleador que llegó a jugar en River, en el Internazionale de Milán y en el Mundial de Alemania) fue golpeado en una situación confusa, al

---

[15] Una primera versión de esta crónica fue escrita para una fallida compilación ecuatoriana sobre las paranoias anti-altura.

149

final del juego: ya en el vestuario, apareció con un corte en una mejilla que algunos asistentes oficiosos del cuerpo técnico vociferaron como causado por un espectador, mientras recordaban que las reglas vigentes obligaban a despojar de los puntos obtenidos en la cancha por el equipo boliviano. La grosería de la herida autoinflingida era tal que otros recordaron la sanción recibida por la selección chilena ante una acción similar en el Maracaná, varios años atrás, y desarmaron rápidamente la treta innoble.

Passarella parecía dispuesto a afirmar que en la altura la pelota no dobla y las heridas no cicatrizan. Lo que en realidad quedaba claro era que la soberbia argentina –sobreabundada por la porteña– no sufría daño alguno a cualquier altitud que fuere.

Amarcord

Escarbando en mi memoria, compruebo que la polémica por la altura no es un invento moderno –o al menos, depende de qué entendamos por moderno. Era muy pequeño en las eliminatorias para México 1970, las primeras que puedo recordar: supe que la Argentina quedó afuera porque en México no estaba –y ese fue mi primer Mundial como televidente, aunque faltaba más de una década para verlos en colores. Luego supe –como hincha primero, como investigador luego, rastreando las coberturas de la serie– que la blanquiceleste había sido eliminada por el mejor equipo peruano de la historia –al que vi un año después, y los chicos tratábamos de imitar los chanfles de Cubillas, al que sí le doblaba la pelota. La Argentina había jugado en Lima, donde la altura no es problemática; a veces pienso que Lima está bajo el nivel del mar. También jugó en La Paz, pero nunca me molesté en buscar esas crónicas.

Cuatro años después, ya en plena posesión de mis facultades mentales y de mi capacidad de lector de *El gráfico*,[16] seguí apasionadamente las eliminatorias para Alemania 1974. Tenía 12 años: supe los nombres de todos y cada uno de los jugadores, sus clubes de origen, sus habi-

---

[16] La mítica revista deportiva argentina, que asoló el continente entre 1919 y 2000, cuando se deslizó lentamente al ocaso mensual.

lidades. Agigantaba mi percepción el hecho de que el marcador titular de la punta izquierda (1973: todos jugaban un 4-3-3 innegable, hasta que Holanda destruyera los dibujitos un año después) era el paraguayo Heriberto Correa, nacionalizado argentino y jugador de Vélez –mi Vélez. Para los niños hinchas de equipos pequeños, que uno de sus jugadores pasara a la selección era tan excepcional que redoblaba nuestras atenciones: verlo jugar con la blanquiceleste era una suerte de orgullo por desplazamiento, una especie de "se está haciendo justicia con los que siempre dijimos que era un gran jugador", con los fieles. Pero además un paraguayo jugando para la Argentina –y contra Paraguay–: ese día comprendí que las relaciones del fútbol con la patria eran más intrincadas que lo que los comentaristas deportivos pretendían hacernos creer.

Y para colmo, allí supe, más allá de la teoría escolar ("Buenos Aires está a 25 metros sobre el nivel del mar; la cumbre del Aconcagua a 6759 metros; la capital más alta del mundo es La Paz"), depositada junto a información del mismo poco valor, que la altura existía. Había que jugar con Bolivia, nuevamente, y nuevamente en La Paz. Hacía más de diez años que se jugaba Copa Libertadores y hacía apenas cuatro de la eliminación y la derrota en La Paz; la paranoia se cortaba con un cuchillo. La discusión consiguiente condujo a una decisión insólita: preparar especialmente un equipo para jugar en la altura paceña. Al plantel reconocido como titular se sumó un segundo plantel –reconozcámolo: el fútbol argentino podía darse esos lujos– que fue enviado, con un cuerpo técnico asistente, a entrenarse durante semanas a la altura de la Quebrada de Humahuaca, lo más parecido que podía encontrarse, a pocas horas y un par de miles de metros más abajo de La Paz. Los argumentos eran obvios: solo se podía competir en la altura compensando con aclimatación la desventaja del oxígeno. Recuerdo varias cosas de esa historia: que la Argentina ganó, uno a cero; que a último momento el técnico Sívori incluyó a varios de los titulares –actualizando las polémicas sobre para qué tanta paranoia–; que el gol lo hizo José Fornari, puntero derecho de Vélez –más tarde, el paraguayo Correa sería figura en el triunfo definitivo contra Paraguay, demostrando que la clasificación había sido un mérito indudablemente velezano.

Pero lo que más recuerdo es una cobertura que *El gráfico* –aunque puede haber sido la revista *Goles*, fraternal competidora de la anterior– hizo del plantel condenado al destierro en las alturas humahuaqueñas: lo apodaron "la selección fantasma", y tomaron una foto del equipo vestido para la ocasión con sendas capuchas blancas. La tentación periodística por textualizar –iconizar– la metáfora tuvo como resultado una foto aterradora, con más de veinte futbolistas enfundados en capuchas puntiagudas.

El editor no se dio cuenta de que parecían una avanzada del Ku-Klux Klan.

Desde el nivel del mar

Lo que siguió a eso es una especie de vals perfectamente ritmado: nadie recuerda el problema de la altura hasta que algún equipo argentino, nacional o de club –cuanto más poderoso, más notorio–, debe superar los dos mil metros de altura en una Copa Libertadores o una eliminatoria. En ese momento, se actualiza el debate por tres días; luego se enuncia el saldo, que consiste en tres variantes: Fulano venció a la altura; Mengano resistió a la altura y empató; la altura volvió a derrotar a Zutano. Posiblemente, en ese momento, la charla cotidiana se enriquezca con la anécdota del entendido que invoca la sabiduría irrefutable del cuñado del primo, que una vez cursó dos años de Medicina, o con los avatares de las historias personales. Hemos perdido horas discutiendo si la excursión iniciática a Macchu Picchu debía hacerse por tierra, subiendo lentamente y en sabia graduación los cuatro mil metros hasta La Paz, para luego descender oxigenado y aclimatado hasta el Cuzco, o si era mejor el avión limeño que nos desembarcara directamente en el ombligo del mundo. Yo opté por esta última: sufrí una noche de soroche, ahorré cuatro días de viaje.

El desplazamiento al turismo –y más aún un turismo tan pautado como el que nos conduce al Tahuantinsuyu, con su carga mítica para tantos lectores de Garcilaso y Mariátegui– no es un nuevo desborde autobiográfico: la discusión sobre la altura se sitúa siempre en el terreno de lo exótico, con un inevitable desliz pintoresquista. La Argentina tiene altura, claro que sí: no son los cuatro mil metros de La Paz, pero sí los mil doscientos de San Salvador de Jujuy –donde se juega fútbol de primera división– que ascienden pausadamente hasta los casi tres mil en la frontera con Bolivia. Pero en la percepción porteña, percepción que organiza el mundo visto con los ojos argentinos, eso no es normal: eso es el *casi exterior* —nuevamente: la frontera con Bolivia. La altura se vuelve, entonces, un fenómeno de orientalismo: es lo que les ocurre a los otros. La altura no es europea: ¿o es que algún equipo ha tenido problemas jugando en Berlín? Y la Argentina *es* europea, como dos siglos de chistes étnicos se empeñan en recordarnos.

Para colmo, la cultura futbolística argentina se empeña en radicalizar ese mundo perceptivo: todo chiste étnico sobre la soberbia argentina se vuelve, al interior del mundo del fútbol argentino, una descripción modesta. Los nacionalistas se vuelven xenófobos; los xenófobos, racistas; los racistas, como insinuamos, militantes del Klan. En consecuencia, lo que para un lector de Arguedas o atento escucha de Los Jaivas —recordemos las "Alturas de Macchu Picchu"— es un latinoamericanismo de manual, salpimentado con toques militantes de un izquierdismo lamentable, actualización levemente progresista de un orientalismo vergonzoso, se transforma, en boca de los voceros deportivos del *mainstream*, en el señalamiento implacable de una diferencia insalvable y radicalmente intolerante: *son negros, y encima apunados*. Ni siquiera, mirá lo que te digo, consumen cocaína *comme il faut*: la mastican, apenas. El *mainstream* futbolero —aunque a veces recaiga en el mito de la igualación que permite que Katmandú le haga partido a Uruguay— no puede desembarcar de su soberbia: si la Argentina pierde, y no se debe al complot planetario puesto en marcha hace tantos años para privarnos de nuestro destino de grandeza, algo raro ha pasado. Por ejemplo, tres o cuatro mil metros de altitud.

La cultura futbolística argentina solo respeta al que llama *su igual*, Brasil —jamás podrá aceptar su inveterada superioridad—, y le tiene cariño al viejo rival clásico, Uruguay, sumergido en una decadencia inevitable que lo vuelve más simpático —porque desaparece el riesgo de la derrota. El resto de América Latina es el mundo del desprecio: ni siquiera el baile monumental del Monumental en 1993 contra Colombia, el celebérrimo 5 a 0, desplazó esa percepción —fue un accidente que no puede repetirse. Los pares no tienen altura física, sino moral: los morros brasileños son la altura perfecta, exótica pero no tan distante. La altura física es entonces un puro exceso de la naturaleza que intenta disimular la superioridad moral y estética —es decir, cultural. La que impide que la pelota doble: y esa curvatura revela ahora su intensidad como metáfora, porque se vuelve un signo de la habilidad innata –inigualable– del jugador argentino. Al que solo puede detener una aberración natural: ¿quién puede vivir en la altura? ¿A quién le puede ocurrir tamaña desgracia?

Coda

El fútbol, como toda una bibliografía ha demostrado largamente, no refleja absolutamente nada. No es un espejo milagroso de nuestros hallazgos ni de nuestras miserias. Es, sí, una arena dramática fantástica donde poner en escena, con la deformación que toda representación necesariamente implica, lo que nuestras sociedades imaginan respecto de sí mismas –y al decir "nuestras sociedades" también intento señalar sus fragmentos y sus clivajes. Sosteniendo esas representaciones existen ciertas empirias innegables: Maradona no construye su estatura épica sobre el puro discurso, sino sobre una narrativa que precisa el segundo gol contra Inglaterra en 1986. Sin ese gol, la épica es simple relato, es toda ella ficción. Pero entre las empirias, los datos innegables de lo histórico, lo económico y también lo deportivo, la altura casi no cuenta. Como algunos colegas se han molestado en demostrar, hay demasiados factores en juego en cada partido que explican con más precisión y menos orientalismo las razones de cada victoria y de cada derrota. La innegable experiencia física –aunque la pelota doble, el aire falta– se transforma en anécdota superable con un mínimo asesoramiento médico: llegar un poco antes, tomarse una semana de aclimatación. Es decir, en el juego de la cultura la experiencia física pierde relevancia. También es cultural la posibilidad de jugar de otra manera: simplemente, el celebérrimo pase corto y pelota al pie. Y más cultural aún es la reciente experiencia del Arsenal argentino en la altura de la meseta mexicana, jugando la final de la Copa Sudamericana: simplemente, ocurrió un árbitro parcial que convalidó dos goles argentinos con la mano y otro con falta al defensor. Esta última experiencia demuestra que en el mundo del fútbol con la altura se puede: con el poder, definitivamente, no. Arsenal fue fundado por Julio Grondona, el eterno mandamás de la Asociación de Fútbol Argentino y vicepresidente de la FIFA.

Es que en el fútbol (en la vida), lo leamos como lo leamos, el problema es el poder: no la altura.

Mundiales: una cuestión de creencias, facturación y un poco de racismo

Toda la gracia de un Mundial de fútbol –todo su significado, lo que lo vuelve la mayor mercancía del espectáculo moderno– consiste en creer que once tipos con una camiseta que imita una bandera nacional, a veces vagamente, son los representantes de un país. Y que esa representación significa que su destino es el destino de la patria. Por supuesto, esto exige la *suspensión voluntaria de la incredulidad*, como decía Coleridge para el caso del teatro: uno debe aceptar que esos actores que están ahí no son ellos, sino lo que interpretan. En nuestro caso, esta creencia es decisiva: debemos suponer que Riquelme, en vez de ese diez lagunero e indolente nativo del Conurbano, es lo más parecido a San Martín que podamos encontrar. La gracia del Mundial, insisto, está estrictamente en esa creencia. Fuera de ella, su interés radicaría en ver magníficos jugadores, todos juntos, durante un mes. Pero para eso están las ligas española, inglesa e italiana, todas las semanas del año. El Mundial, solo una vez cada cuatro años, consiste en creer que es una disputa de naciones, de tradiciones, de estilos, de historias, de honores y de orgullos.

Esa creencia es eficaz y exitosa. Por un lado, como mercancía del espectáculo: en un domingo de julio, más de 2500 millones de espectadores van a encender sus televisores simultáneamente para ver un partido de fútbol que enfrente a Brasil contra algún otro afortunado seleccionado, como casi siempre –que seguramente será Alemania (perdón por develar una incógnita, pero este Mundial amenaza ser muy previsible...).[17]

---

[17] Esta crónica se escribió originalmente antes del Mundial de Alemania. Prefiero mantener estos rasgos de anacronismo por dos razones: porque permiten ver, por un lado, la persistencia de los argumentos centrales, habiendo pasado ya otro Mundial, el de Sudáfrica. Por otro, porque también permiten ver ese rasgo de imprevisibilidad maravilloso que sigue teniendo el fútbol. Profeticé una final Brasil-Alemania, que se transformó en Francia-Italia (¡y para colmo ganó Italia!)...

A lo largo de todo el campeonato, la cantidad de televidentes superará los 20.000 millones. Esa sola cifra significa las mayores audiencias jamás conseguidas: récord que los Mundiales baten cada cuatro años, con una escala en los Juegos Olímpicos, que están apenas por debajo. Lo que eso implica en términos de publicidad y *sponsoring* es incalculable. Entonces, no podemos olvidar ese dato: antes que cualquier otra cosa, y aunque a veces debamos recordar que se trata de una competencia deportiva, el Mundial es un hecho comercial: poco le interesa a la FIFA el juego, sino a los puros efectos de garantizar la facturación. Porque para colmo, la creencia en cuestión tiene otra virtud: no está reservada al habitual y masculino público futbolero. Los Mundiales capturan públicos distintos, "público de Mundial", como dicen desdeñosamente los varones celosos; e incluyen notoriamente a los públicos femeninos, a las clases medias y altas. Es decir, a los mejores consumidores.

¿En qué se basa tamaño éxito, tamaña credulidad colectiva? No se trata de fenómenos inexplicables. Por el contrario: el deporte –todo el deporte– se inventa en la segunda mitad del siglo xix, contemporáneamente con las sociedades industriales y los regímenes democráticos. Y toma de ellos dos rasgos: la organización –la regulación, la formación de instituciones, los sentidos colectivos del juego– y la igualación –la clave del deporte moderno es "que gane el *más mejor*". En este rasgo radica un atractivo fenomenal del deporte y del fútbol en particular: la meritocracia, declamada socialmente, se realiza allí, donde nadie puede impedir que si uno es un buen deportista –aunque sea pobre, negro, chueco o mujer– pueda ganar. Allí está la diferencia central, también, con los antecedentes remotos: ni los Juegos Olímpicos griegos ni otras prácticas vagamente indígenas tienen ese carácter masivo y democrático de la práctica y disfrute del deporte contemporáneo –por más que creamos que en el viejo juego maya de pelota está la razón de lo bien que juegan los latinoamericanos. Además, esos lejanos antecedentes poseían un carácter religioso que hoy en día está suprimido –aunque no falte un obispo bendiciendo estadios, especialmente en la Argentina, o que el pensamiento mágico y cabulero haga estragos entre hinchas y jugadores.

Pero además, los Mundiales significan, si uno participa de ese sentido masivamente aceptado, que está en juego algo más. Honor y humillaciones, seguramente; tradiciones y orgullos, también. En los países periféricos, como el nuestro –y toda América Latina y África–, el Mundial permite suponer que un éxito deportivo suplanta algo del mundo de lo real: que lo que el Índice de Desarrollo Humano mide implacablemente, el grado de desarrollo de un país en términos de riqueza y calidad de vida, puede superarse en el mundo de la fantasía futbolística. Allí, entonces, la ilusión más poderosa de un Mundial: que el ganador se transforma, mágicamente, en el mejor país del mundo. Gracias a ese simbolismo democrático del fútbol, las diferencias, las injusticias y las desigualdades parecen suprimirse: Togo, ex colonia alemana, puede vencer a su viejo imperio –como hizo Senegal con Francia en 2002– y conseguir unos minutos de revancha histórica. O como el caso de los negros en Brasil, para los que el fútbol fue, imaginariamente, un medio de integración racial y social. En 1948, Mario Filho, el inventor del periodismo deportivo brasileño, escribía en su *O negro no futebol brasileiro* que el fútbol había hecho realidad el sueño de un país integrado racialmente. Eso sí: dos años después, la derrota en la final de 1950 contra Uruguay se adjudicó a las claudicaciones de Barbosa y Bigode... casualmente negros. Habría que esperar hasta 1958 y las diabluras de Pelé y Didí para que los futbolistas negros fueran reivindicados –y que Filho pudiera reeditar el libro.

Estas fantasías no son universales: son especialmente subdesarrolladas. Los europeos no suelen compartirlas. Se limitan a disfrutar el juego, al que aman poderosamente, y a constatar el poder de sus mercados –con la excepción de los españoles, que esperan el día en que los que jueguen no sean sus mediocres jugadores nativos y que puedan exhibir la multitud de holandeses y brasileños que pueblan sus canchas, ahora vestidos de rojo y amarillo. Los relatores deportivos –los latinoamericanos son especialistas–, en cambio, compran esas ilusiones sin demasiados reparos: y allí comienzan los desbordes chauvinistas y espantosamente patrioteros que pueblan nuestro periodismo deportivo durante mes y medio, inundando páginas, radios y pantallas con invocaciones al orgullo, a la defensa de las tradiciones y a "vencer o morir" –con lo que Riquelme se vuelve definitivamente San Martín, y Tévez se parece al Negro Falucho. Y ahí, claro, estamos fritos: porque eso le permite rienda suelta al racismo y la homofobia combinados, al pequeño nazi que todo argentino lleva dentro, y pasaremos a escuchar las clásicas referencias a lo que "vamos a hacer" con los negros marfileños –que, obviamente, son putos, porque nadie puede ser tan macho como nosotros.

Sin embargo, el agua que corrió bajo el puente desde 2001 para acá nos ha serenado un poco. Basta recordar las profecías frenéticas del Mundial de 2002: si lo ganábamos, el país salía de la crisis; si lo perdíamos, hordas salvajes de piqueteros y ahorristas irredentos iban a tomar la Rosada por asalto. La veloz derrota permitió comprobar que estábamos demasiado ocupados con la crisis para ilusionarnos con el fútbol. Creo que el 2006 nos encuentra más serenos que entonces: nada muy importante está en juego, salvo la comprobación inevitable de que los brasileños seguirán jugando mejor que los argentinos, como siempre, por lo que resta apenas la esperanza de victoria en algún clásico menor –Inglaterra, claro, o Italia, que nunca viene mal. Para colmo, tenemos un equipo que juega horrible, por lo que como mucho asistiremos a la improbable ocurrencia de un milagro. A pesar de las invocaciones reiteradas de relatores y publicistas, que baten el parche de la Argentina en armas unificada en torno a once pataduras, y que temen que una eliminación temprana implique caídas en las ventas y regresos anticipados de Alemania; los hinchas argentinos están mucho más preocupados con el Clausura y el Nacional B que con los avatares distantes y abstractos de un Mundial. Hasta que, claro, se produzca el milagro de una final con Brasil, y allí buena parte de lo que vengo diciendo perderá sentido –salvo la parte del patrioterismo y el racismo: "ya todos saben que Brasil está de luto...".

El Mundial podrá ser, entonces, un bello espectáculo para los amantes del fútbol o un cuadro espantoso para los espíritus sensibles. O las dos cosas a la vez, con más seguridad. En ese caso, no hay más remedio que hacer una cita con el sofá durante cuarenta y cinco días, ponerse endovenoso el cable, y ver Polonia-Japón con la sabiduría del conocedor, la paciencia de un monje zen y el paladar del especialista. Y la ilusión del hincha, para los menos escépticos.

Psicóticos: entre el Bicentenario y el Mundial

Una de las cosas más llamativas de los días que siguieron a mayo de 2010 y se prolongaron hasta el Mundial de Sudáfrica –o más bien, de las semanas, considerando que se trató en un proceso que se inició justo con el final de los festejos del Bicentenario– es que nadie sabía muy bien de qué se trataba. No había encuestas más o menos confiables –las consultoras argentinas no se caracterizan por su justeza–, y medir climas sociales es una tarea harto difícil. O se reserva a intuitivos: "me parece que", y a continuación descerrajan las definiciones más contradictorias. Todo es poco riguroso: nadie previó lo que ocurriría en la semana de Mayo, mucho menos se sabía sobre lo que se venía, fuera de deseos o de apuestas.

Lo indudable es que vivimos un clima nacional-chauvinista-patriotero-mundialista, pero definir de qué se trató ese clima requería más cuidado que un pronóstico meteorológico. En primer lugar, porque implicaba al fútbol y, si evaluar los derroteros del humor popular es complicado, hacerlo sin saber cómo podía terminar Argentina apenas la primera rueda era tarea de adivinos –que nunca abundan. Los avatares del nacionalismo deportivo están minuciosamente ligados al éxito: no solamente, pero sin resultados más o menos positivos no hay euforia que aguante. Vale recordar apenas el Mundial de 2006: un equipo tibio viajó sin grandes expectativas; un triunfo sonoro contra Serbia desató todas las alabanzas; una derrota por penales volvió todo a la normalidad, y ya nadie lo recuerda sino como anécdota.

Entonces: no hubo movilizaciones al Obelisco, ni las habría hasta el pase a octavos de final, cuando apareció una campaña más o menos optimista. Las calles se vaciaban, porque un mundial ocurre cada cuatro años y eso lo vuelve un espectáculo especial, eso que los teóricos de la comunicación llaman un *media event*, un evento inusual y que concentra altísimas audiencias. Desde hace más de veinte años, es así y nadie puede sorprenderse. Abundaron las camisetas argentinas, pero eran más visibles porque eran solo argentinas: es decir, reemplazaban a las camisetas locales que suelen ocupar el espacio durante los desteñidos campeonatos nacionales. No hubo mucho más que eso, aunque la contigüidad con el Bicentenario pareció establecer una corriente celeste-blanquista poco usual. Y lo era: la conjunción de efeméride y mundial se repetirá solo dentro de cien años.

Sin embargo, el clima que intentamos desentrañar parecía mucho más desbordado que el cuadro tímido que estoy pintando. Por supuesto: porque esos climas también tienen mucho que ver con las coberturas mediáticas que, en busca de su público, necesitan batir un parche patriotero. Deportivo o no: basta recordar el entusiasmo kirchnero-maradonista de 678. Pero cometeríamos un error importante si creyéramos que un clima cultural es aquello que la televisión nos describe –o nos prescribe. Esto se sabe desde hace mucho en la teoría cultural y desde hace poco en la vida cotidiana argentina: los medios dirigen la agenda –instalan, desinstalan, ningunean, convalidan, aplauden–, pero los efectos de esas operaciones son siempre dudosos y en suspenso, porque la trama social discute y debate significados: a veces con más poder, a veces con más éxito, a veces resignada a seguir la dirección que le marcan las voces hegemónicas.

Entonces: si nuestra lectura se limita a la avalancha de las coberturas mundialistas, que durante semanas tuvieron instalados a sus movileros para cubrir la nada –porque nada pasaba y nada se sabía–, vivimos en una frenética expectativa que buscaba en las andanzas de Maradona y sus muchachos la solución a todos los males. Si nos guiamos por el espacio dedicado en noticieros, suplementos y programas, los argentinos compraban patria y comían fútbol. Ya que estamos: las coberturas insistieron siempre sobre *los* argentinos, porque la corrección de género les sigue resultando dificultosa, pero también porque asumen que se trata de un espectáculo aún ferozmente masculino.

Renglón aparte, empeorado, para las publicidades. Si un marciano viera solamente las tandas televisivas argentinas, estaría convencido de que este era un pueblo en armas dispuesto a vencer sobre sus enemigos. Ya a fines de 2009, advertimos en el diario *Crítica* sobre la cercanía de esa insoportable acumulación de publicidades criollas, aguantadoras y patrioteras. La realidad superó, una vez más, las peores expectativas. El colmo –siempre ocurre lo mismo, cada cuatro años desde hace doce– lo puso la inefable campaña de Quilmes. En el 2006, apeló a la Virgen María y a las bendiciones y maldiciones; en 2010, decidió que no era suficiente y que era imprescindible la aparición de Dios en persona. Olvidaron esa magnífica frase del Dr. House: "Si hablas con Dios eres religioso. Si Dios habla contigo, eres psicótico". Y olvidaron que el triunfalismo –el de Quilmes o el de Tinelli– son el mejor seguro para el fracaso (así lo enseña el mito desde el Maracanazo a la fecha; así lo enseña la historia de los últimos tres mundiales). Sabemos, entonces, de quién fue la culpa de la derrota final contra Alemania.

Sin embargo, algo había pasado en la Argentina. Las publicidades ya no cayeron sobre el latiguillo de "por lo menos una alegría", como fue en el 2002. Posiblemente, hemos aprendido que el presente y el futuro no se deciden en las canchas ni en la televisión, y que el fútbol no soluciona nada del mundo real. Y que los psicóticos son los publicitarios, no los espectadores.

Torneos, Grondona y la democratización del fóbal

¿Se acabó el monopolio? ¿Era tan fácil? ¿Bastaba con la decisión política y corajuda de un grupo de dirigentes de la sociedad civil para acabar con dos décadas de concentración multimediática y sobrefacturación espectacular? ¿Era, es, realmente tan fácil? Esta crónica merece dos visiones que no son contrapuestas, sino complementarias. Todo esto huele mal, y me temo que puede salir peor. Vayamos por partes, por las dos partes.

Todo lo malo de Torneos. Sencillamente, que TyC desaparezca o se funda solo puede ser lamentado por las fuentes de trabajo: hay montones de técnicos y administrativos, hay buenos camarógrafos y buenos directores. Periodistas… muy, pero muy poquitos que merezcan una lágrima. Está, claro, el mejor periodista deportivo televisivo de la Argentina, Alejandro Fabbri. Y están todos los que no hacen fútbol, con Bonadeo a la cabeza. Escondidos detrás están los que han hecho de la televisación del fútbol una vergüenza estética y una calamidad ética. Convoquemos, si no, a una marcha de admiradores de Recondo, Palacios, Pagani o Farinella. TyC, además del dato innegable del monopolio, es la responsable del desastre: del adelgazamiento de los lenguajes, de la ignorancia ramplona que estructura las transmisiones, del racismo a veces desenfadado, de la exhibición del narcisismo desaforado de los hinchas vuelto horizonte del pensamiento. TyC cambió las gramáticas de la transmisión deportiva, pero eso no significó solo belleza: significó grosería, machismo, homofobia, sexismo, convencionalismos; transformó a jugadores, técnicos y árbitros en estrellitas televisivas más preocupadas por el primer plano –porque todos sabían que la cámara los buscaba, les metía la lente en el primer molar izquierdo– que por el juego. TyC es la responsable directa del tribunerismo de los jugadores; es la culpable de tanto "a ganar o a morir" que desbordó los lenguajes, los exasperó hasta la violencia. TyC, junto con *Olé* (otra perla del monopolio), transformó a los periodistas en hinchas, achatando sus lenguajes, haciéndolos jactarse de sus pasiones –y los periodistas estaban siempre para otra cosa, según enseñaban las viejas y buenas tradiciones del oficio.

Además, como buen monopolio, TyC censuró, reprimió, persiguió. Echó periodistas por disentir, silenció voces. La mía, por ejemplo. Otra muestra: ese tal Bombau, ese genio de las finanzas que corrió a pedir auxilio a la embajada norteamericana, citó en una de sus innumerables entrevistas en TN y Canal 13 "al periodista Gustavo Grabia", que había publicado un año atrás un reportaje a Grondona en *Olé*; pero no dijo que antes de eso lo habían echado de TyC por, justamente, criticar a Grondona.

¿Todo lo bueno de la AFA? Pero resulta que enfrente están la AFA y el gobierno, que siempre lúcido, atento, con una dirección ideológica claramente socialista, se arroja en los brazos de Julio Grondona para hacerle daño a *Clarín*… No, discúlpenme. Separemos pajas y trigos. La intervención del estado –no del gobierno– en la política comunicacional y cultural es un reclamo básico por el que muchos venimos peleando hace años. Que un sistema nacional de medios públicos capture el fútbol es coherente con una política extendida que se haga cargo de aquello que debe ser protegido, revalorizado, expandido, como un proceso de afirmaciones culturales coherentes y convincentes. Esa política no existe. Por un lado: eso permitiría la gratuidad real –por ahora, nadie habla de salirse del cable–, por ejemplo con la satelitización masiva y gratuita. Frente a esto, a la oposición, que radicaliza su conservadurismo, lo único que se le ocurre son dos argumentos: el primero, que es un contrato entre privados –lo que supone que no quieren ninguna regulación, que los patrones pueden explotar tranquilos a sus empleados porque son todos privados. Por el otro, el sambenito de la pobreza, como si un contrato televisivo –además, inevitablemente muy rentable– fuera más responsable de ella que las políticas neoliberales de los últimos treinta y cuatro años, ejecutadas por… esa misma oposición –y ese mismo oficialismo.

No: una vez más, su ignorancia no les permite leer con claridad. Lo crítico de esta cuestión son otros dos problemas: el primero, por la ausencia de dirección y coherencia en política comunicacional y cultural, lo primero que se les ocurre es convocar a Marcelo Araujo… es decir, uno de los principales responsables de las barrabasadas éticas y estéticas de las que hablaba antes. El segundo y principal: ¿con Grondona? ¿Con estos dirigentes? ¿Con los propios cómplices del estado de cosas que hemos denunciado? ¿Con Meizner, el tipo que sostuvo que los muertos por la violencia futbolística lo eran por causas naturales? Perdón: si la vamos a hacer bien… ¿no es el momento exacto para intervenir la AFA? ¿Democratizar (como decía Kirchner) el fútbol? ¿Vamos a democratizar algo con Grondona? ¿Justo con Grondona?

Negros, putos, bolitas y judíos

La cultura futbolística argentina es tan intolerante y discriminadora como toda nuestra sociedad, afirmación plenamente demostrada en cualquier cancha del país. Eso no significa recaer en el aberrante concepto del reflejo, según el cual del fútbol se vuelve espejo por alguna maravilla de la física. Simplemente, como parte de esa sociedad (una parte central, dada la futbolización de la política y la vida cotidiana que venimos sufriendo desde hace por lo menos una década), el fútbol no puede escapar a sus peores taras. Así como se ha vuelto cada vez menos democrático, de la mano del riverboquismo exasperante que reproduce la concentración de la riqueza de nuestro capitalismo, el fútbol argentino es desbordantemente discriminatorio.

Lo bueno que tiene el fútbol es que, por su amplitud, no deja grupo sin discriminar. El fútbol argentino (sus dirigentes, sus hinchadas, sus jugadores, sus periodistas, sus policías) es a la vez racista, xenófobo, etnocéntrico y homofóbico. Tal acumulación de virtudes, ganada a pulso, con perseverancia y prepotencia de trabajo, se disfraza de sentido común, se amplifica mediáticamente, se reproduce en el lenguaje cotidiano, y nos muestra un panorama de difícil transformación y peor prospectiva. Y para demostrarlo, me obliga a usar un lenguaje muy poco elegante: pero así es el fútbol.

Son todos negros, son todos putos

"Ya todos saben que Brasil está de luto", cantaban las multitudes que festejaban el pase a la final del equipo argentino en el Mundial de 1978. En ese momento, las hinchadas tributaban a las consignas occidentales y cristianas de la dictadura asumiendo nuestra condición de blancos y viriles. Por su lado, la celebración cinematográfica oficial, *La fiesta de todos* (que dirigió Renán, es bueno no olvidarlo), transformaba ese cántico en un moralizado "Se van para la B" que nadie podía creer; pero a la vez, mostraba mujeres cuya relación con el fútbol era puramente erótica ("qué ojos tiene Paolo Rossi") y una única voz divergente: la de un peluquero homosexual que se negaba a poner el partido en el televisor de la peluquería, siendo debidamente castigado por sus clientas futboleras.

Desde ya, el racismo y la homofobia futbolística no pueden ser cargadas en la cuenta dictatorial. Algo había antes, y por supuesto que excede a la cultura futbolística. Ese imaginario blanco y masculino (podemos agregar: católico y conservador) tiene demasiados antecedentes que contribuyeron a construir la auto-imagen argentina por excelencia: la del europeo que, por un accidente, había nacido en las costas del Plata. La irrupción del peronismo lo había enfrentado con su reverso desagradable: por un lado, la imagen plebeya de la "gente fea", que rápidamente se convertía en negro, en cabecita, en groncho, permitiendo el despliegue del racismo (silenciado por la extinción de las comunidades negras gracias a la guerra del Paraguay, el cólera y la fiebre amarilla). Por otro lado, como en todo el Occidente moderno, la "invención de las naciones" había sido una invención masculina, donde el modelo hegemónico de virilidad no tenía fisuras. Como lo demostró brillantemente Eduardo Archetti en su libro *Masculinidades*, los relatos fundacionales de la nacionalidad argentina en los veinte, en el fútbol o en el tango, reproducían ese modelo. En el fútbol, entonces, lejos de escapar al mandato, solo podía construirse una identidad blanca y masculina. Por ende, el otro será simultáneamente *negro* y *homosexual*.

Porque el *otro* de la cultura futbolística no es la mujer: es el no-hombre, aquel que no reúne las condiciones suficientes para ser reconocido hombre de pleno derecho. En consecuencia, será un hijo ("hijos nuestros") o un homosexual. La mujer está expulsada del universo, lo que las obliga a incorporarse a ese lenguaje sin posibilidad de alternativa. Pero además, esa condición de homosexual deberá ratificarse en la sumisión: la victoria, la superioridad, se manifiesta en la penetración ("lavate el culo que te vamos a coger", "se van para... con el culo roto"). Así, se arma una cultura masculina bastante divertida: la afirmación de la virilidad deportiva parece tener que demostrarse manteniendo una innumerable cantidad de relaciones homosexuales, pero siempre en un rol activo. Claro que como decía un informante: "Una cosa es comerse un trava de vez en cuando y otra es tener un puto en la cabeza". Los hinchas tienen su conciencia muy limpia y su culo pretendidamente intacto.

Y mucho de todo esto tiene que ver con la violencia: el aguante es la afirmación constante de una masculinidad exacerbada, que solo puede demostrarse en el contacto físico, en "hacer correr a esos putos". Le guste o no a Martín Souto, el creador del programa televisivo, nuestros hinchas no son simpáticos niños cantores: son machos desbordados e intolerantes, cuyo cántico predilecto, "no existís", es de un escalofriante parecido con las tácticas de la dictadura.

Sos de Bolivia, de Paraguay

Lo que también entra en la cuenta dictatorial es la xenofobia. Porque la aparición de los cánticos contra los futbolistas de países limítrofes es bastante reciente, con chilenos y paraguayos a la cabeza (siempre han sido pocos los futbolistas brasileños), y la calificación boliviano-paraguaya contra los hinchas de Boca es un hallazgo que no tiene más de veinte años. Coincidente –admítanme la hipótesis– con el descubrimiento por parte de la dictadura de que los bolivianos podían ser deportados sin que nadie se quejara demasiado. En los últimos años, la avalancha xenófoba coincidió con un desplazamiento, con una suerte de silogismo trucho: si la hinchada de Boca era percibida como fuertemente popular (en el sentido de clase), y por lo tanto era una hinchada de *negros*... ¿qué más *negro* que un boliviano? Claro, "negro" no alude solo a una condición física, a un color de piel (además de que se es "negro de la cabeza"): significa, en la más gorila de las tradiciones argentinas, el *otro* de clase, estigmatizado por ese imaginario blanco y puro que recordábamos arriba. Que esa condición sea aludida por hinchas que participan de la misma condición social solo remite a un mecanismo de defensa: ya que soy dominado, duplico la dominación hacia adentro. Y el "bolita" está ahí, a mano para ser condenado.

La condena implica, además del etnocentrismo de clase, la xenofobia: ser "bolita" es no ser argentino. Hace muchos años, en un jueguito televisado entre dos hinchas, uno de Boca y otro de River, ante la atenta y simpática mirada del Pato Galván por América, el riverplatense profería esta condena: "¿en qué idioma hablás, bostero? ¿Hablás en paraguayo, en boliviano? Andate a tu país, bostero". Además de los inmensos conocimientos lingüísticos del hincha en cuestión, el exabrupto ponía en escena dos rasgos: la xenofobia infinita, claro… y la complicidad imbécil de los medios.

Todo este juego puede verse en lo que me acotaba una vez Juan Pablo Ferreiro, un antropólogo que trabaja en Jujuy. Allí, caso extrañísimo, son muchos más los hinchas de River que de Boca. ¿Efecto Orteguita? No, nada de eso: los hinchas jujeños, sabiéndose implicados en el mote de "bolivianos" por simple cercanía geográfica (y mayoritaria confluencia étnica), se hacían de River como gesto de nacionalización. Hacerse ver como argentino implicaba rechazar el estigma. La solución futbolística estaba a un paso.

A veces, toda esta locura xenofóbica deriva en marcas graciosas. Una, el *paraguayismo* de los hinchas de Vélez, que olvidaron parte de su xenofobia gracias a Chilavert (a su vez, héroe nacional de la comunidad paraguaya en la Argentina), pero sin que flaquee su anti-bolivianismo. Otra, la anécdota de los hinchas de Talleres de Perico, en Jujuy, una comunidad fuertemente estigmatizada como boliviana. Al ir a jugar un partido a Salta, fueron recibidos por el atronador "bolivianos, bolivianos" de la hinchada local. Los jujeños, devenidos antropólogos entrenados, concientes de que los que proferían el mote eran tan bolivianos como ellos, respondieron con un impagable "yugoeslavos, yugoeslavos". Si no fue cierto, merece serlo.

Ahí viene Hitler por el callejón

Políticamente correctos, el único momento en que AFA, árbitros, jugadores y medios se ponen de acuerdo es con el tema de la discriminación contra la comunidad judía. Centralizada en Atlanta, claro, por tradición villacrespense, las reglamentaciones antirracistas de la FIFA fueron incorporadas y defendidas como forma de volvernos modernos y primermundistas. Pero los cánticos anti-judíos, por tener un único foco de destino y por ser tan unánimemente condenados, no son tan preocupantes como los otros que describimos. Además, la hinchada de

Atlanta suele demostrar que tiene claro a quién discriminar: hace rato que se dedica a perseguir cartoneros por Villa Crespo al grito de "negros de mierda".

Aceptar que la cultura futbolística es tan masivamente discriminadora implicaría desarmar un sentido común que la excede. La calificación de la discriminación anti-judía como exasperadamente incorrecta cuenta con buena prensa: las otras discriminaciones, no tanto. Para colmo, el periodismo deportivo hegemónico ha decidido que debe representar la "voz del hincha", olvidando que para eso nos quedamos directamente con los hinchas y no con los periodistas. Así, la asunción de la xenofobia, la homofobia y el racismo de clase pasa a ser un juego simpático. Basta escuchar a Marcelo Araujo y a Mariano Clos en sus transmisiones televisivas, locales o internacionales: los "negritos", "bolitas", "paraguas", "chilotes", todo refugiado en un incomodísimo "nosotros", son la dominante. O recordar sendas tapas de *Olé*: la célebre "Que se vengan los macacos", en los Juegos Olímpicos del 96; "qué tenés que hacer esta noche", sobre la foto de una hermosa mulata, el día de otro partido contra Brasil en el 2001. Qué ingeniosos, qué divertidos.

No existís, racismo

Tampoco es cosa de cebarse con el periodismo. Alguna vez, en una reunión que discutía estos temas, un comisario bonaerense (luego responsable provincial en violencia deportiva) dejó escapar una frase inolvidable: "lo de las reglas anti-discriminación es para los judíos". Debe ser por eso que tiempo después los hinchas de Gimnasia y Esgrima casi matan a un jugador boliviano a pedradas. O como afirmó otro comisario de la bonaerense, muy suelto de cuerpo, hablando de los hinchas de Laferrere: "tampoco les va a creer todo lo que dicen… hay que llevárselos por portación de cara". O la relación que un día encontró Julio Grondona entre el arbitraje y el judaísmo, digna de un tratado etnográfico. O los "paraguayo, andá a matarte el hambre a Paraguay" que tantos jugadores, argentinos y patriotas, deslizaron en los oídos de Chilavert. O los innumerables "putos" que pueblan los gritos de todas las canchas.

En suma: vamos mal, pero estamos peor. Al menos, en 2003 el INADI decidió crear un equipo especial de trabajo sobre el tema, que no nos ha traído grandes novedades. Un día de estos se despertarán.

La violencia farsesca

A pesar de sus reclamos en contrario, el sindicalismo peronista sigue al pie de la letra la vieja definición marxista: la historia se repite, pero la primera vez es una tragedia y la segunda una farsa. Esa caracterización degradada de los sucesos de San Vicente, cuando el traslado de los restos de Perón en octubre de 2006 –sin que signifique depreciar su gravedad– se repite en muchas dimensiones: por ejemplo, en los actores, hace tres décadas imbuidos de pretensiones ideológicas y sostenidos por encendidos discursos que anunciaban transformaciones radicales de la sociedad argentina, y hoy limitados a una serie de lugares comunes, generalmente centrados en la conservación de privilegios (porque lo que no se ha deteriorado, por el contrario, es la riqueza insultante de los líderes sindicales). Colmo de la degradación, la disputa por el palco se produjo entonces delante de un cadáver –aunque sea el del mismísimo Perón. Falta en el cuadro, claro, la izquierda peronista, a la que la dictadura se encargó de hacer desaparecer, literalmente.

Esa presentación farsesca de la violencia política debe incluir algunas continuidades. Los sectores que ocupaban –y aún ocupan– la derecha peronista siempre reclutaron una parte de sus fuerzas de choque entre sectores marginales, aquellos descriptos por la vieja categoría de *lúmpenes* –una clasificación también de cuño marxista. Estaban los convencidos de que la lucha por "la patria metalúrgica" significaba algo; también los había, simplemente, mercenarios. Pero la diferencia con la actualidad –con lo que los hechos de ese 17 de octubre nos permiten analizar– estriba en dos aspectos: uno de clase y otro político. El primero remite a que ya no puede tildarse de "marginales" a grupos de composición más compleja, producto también de los cambios en la estructura de clases argentina: para limitarse a dos actores identificados en esos sucesos, ni "Madonna" Quiroz ni "Tuto" Mohammad pueden ser tildados de lúmpenes. El segundo es quizás más importante: la violencia política... casi no tiene política. La disputa no se da en torno de grandes relatos ideológicos, en la contraposición de modelos de organización de la sociedad. Como dije, se limita a la pelea por estar más o menos cerca de un féretro, por indicar quién tiene más poder, y sucesivamente, por quién "tiene más aguante". En la gestualidad de los que peleaban, en el Hospital Francés o en San Vicente, se reconoce la corporalidad tribunera: no solo en los estilos de lucha —porque los estadios se han transformado en excelentes campos de entrenamiento al respecto—, sino en el hecho de que el gesto recurrente sea tomarse los genitales. Los muchachos textualizan la metáfora, y deben "tocar" el significante que permita demostrar quién "tiene más huevos". Signo de todo esto es que el viejo epíteto de "zurdos" fue desplazado exitosamente por el de "putos" —dejando de lado que calificar de izquierdistas a los seguidores de Moyano o Martínez requiere una imaginación florida.

Este tribunerismo de lo político también se reconoció en las versiones sobre las fuerzas reclutadas. Se trató de versiones, pero se pudo escuchar que en el Hospital Francés desfilaron las barras de Chacarita, Nueva Chicago y Argentinos Juniors, mientras que en San Vicente se alineaban las de Estudiantes y Gimnasia y Esgrima de La Plata —aunque todavía nadie exploró la notoria vinculación del moyanismo con la de Independiente. Nada puede sorprender, si se comprobara su veracidad: esto ratifica las líneas que estoy argumentando. Las barras futbolísticas son agrupamientos cuya posesión más valiosa es un capital llamado "aguante" que se transforma en mercancía: es decir, se vende al mejor postor. Mientras miles de "pibes" insisten en que sus actos violentos tienen como objeto simplemente defender el honor de sus colores y de sus pasiones —y es así, y es esa *legitimidad* de la violencia la clave del fenómeno—, algunos centenares capitalizan su "aguante" negociándolo por bienes de distinto tipo. No hay allí ningún componente ideológico: lejos del ejemplo italiano —donde los *ultras* del Livorno se reclaman estalinistas y los de la Lazio fascistas, y están entonces obligados a chocar—, las barras locales se agrupan en torno de un argumento presuntamente pasional, despolitizado, para luego *sicarizarse* y ejecutar los actos ordenados por sus contratistas. En el camino, además, pueden sumarse otros actores: el olor a pelea suele atraer unos cuantos para los que la violencia es simplemente un estallido de placer corporal —pero no son ellos, por ahora, los que deberían preocuparnos más seriamente.

174

Ahora bien: la degradación diagnosticada también alcanza las interpretaciones opositoras. Que una pelea entre "machitos" se explique por un presunto clima de enfrentamiento alentado por los discursos gubernamentales en torno de los derechos humanos es un argumento derechista que pretende solucionar el problema de las barras bravas con un indulto a los genocidas. Y no puedo ver –perdonen mi ignorancia– dónde está la relación. Pero además, escamotea un hecho también irrefutable: que las voces virginales que condenaron los sucesos tienen una larga experiencia en el reclutamiento de barras. Cualquier militante universitario des-futbolizado conoció a los "Borrachos del Tablón" en actividades organizadas por la Franja Morada radical. Y las relaciones de Macri con "La 12" ya no pueden ampararse en el consabido "no los conozco". Basta seguir el rastro de "Rafa" Di Zeo: que, además, firmaba autógrafos y recibos de sueldo estatales.

Noooooo, no tenés aguante

Estas épocas son fantásticas para los que nos dedicamos a la crítica o a la sociología de la cultura, si me permiten llamar así a las cosas que hago. (En realidad, todas las épocas son fantásticas, pero no siempre se tiene, como tuve entre 2008 y 2010, una contratapa quincenal en un diario nacional a mano). Y son fantásticas porque pareciera que los actores/as sociales/as se complotan para darnos montones de ejemplos y confirmaciones para nuestras hipótesis. Por ejemplo, últimamente se han puesto de moda los lugares comunes, esas frases hechas y huecas donde una sociedad suele demostrar sus peores tonterías, los abismos más horrorosos de su estupidez; estupidez que, sin embargo, se transforma en "sentido común", un lugar aún más espantoso donde el lugar común se vuelve sabiduría indiscutible y conocimiento compartido.

Entre ellos está la asociación del campo con la patria: parece ser que alguien descubrió que el trabajo rural fundó la Argentina, mito en el que se mezclan la condición terrateniente de muchos de los padres fundadores y el presunto "gaucho patriota", relato histórico que transforma a pobres hombres llevados por la fuerza a las guerras de la Independencia en héroes de manual escolar. Entre unos y otros se inventa la Argentina, que para colmo nace junto con el Ejército (esto ya no se dice, pero hasta no hace mucho se recordaba que los primeros regimientos se crearon el 29 de mayo de 1810). Estas asociaciones bastante fascistas permiten entender el carácter autoritario de la protesta ruralista: De Angelis es un matoncito de barrio, del mismo estilo que el secretario Moreno, si es que vamos a comparar.

En ese cuadro de mediocrización del debate y los lenguajes públicos, no era de sorprenderse que la Presidenta hiciera flamear su presunto "aguante" por todos los micrófonos. Después de todo, se trata de otro lugar común, e incluso televisado –recordemos el no muy lejano programa que presentaba Martín Souto en TyC. Y además, confirma ese diagnóstico que venimos repitiendo hace tanto: esta es una sociedad futbolizada, que ha desplazado todo otro lenguaje para quedarse con las metáforas de cancha, que ha definido al *offside* como la mayor aventura del pensamiento. Dentro de esa lengua hegemónica, la retórica del aguante es su marca más extendida. Sin embargo, el carácter de lugar común que esa retórica tiene no puede hacer olvidar su profunda impronta machista, aspecto que la Presidenta, tan atenta a las cuestiones de género, no debería desconocer. "Aguante", dice la cultura popular, tienen los machos; justamente, no tener aguante es "cosa de putos". El ordenamiento homofóbico de las relaciones sociales que hacen las hinchadas –y tras ellas, porque no es solo cosa de futboleros, una enorme cantidad de actores y actoras que hablan ese lenguaje sin que se les caiga una idea– transforma el universo en una competencia de machitos de esquina, que disputan su masculinidad midiendo quién la tiene más larga (y perdonen aquí este exceso: pero a veces la Argentina parece un escenario dispuesto solo para debatir sobre la importancia de la longitud del pene).

Lo que la Presidenta ni nadie puede desconocer es que el aguante, según las hinchadas, no se disputa en la cantidad de banderas ni en el volumen de los cánticos, ni siquiera en el estoicismo de resistir el frío, la lluvia o la ingesta de cantidades desmesuradas de alcohol y pastillas. La posesión de más o menos aguante se mide en un solo lugar: en el combate callejero, en el choque de los cuerpos que desplazan todo intercambio de símbolos convencidos de que la única verdad es la realidad. Y que esa realidad se mide en adversarios heridos y huidos: el que "corre" es el vencido, el que "se para" es el vencedor. Para administrar las relaciones entre All Boys y Nueva Chicago, este esquema puede ser válido –aunque recordemos que nos cuesta varios muertos al año. Para administrar una sociedad, es un esquema espantoso, *cuasifascista*. Como, para colmo, ambas partes participan de esa concepción –Presidenta y ruralistas–, nada bueno puede esperarnos.

Definitivamente, no quiero una Presidenta con aguante. Prefiero una que sepa hacer uso y abuso de lo simbólico (la palabra, las ideas, los intercambios, los silogismos). Si lo que quiso decir es que tiene coraje, vamos mejor, aunque es una condición muy básica; sería mejor aún si demostrara agudeza para desarmar lugares comunes, para distanciarse de lenguajes gastados y vacíos, para comprender el abismo machista que acecha detrás de la metáfora más cotidiana. Como en este conflicto no sobra inteligencia, con solo esa agudeza haría una diferencia indescontable (para cerrar, como es debido, con otra metáfora futbolera).

Hasta el próximo muerto

A mediados de 2007, la muerte de Marcelo Cejas, hincha de Tigre, a la salida de la cancha de Nueva Chicago desató el clásico aluvión de voces desgarradas y desgarradoras: esto no puede seguir así, son bestias salvajes animales iracionales inadaptados locos. Galmarini acusaba a la inacción política, Tinelli reclamaba un castigo ejemplar al club (dos descensos, decía, que se vayan a la C), Castrilli prometía duras sanciones a los responsables. Olvidaban que Galmarini fue el responsable de Deportes con Menem, cuando los muertos en el fútbol alcanzaban la módica cifra de casi ocho al año; que Tinelli había llevado a la barra de San Lorenzo, la "gloriosa Butteler", a festejar el campeonato al estudio de "Bailando por un sueño", a pesar de que la Butteler fuera la responsable de la muerte de Saturnino Cabrera en la Bombonera y de Ulises Fernández en el nuevo Gasómetro.

Castrilli, muy especialmente, olvidaba que uno de los responsables, si no el mayor, era él: que desde mayo de 2003 era el titular de un organismo creado para solucionar exactamente aquello que había matado a Cejas, y que luego, en marzo de 2008, causó dos muertes en doce horas, una en Salta, otra en Flores. Que estaba a punto de cumplir cinco años al frente de un organismo con poder absoluto en el control y gestión de los espectáculos futbolísticos en la ciudad de Buenos Aires. Que puede reclamar falta de incumbencia sobre los hinchas de Central Norte que van con una 22 a la cancha y que se matan por accidente en la calle (para que la pobre chica no deba engrosar la estadística: pero… ¿por qué los hinchas van a la cancha con una 22?). Pero que tiene que hacerse cargo por lo menos de Fernando Blanco, asesinado por la Federal en 2005; de Matías Cuestas, muerto por pedradas en 2006; de Marcelo Núñez, muerto por balazos a fines de ese año; de Marcelo Cejas, ya nombrado; y hasta de Gonzalo Acro, también en su jurisdicción. Y luego, de Emanuel Álvarez, asesinado en ese marzo de 2008. Seis muertos en tres años. No hay comisario que resista en su puesto este récord. Peor: si tomamos las cifras nacionales, el responsable federal de la seguridad en espectáculos deportivos ostenta 17 muertos en tres años, retomando la línea ascendente del menemismo.

Esta nota no quiso caerle a Castrilli. O solamente a él, en quien apenas se concentraban varias de las caras del problema: ignorancia, soberbia, la madeja de las relaciones políticas que hicieron, por ejemplo, que lo confirmaran en el cargo a pesar de su evidente fracaso de los cuatro años anteriores. Pero el fenómeno lo excede. Y los responsables son muchos más, comenzando por la AFA, que siempre negó un problema del que es parte activa: su jefe de prensa, Cherquis Bialo, insistía en que el incidente no tenía que ver con el fútbol sino con la "inseguridad" (ese fantasma tan oportuno para justificar tanta ignorancia). La complejidad de la violencia en el fútbol comienza por reconocer que no se trata de algo excepcional, ocasional, producto de seres también excepcionales: cuando los medios, los policías, los dirigentes deportivos y los políticos insisten en –repito– bestias salvajes animales iracionales inadaptados locos, demuestran que no entienden nada. Apenas algunas pruebas: los vecinos de Mataderos lamentándose de los incidentes de 2007, pero remarcando "cómo corrían los putos de Tigre"; las decenas de miles de "hinchas verdaderos" jactándose del aguante de sus hinchadas; la legitimidad comunitaria de la que goza cualquier "pibe de la hinchada"; el descabezamiento inútil de las barras de River y Boca, perpetuamente renovadas porque la oportunidad de pingües negocios permanece intacta. La violencia en el fútbol no es un fenómeno excepcional debido a sujetos excepcionales, los "violentos": la violencia es la normalidad, la pauta, la lógica que ordena las prácticas, y que explica tanto una chica con una 22 en Salta como un pibe disparando sobre una caravana en Flores (esté o no esté la barra atrás).

La violencia en el fútbol no se explica por "la inseguridad", "la droga", "el clima social". A esta altura, es un fenómeno autónomo, con reglas y lógicas propias, todo un sistema moral de normas y legalidades y consecuencias que deben entenderse en sí mismas. Y rodeado de una mayúscula hipocresía social: la de Cherquis Bialo besando al Rafa Di Zeo en cámara, la de Tinelli pidiendo sanciones mientras festeja con la Butteler, la de Macri "desconociendo" a "La 12" durante doce años; todos ellos reclamando, al mismo tiempo, la "solución" de aquello de lo que son parte.

La renuncia de Castrilli, la intervención de la AFA, parar el fútbol por tres meses; y esto debería ser solo el comienzo. Pero si no ocurre ya, significa que nadie quiere modificar nada y que nos sentaremos cómodamente a esperar el próximo muerto.

El fútbol y la muerte invisible

Relean, por favor, el párrafo final de la crónica anterior: lo escribí el 17 de marzo de 2008, en la misma página de *Crítica* en la que luego publiqué esta. Habían muerto Silvia Belbruno, de 17 años, en Salta, y Emanuel Alvarez, de 21 años, en Flores, entre el viernes 14 y el sábado 15. El 12 de octubre de 2008 murió Adrián Brito, de 14 años, en Tucumán; el 23 de noviembre, Rodrigo Silvera, de 27 años, luego de agonizar 22 días tras ser tiroteado, con bastante seguridad, por la barra de San Lorenzo, la Butteler. El mismo día murió Daniel López, de 21 años, acuchillado en Colón de Santa Fe. Tres muertos más, cinco solo en ese año: y paro, porque si sigo corrigiendo este libro la lista puede ocupar páginas y páginas.

La muerte de Emanuel había disparado un pequeño escándalo; la de Silvia había pasado casi inadvertida, porque era un mujer, porque era salteña, porque parecía un accidente –aunque fuera un accidente producto de que uno de sus acompañantes, en el camino al estadio, llevaba un arma … La de Emanuel, en cambio, era más áspera. Pensé que se trataba de la indignación por otra muerte gratuita, de otro inocente, otra muerte dolorosamente evitable. Solo tiempo después comprendí que lo irritante de la muerte de Emanuel era simplemente que había obligado a suspender un partido, causando problemas de cronogramas, de programaciones, de transmisiones televisivas, los famosos asteriscos en las tablas de posiciones. Tamaño problema para el *showbusiness*, para un espectáculo indetenible que no puede dejar de facturar, aun sobre la sangre ajena. Las muertes más recientes, en tanto no produjeron ningún inconveniente "deportivo", pasaron casi inadvertidas. La muerte del chico Brito, en Tucumán, por un disparo luego de enfrentamientos entre las hinchadas de Atlético y San Martín, acabo de descubrirla en la *Gaceta de Tucumán* luego de insistentes rastreos. Los mismos que tuve que hacer para hallar el nombre del sucesor de Castrilli, Pablo Paladino; la página web de su Subsecretaría tiene tanta información como medidas ha tomado y desarrollado su responsable: ninguna.

José Garriga Zucal, el antropólogo que más sabe sobre estos temas en la Argentina, sostiene que todo seguirá igual hasta que no vuelva a morir un hincha de River o de Boca, suceso que causaría un poco más de ruido. La continua disputa renovada por el liderazgo de "La 12" permitirá confirmar la validez de su hipótesis. Entre tanto, tres muertes ignotas y anónimas, todas ellas tan absurdas y evitables como las de Emiliano y Silvia, se han sucedido sin que siquiera se haya producido un pequeño escandalito mediático. Es que, definitivamente, este tema no le importa a nadie, fuera de los deudos. Es una muestra más de la hipocresía descomunal que nos atraviesa. Cuando asesinaron a Marcelo Cejas en el 2007, Nelson Castro prometió en su programa, en vivo, que no iba a dejar caer el tema. Lo mismo ocurrió tras la muerte de Emiliano, cuando decenas de programas de radio y televisión proclamaron, por centésima vez, que iba a ser la última. Posiblemente, hayan querido decir que era la última vez que le iban a dar importancia al tema.

La idea más brillante que se le cayó a Castrilli en cinco años fue el *slogan* "Con la violencia perdemos todos". Su sucesor lo desactivó, conciente de que con la violencia en el fútbol solo se pierden algunas vidas, vidas infames, irrelevantes, ínfimas. Es saludable, sin duda, que lo hayan asumido: la violencia es un negocio excelente para la policía, para las agencias de seguridad privadas y para la televisión –que pudo así transmitir todos los partidos–, para empezar a hablar. Creo que también lo es para unos cuantos dirigentes y para unos cuantos de los "pibes", poseedores de ese capital llamado "aguante" que tan bien cotiza en el mercado. Y prefiero no seguir, para no meterme en un embrollo judicial.

Las complicidades siguen a la vista, las responsabilidades también. Nadie ha refutado las interpretaciones que hace once años venimos sosteniendo y escribiendo, las que hablan de la violencia como norma y no como excepción, como "un fenómeno autónomo, con reglas y lógicas propias, todo un sistema moral de normas y legalidades y consecuencias que deben entenderse en sí mismas". Lo único novedoso que ha ocurrido es, simplemente, que los hinchas y los periodistas y los dirigentes deportivos y los políticos argentinos han asumido, finalmente, que mientras no perjudique la programación y la marcha triunfal de Boca o Atlético Ledesma al campeonato, la violencia y la muerte les importan un bledo.

184

El próximo muerto, el anterior, todos:
in memóriam Emanuel Álvarez

Durante dos años publiqué mis contratapas, muchas de estas crónicas, en *Crítica de la Argentina*. Cuando comencé, propuse cubrir un abanico de temas: ampliamente, discutir la cultura argentina, con énfasis en la cultura popular y la cultura de masas. Lo que no quería era encasillarme en el deporte, el foco que me había ocupado diez años de trabajo y que ya me tenía bastante harto. Las razones del hartazgo eran el simple aburrimiento, el sopor que me producía el deporte contemporáneo, y que todo lo que habíamos discutido sobre la violencia y las barras y el aguante caía sistemáticamente en saco roto, desplazado por las consabidas invocaciones a los "animales", las "bestias salvajes", los "violentos", esos sujetos malos de toda maldad cuya eliminación concluiría en un fútbol impoluto, llevado a la victoria por la mano firme de Don Julio Grondona. En fin: frente a esa maraña de zonceras, no estaba mal aceptar que nuestro trabajo había fracasado, que no habíamos convencido a nadie, y que todo podía seguir igual, sin nuestra investigación y sin nuestra intervención.

Pero a las dos semanas de comenzar, lo mataron a Emanuel Álvarez, hincha de Vélez, en una caravana rumbo a San Lorenzo, hace de esto ya tres años. Entonces publiqué una columna sobre el tema, cosa que reiteré tres veces a lo largo de estos años: la obsesiva, insidiosa presencia de los muertos por la violencia futbolística es un acicate irresistible. Se supone que los cientistas sociales hacemos investigación para cambiar algo de nuestras sociedades –o todo, o lo más que se pueda–: la sola posibilidad de que nuestro trabajo pudiera salvar una sola vida es una tentación poderosa, aunque se revele, cada día, más imposible. Porque seguimos sin salvar a nadie, porque apenas nos queda la posibilidad de denunciar esas muertes, de alertar sobre las próximas. Que se van a producir, indefectible, minuciosa, perseverantemente.

En los últimos meses, las muertes han abandonado las cercanías de los estadios y las batallas por la ostentación del aguante ante las hinchadas contrarias o la policía. Incluso esta última ha privilegiado pegar antes que disparar –además, tiene la cuota cubierta luego del asesinato de Rubén Carballo, el chico que mató la Federal a la salida del recital de Viejas Locas.[18] Pero las muertes se suceden en los combates por la acumulación de poder en las hinchadas, el poder que habilite el control financiero de los recursos generados y por generar. Hay una crisis de liderazgo, en algunos casos por la salida de escena de líderes fuertes que mantenían un control omnímodo, en otros simplemente porque cualquiera se anima: la receta pasa por acumular aguante –como ya hemos demostrado, un capital simbólico que se verifica en la capacidad para pelearse– y apoyos políticos. Lo cierto es que por estas y otras causas (por ejemplo, la cercanía del Mundial de 2010, la posible aparición de dineros complejos y seductores) los pibes se están matando de a poquito.

Esto no preocupa demasiado a nadie, justamente porque se trata de un "entre ellos"; mientras no se les escape un tiro desviado y maten a un "espectador inocente", a un "hincha verdadero", el circo debe continuar y el fútbol para todos debe seguir su marcha triunfal rumbo al Mundial. No sea cosa de tener que interrumpir una fecha, suspender el fútbol, tener que pensar en serio qué hacer con todo esto. Por favor: que Grondona y Aníbal Fernández no lo permitan. Esta seguidilla de muertes revela, una vez más, como siempre hemos dicho, que no se trata de "violentos" sino de una trama absolutamente racional y para colmo legítima: vean, si no, el funeral "popular" de Pimpi Caminos, ex líder la hinchada de Newell's asesinado en 2010, que exhibe como siempre la enorme legitimidad de la que gozan las hinchadas, encargadas de ejecutar un aguante del que se jacta el resto de los "hinchas verdaderos". Las hinchadas son condenadas pero a la vez celebradas: porque, cómo dudarlo, el hincha argentino es el mejor del mundo, y ese narcisismo precisa de los muchachos para su exhibición.

Hace tres años, mataron a Emanuel Álvarez: en ese momento, la AFA y el Ministerio del Interior salieron rápidamente a decir que se trataba de

---

[18] La constancia de la seccional 44 en este tipo de prácticas le costó la vida, en marzo de 2011, a Ramón Aramayo, hincha de San Lorenzo.

una muerte debida a la "inseguridad", que no podía adjudicársele al fútbol. José Luis Meizner, mano derecha de Grondona y hombre de Aníbal Fernández, reclamó que no le tiraran cadáveres a la AFA –me lo dijo en la cara en un programa televisivo–. En marzo de 2010, un tribunal condenó al asesino de Emanuel: se trató de un tal Marcelo Aliandre, hincha de San Lorenzo que disparó contra la caravana irritado por la mera presencia de hinchas adversarios. No lo digo yo, lo dijo un fallo judicial: no fue la "inseguridad", fueron hinchas contra hinchas, fue una muerte causada por el fútbol; no fueron "barras", "violentos", "animales", sino un hincha que reaccionó como la lógica del aguante se lo exigía: "no me pisen el territorio o el castigo será inolvidable". Como nada se hizo, salvo negar lo obvio, desde entonces se ha acumulado una decena de muertos más. Meizner, Fernández y compañía, mientras tanto, están muy ocupados escuchando los gritos de Marcelo Araujo. Enhorabuena.

Señorita, ese nene es barrabrava

Hace ya varios años José Garriga Zucal, el antropólogo con el que trabajamos desde hace una década y que me enseñó todo lo que sé sobre el aguante, me decía que la pregunta correcta no era por qué hay tanta violencia en el fútbol sino, más bien, por qué no hay más. Entendiendo el fenómeno, comprendiendo sus razones y sus lógicas, anticipando por vía de la inteligencia —no de la inteligencia policial, sino la de las ciencias sociales— los meandros de la violencia futbolística, el fenómeno dejaba de ser algo sorpresivo, inaudito, intolerable, y se revelaba como lo que siempre fue: un rasgo intrínseco y estructural de la cultura futbolística. Y de allí la re-pregunta de Garriga: entendiendo la manera en que el aguante ordena toda una concepción moral del mundo, inmediatamente se comprende que la violencia es la regla, no la excepción. Y que no haya más combates es pura fortuna.

Todo eso lo supimos hace diez años, por el mecanismo sencillo de estudiar el problema. A veces me divierte el asombro de algunos frente a nuestras afirmaciones: nuestra novedad consistió sencillamente en ser más o menos serios y más o menos sistemáticos, y cualquiera podría haberlo hecho, y fue el camino que le recomendamos a todos los que quisieran averiguar de qué se trataba ese misterio llamado violencia en el fútbol. Develamos el misterio —al menos, parcialmente: siempre se puede saber e investigar más, aunque a mí personalmente ya no me interese—; escribimos *papers*, que se presentan en congresos científicos, y también artículos, que se publican en revistas científicas. Pero también escribimos varios libros, e incluso uno lo pensamos como pura divulgación, con distribución en kioscos. Más aún: en algún momento Javier Castrilli nos llamó para que colaboráramos con él, y nosotros, como buenos giles y optimistas, fuimos pensando que por una vez nos iban a escuchar. Era, claro, mucha ingenuidad. Pero todo lo que averiguamos —y lo que otros y otras siguen averiguando y sabiendo— está disponible, circula por librerías y por la web: no hace falta ser antropólogo o sociólogo para averiguarlo. Alcanza con poca cosa, con leernos. Incluso: si eso fuere mucho trabajo, alcanza con pagarnos un café.

Pero no hay caso: si hay algo llamado "responsables de políticas de seguridad en el deporte", no se trata de lectores nuestros, precisamente. Y en cuanto a los periodistas, tenemos nuestros fans, por suerte, que machacan cada vez que pueden con que algo interesante hemos dicho. La mayoría, en cambio, nos omite. Prefieren refugiarse en dos verdades absolutas: la primera es la perversión intrínseca de los "violentos" —una categoría que oculta más que lo que revela: no hay sujetos ontológicamente violentos, sino sujetos que usan la violencia en contextos específicos para fines específicos—, los "barrabravas", sujetos malos de toda maldad, que deberían ser exterminados de la faz de la tierra. Si la primera verdad es discutible, la segunda es una obviedad: los "violentos" tienen relaciones oscuras con las dirigencias deportivas y políticas —también con las policiales, pero eso no suele quedar tan claro. La última muestra fue el libro de Gustavo Grabia sobre "La 12", una exhaustiva investigación sobre la vida y milagros de los muchachos de Boca, y algunas de sus relaciones *non sanctas*; pero no hay ni una palabra dedicada a los contextos sociológicos y antropológicos que ordenan y permiten sus acciones, y sin ese marco de interpretación la investigación se queda en la denuncia, porque no puede avanzar en la comprensión —menos aún, consecuentemente, en la solución.

Todo esto se puso de manifiesto en las tres semanas anteriores al Mundial: la ausencia de noticias deportivas reales —porque nada pasa antes de un Mundial— y la fatiga para hacer una buena nota de color fue solucionada con la aparición de los "pibes" de las hinchadas. Que no se privaron de nada, seguro que no, hasta con una exhibición desbordada de la que se habían cuidado en los Mundiales anteriores —donde también estuvieron, sin que nadie se dignara cuestionarlo demasiado. Y la cobertura fue sistemática y exasperantemente la misma: malos muchachos, con complicidades irresueltas, que deberían ser sancionados. ¿Deportación? ¿Por qué no fusilamiento? Se ha hablado de vergüenza nacional... como si exhibir a Julio Grondona fuera, por el contrario, motivo de orgullo.

Nada se ha dicho, ni se dirá, de tres claves que ordenarían mejor el cuadro: la primera, que los "pibes" están ahí porque son "aguantadores", y que de allí proviene su poder, un poder moral legítimo dentro de sus comunidades –que no lo sea para mí y para mis amigos no importa: seamos menos etnocéntricos si queremos entender qué pasa. La segunda: que luego ese poder entra en relaciones clandestinas para obtener dinero también clandestino; pero ese dinero no viene de la comunidad, sino de los clubes y de la política –y hasta del tráfico pequeño de algunas sustancias no muy legales, con complicidad policial–, y es mucho dinero. La tercera: que todo forma parte de un sistema aceitadísimo, una trama de relaciones en cuyo vértice está Grondona; pero nadie, ni siquiera *Clarín* ahora que está enojado con el Jefe, tiene interés en desmontarlo. Digámoslo de esta manera: los fondos para los viajes no vienen de colectas ni de ventas de camisetas. Con ponerle a ese dinero la misma atención que la AFIP le pone a cualquier mortal, tendríamos alguna pista.

No hay violencia sin aguante –un sistema moral de legitimidades que ordena toda la cultura del fútbol– y sin dinero negro. Las barras son una consecuencia lógica de ambos factores. Todo está allí, para quien quiera verlo. La pregunta es si hay alguien que quiera.

Maradonologías[19]

Para Eduardo "Lali" Archetti

La maradonología es un género de las ciencias sociales, que consiste en transformar al ex capitán de la selección argentina de fútbol en objeto de análisis y así someterlo a estudio, desmenuzarlo, describirlo, leerlo, interpretarlo. Es un género y no una disciplina, porque lo hemos practicado sociólogos, antropólogos, historiadores, comunicólogos, hasta creo que algún psicólogo –además de los dietólogos, traumatólogos, parapsicólogos. Y no olvidemos, claro, los opinólogos, que no son menos de treinta millones.

El que mejor lo hizo fue un antropólogo argentino de Santiago del Estero, cuya tonada retuvo hasta su muerte en la lejana Noruega: Eduardo Archetti, que estudió Sociología en la UBA y luego se doctoró en Antropología en París con Alain Touraine, con un magnífico trabajo de campo sobre los colonos italianos de Santa Fe. En la lotería del exilio, a Archetti (el Lali, como lo llamamos todos sus amigos y discípulos) le tocó Oslo, siguiendo a una bellísima noruega con la que vivió treinta años, hasta que se lo llevó un cáncer muy turro en lo mejor de su vida y su carrera, en 2005. El Lali Archetti fue el primero en darse cuenta de que el fútbol (y el polo, el automovilismo, el box, el remo, y también el vino, el tango y el asado) eran lugares magníficos para pensar la patria, para analizar las mil maneras, tortuosas y complejas, en las que los argentinos y argentinas habían inventado este país. Desde 1984, fecha de su primer trabajo sobre el tema ("Fútbol y ethos", en el que por primera vez se trabajaba el concepto de "aguante"), hasta su muerte, trabajó

---

[19] Estas tres crónicas fueron escritas y publicadas entre octubre de 2008, antes de que Maradona fuera nombrado técnico de la Selección Argentina, y septiembre de 2010, tras su estruendoso fracaso mundialista. Quise reproducirlas porque el suceder de todos esos avatares demuestran uno de mis argumentos: que sujetar a Maradona en un momento, afirmar por fuera de un flujo indetenible de contradicciones, es absolutamente imposible.

insistentemente esa idea: estudiar el deporte, la comida, la bebida, la danza, la música, permite analizar los modos en que se inventa una patria en las zonas más libres y a la vez más democráticas, más distantes de los controles del estado y de la rigidez de los letrados. La Argentina –decía Archetti– era un invento fantástico, mezcla de atorrantes y próceres, de asados y desfiles patrióticos, de bailarines de tango y catedráticos, de Fangios y Perones, de Panchos Varallos y Lugones. De Maradonas y Borges, incluso.

Respecto de Maradona, Archetti prefería trabajar la idea del "pibe", ese personaje mítico acaso inventado en la tapa del número uno de *Billiken*, "el campeón de la temporada": un atorrante sobreviviente de las inclemencias del potrero, su lugar natural, pura creatividad e indisciplina. Maradona era el remate perfecto de esa serie: imposible de ser sometido a las reglas del deporte industrializado, su irreverencia significaba la tradición argentina de juego en su máxima expresión. La politización de Maradona, esa transformación en símbolo de los humildes o ídolo de los quemados que se produce entre 1987 y 1995, era la resultante perfecta: si el fútbol había podido ser leido como metáfora de la nación, Maradona se volvía un símbolo perfecto de su versión más democrática y popular, una Argentina que se pensaba creativa, impredecible, humilde y la vez jactanciosa, pícara e irrespetuosa –a veces en exceso.

En esa misma línea, entendí siempre a Maradona: una consecuencia necesaria del peronismo, su continuidad por otros medios. Entre los ochenta y los noventa, cuando todo lo sólido se desvanecía en el aire – la guerra de Malvinas, la dictadura, la traición radical de la obediencia debida, la traición peronista del menemismo–, Maradona era pura solidez: el viejo relato nacional-popular, el que hablaba de una nación más democrática construida también con sus clases populares, insistía en mostrarse vigoroso y eficaz, aunque solo fuera en el campo de lo imaginario (el fútbol es eso, o debiera ser eso: pura imaginación). Maradona era el plebeyo irreverente y transgresor, un Gatica futbolero, un "negrito respondón y deslenguado", en el que hasta la cocaína era un desliz rockero –y por eso mismo, nunca cuestionado por sus admiradores.

Pero también, los años posteriores nos permitieron ver en qué terminaba todo eso: que el peronismo es definitivamente una mueca conservadora vagamente populista y Maradona se ha vuelto una nota de color periodística. De plebeyo irreverente a bufón de los medios: de símbolo de la patria a mercancía mediática. Millones recordamos los goles del 86; nadie retiene una sola línea de "La noche del 10". Las manifestaciones populares reclamándolo como técnico de la selección argentina de fútbol brillan por su ausencia: su autocandidatura tiene tanto interés como su próxima condición de abuelo. Archetti, a quien la irrefrenable decadencia de Maradona producía tanto aburrimiento como los pases laterales de Riquelme, debe estar muerto de risa.

La culpa es de Agulla

La selección nacional venía tambaleante en septiembre de 2009, con el fantasma de la eliminación del Mundial rondando por todas las cabezas, por lo que venía paladeando una columna *maradonológica* desde el partido contra Brasil, reforzada por la derrota en Asunción. Martín Caparrós se anticipó, pero con otro alcance: porque se dio cuenta, con sutileza, que las reverberaciones de los partidos permitían discutir los avatares de la patria —sin exagerar, claro, porque esa relación del fútbol con el nacionalismo era, a esa y esta altura de la *suaré*, pura burbuja mediática y publicitaria. Entonces, me dejó un resquicio donde zambullirme, donde proponer esta columna.

Para mí, la culpa no la tenían Maradona, ni Verón, ni Messi, ni Heinze: aunque Maradona fuera un inútil, Verón un irresponsable, Messi un pecho frío y Heinze un patotero. Para mí, la culpa la tenía Ramiro Agulla, que en el primero de sus célebres anuncios futboleros y mundialistas para la cerveza Quilmes, en 1998, afirmó que "el fútbol no se piensa: se siente". Podría seguir en esta dirección: pensarlo cabuleramente, que desde que Quilmes es el sponsor oficial el fútbol argentino no registra más que fracasos. Pero no: lo que me importa es ese repertorio de lo pasional vuelto último horizonte del pensamiento. Algo de todo esto dije en la primera de mis columnas para *Crítica*, en marzo de 2008, y lo reproduje en este libro: la pasión se ha transformado en un discurso fenomenal, que explica —o dice que explica— todo. Todo debe explicarse por la garra, el coraje, "tener lo que hay que tener", "poner lo que hay que poner": los "huevos". Entonces, le ponemos "aguante" a lo que fuere y conseguimos objetivos: salvarnos del descenso o derogar la resolución 125.

Ese discurso se ha vuelto absolutamente hegemónico: permea la vida cotidiana, la política, el fútbol —lugar privilegiado de este despliegue–, la publicidad. En esas semanas, había aparecido un comercial de Coca Cola minuciosamente deleznable: una chica llora frente a un film romántico, mientras la voz en *off* de un crítico lo destruye. El saldo, previsible, es el *slogan* "necesitamos menos críticos. Disfrutá la vida". Y eso es más de lo mismo. No estoy negando la relevancia de las emociones y de las pasiones: en esa columna, recordaba la facilidad con la que me pongo a llorar frente a ciertas películas o ciertas situaciones afectivas. Pero lo que irrita y preocupa es hasta qué punto eso desplaza por completo la racionalidad, el pensamiento, la reflexión, al arcón de los trastos viejos.

Maradona fue, justamente, el técnico perfecto para esta etapa pasional: es apenas un motivador con historia –una historia descomunal e inolvidable–, cuya mayor innovación táctica son videos con imágenes de chicos pobres con hambre –urgente: hay que sumar a los chicos ricos con tristeza. Si los rumores son ciertos –que les pasó un video de ese tenor a los jugadores antes de ambas derrotas, y que lo más emocionante fue el papá de Maxi Rodríguez conmovido en las imágenes–, ya podríamos coincidir en que, además de demasiado sentimentales, esos videos son ineficaces: los jugadores se deprimen y salen a jugar amargados por la situación social y acongojados por su falta de conciencia. Entonces, aunque técnico perfecto para esta etapa afectiva, los resultados también son los esperables y a nadie debieran sorprenderlo.

Lo que nos queda son algunas pobres esperanzas. La primera, que este fracaso contribuyera a sacar a Maradona de escena, para que pudiéramos volver a disfrutar de su memoria. La segunda, que si la Argentina hubiera quedado fuera del Mundial, como era probable que ocurriera, no habríamos tenido el aluvión insoportable de publicidades pasionales y degarradoras que nos enseñen "lo *grosso* que es ser argentino". La tercera, que la caída se llevara puesto a Grondona. Si ver un Mundial hinchando por Ghana era el precio a pagar, yo estaba dispuesto y feliz.

Y entonces, un año y medio después de escrita esta crónica, quedaron varias cosas claras: primero, que el fracaso ocurrió recién en el Mundial, lo que permitió reemplazar al motivador Maradona por el renombrado vendehumo y serruchero Batista; segundo, que tuvimos el aluvión de publicidades intolerables, y que perdimos por ellas, una vez más; tercero, que para que Grondona se vaya de la AFA solo podemos confiar en las ineluctables opciones biológicas.

Maradona, Yayo y Cooke

De todo lo que rodeó a las incontinencias verbales de Maradona la noche del Centenario es mucho lo dicho y poco lo no dicho. A mí me quedaron dos cosas no pronunciadas, y quiero empezar por una de ellas: la capacidad del Diego de imponerle la agenda a todos los medios, nacionales e internacionales. Por supuesto: es su capacidad, y a la vez es la monotonía mediática que responde sin sutileza a la provocación, que se deja capturar porque parece no poder jerarquizar la información (primero el hambre, luego la desocupación, después el espionaje de Macri y al final de todo las guasadas maradonianas). Bueno: yo mismo caí en eso, de modo que mal puedo reprocharlo. Esa capacidad de Diego está largamente probada; impone temas e impone imágenes –las puteadas y el llanto en Italia 1990, el grito del gol contra Grecia, podríamos seguir durante horas.

Lo otro que faltó fue un análisis más ajustado. Creo que fue en *Crítica de la Argentina* donde Alejandro Wall dio en la tecla con un doble movimiento: primero la crítica, luego el repliegue al advertir la andanada de cuestionamientos hipócritas que se descargaron sobre Maradona. Sobraron lugares comunes, corporativismos: a veces los periodistas –y especialmente los deportivos– saltan como leche hervida frente al más mínimo enojo o reproche, sin capacidad de autocrítica o reflexividad –que significa la capacidad de pensar sobre la propia práctica. Y también sobraron argumentos risibles. A favor y en contra. La facilidad con la que lo cuestionaron alegando que eso era producto del presunto clima violento que impone el kirchnerismo –argumento fantasioso que ya me tiene un poco harto: porque el kirchnerismo no es más violento que cualquier peronismo, acostumbrado a patotear y aparatear, y porque la lista de muertos en la democracia la han alimentado todos. ¿O es que ya olvidamos los de diciembre de 2001 o a Kosteki y Santillán, muertos radicales y peronistas, respectivamente, o a Pocho Lepratti, muerto reutemanista?

Posiblemente, el que más lejos llega con el despilfarro argumental es Pepe Eliaschev, que en la línea ya señalada, afirma en *Perfil* que la crítica de Maradona responde al deseo kirchnerista de un país sin periodistas. Hasta ahí el argumento habla mal de su inteligencia, nada nuevo, ya que insiste en escamotearla, pero a continuación sostiene que en esa dirección también van "una falange de actores, músicos y docentes de ciencias sociales". Parece que cuando los docentes de ciencias sociales pretendemos mejores periodistas –para eso, por ejemplo, somos sus profesores– eso nos convierte en censores. Y eso que Eliaschev tiene una maestría… en Ciencias Sociales, lo que revela que debemos ponernos más duros para tomar examen.

Lo cierto es que las críticas tendieron a esa metonimia kirchnerista –algo así como "la culpa es del Néstor"– o al horror por la grosería. Peor: "porque nos deja mal parados en el exterior" (el patrioterismo reaparece a la primera de cambio). Pero apenas tres días después, el diputado reelecto Felipe Solá, un señor elegante e inquilino de TN, se preguntó estentóreamente "¿dónde están las pelotas de los gobernadores para defender a sus provincias?", y el mundo no se vino abajo –el mismo día, un tal Alberto Rodríguez Saá, un hombre con agallas, descerrajó un "¡qué carajo van a ser peronistas estos!". Esos hechos –así como alguna posterior sugerencia anal de Mr. Reutemann– favorecieron las reacciones maradonofílicas de los grupos kirchneristas: claro, la inconsistencia de esos críticos respalda el contraataque de los defensores, sean ellos Alejandro Dolina o Ricardo Forster.

Es que realmente nadie puede cuestionar a Maradona si no exige antes que cesen de una vez por todas las guarradas sexistas y agresivas de Yayo Guridi en los *shows* de Tinelli. Luego del "esta es para vos" que Yayo canta con el Cuarteto Obrero, los reclamos de sexo oral de Maradona parecen canciones de María Elena Walsh. A la vez, nadie puede defender a Maradona reivindicando un carácter plebeyo y disruptivo de su retórica. Los argumentos de Dolina o de Forster fueron profundamente cuestionables y radicalmente anacrónicos: Maradona no es el hecho maldito del país burgués, como John William Cooke sentenció hace 45 años respecto del peronismo. Así como el peronismo ya no lo es –esa frase solo puede ser dicha con una sonrisa, decía Carlos Altamirano; es de la época en que "peronismo de izquierda" no era un oxímoron–, Maradona ha dejado de ser el "negrito respondón y deslenguado" de los noventa para ser un simple bocón que la juega de plebeyo irreverente. Pero de transgresor no le queda nada: por eso elige para su desboque las mismas y repetidas metáforas homofóbicas y machistas de los chistes de Yayo.

Durante veinte años, Maradona significó, con sus idas y vueltas, la continuidad de la irrupción plebeya e irreverente del primer peronismo. En los siguientes diez, Maradona reprodujo la domesticación de ese mismo peronismo, su menemización. Si lo que queremos es cuestionar la hipocresía moral de la derecha argentina, no lo conseguiremos reivindicando el sexismo desaforado del gran bocón argentino.

Maradona, el peronismo
y el "reflejo" de la sociedad

Desde mediados de los noventa comenzaron a escribirse, en la Argentina y en el exterior, los primeros trabajos analíticos sobre Maradona. "Analíticos" quiere decir aquí rigurosos, razonados, construidos desde cierta distancia crítica que, en esos años, solo podían dar las ciencias sociales. Apenas salidos del terremoto afectivo y deportivo de la exclusión por dóping de 1994; de México 86, los dos goles, la Copa del Mundo; de la final perdida del noventa; tan cercanos a tanta conmoción y tanta emoción, no podía escribirse sobre Maradona con alguna pretensión de rigor si no era con el auxilio –con la distancia– que daban la antropología, la sociología o más ampliamente los estudios culturales. Desde entonces para aquí, la *maradonología* tuvo bastante cultores: pero, lamentablemente, siempre serán menos que los tributarios del *maradonismo*, disciplina madre de la que se desprenden el *sí-dieguismo* y el *hagan-callar-a-ese-tipismo*, las dos grandes corrientes alternativas en las que se organiza el periodismo deportivo y, en tiempos como los que corren, también el periodismo político.

La culpa es de Maradona, claro, y también de la organización institucional del fútbol, que programa cada cuatro años unas ceremonias extrañas llamadas Copas del Mundo, convertidas desde hace tiempo en los eventos mediáticos globales más relevantes de la industria cultural contemporánea. En ciertas sociedades, en aquellas donde el fútbol organiza y moviliza significados culturales muy fuertes, esos acontecimientos provocan una enorme cantidad de fenómenos. Entre ellos, apenas por mencionar algunos, están las publicidades nacionalistas –fuente inagotable de la inventiva patriotera de un montón de patanes–, las fiebres estremecedoras de las clases políticas que hacen fila para sacarse fotos con jugadores o con hinchas –según lo que rinda más o lo que se pueda conseguir–, y la producción inacabable de artículos periodísticos que se preguntan, desgarradamente, qué tipo de inferencias sociales y políticas pueden sacarse de un gol en contra o de un *offside* mal tirado.

En torno de Maradona y de los avatares de la selección nacional, este tipo de productos son asfixiantes y abusivos. Como dije: la culpa es también de Maradona, que se ha vuelto el mayor símbolo nacional-popular desde Gatica para acá. La comparación puede parecer anacrónica, pero es posible, haciendo una salvedad obvia –además de las enormes diferencias contextuales–: al plebeyismo relativamente transgresor de Gatica, Maradona le sumó el éxito deportivo internacional, y de un modo espectacular que ni siquiera el triunfo del "Mono" en su pelea con Ike Williams podría haber igualado. La Copa del 86 añadía el triunfo contra Inglaterra, y ambos goles, y apenas cuatro años después de Malvinas. Entonces, la capacidad de Maradona para cargarse de significados potentes se multiplicó hasta el abuso. No podemos discutirlos todos aquí: permítanme quedarme con los obvios, con los más evidentes. Maradona cargó sobre sí la simbolización de lo nacional-popular, de lo plebeyo, de lo irreverente, sumado a un condimento que los futboleros saben incontrastable: el goce vinculado a la práctica. Además de todo –antes que nada–, Maradona fue un jugador deslumbrante, irrepetible, que vuelve a la discusión sobre el "heredero" un debate inútil y que podríamos cancelar de una vez por todas.

Pero Maradona no acepta quedarse en Cuba fumando Cohíbas y charlando con Fidel, y su reaparición mundialista obliga a hablar de él en presente. Maradona era todo lo que acabo de mencionar; estos dos años como técnico lo volvieron a colocar en el tapete y en la agenda. Y su contemporaneidad con el kirchnerismo, sus relaciones complejas con este tiempo harto polémico, desatan todo tipo de interpretaciones. No es nuevo: hace quince años que los estudios que citaba al comienzo coinciden en describir a Maradona como un símbolo tironeado, sujeto a las cinchadas de todos los que quieren alinearlo en sus filas o simplemente administrar sus sentidos sociales y culturales. Cuando Osvaldo Pepe cuestiona en *Clarín* del 12 de julio de 2010 a los "asalariados del pensamiento oficial" que intentan "reinventar un Maradona que una vez fue", olvida varias cosas: no solo su propia condición de asalariado –a menos que Pepe haya conseguido una participación accionaria en *el gran diario argentino*–, sino también los propios y desesperados intentos del diario por sujetar a Maradona, intentos inevitablemente ligados a las relaciones tortuosas con Grondona.

Entre tantos tironeos, Pepe no puede leer lo elemental: el plebeyismo y la rebeldía maradoniana no pueden ser sino peronistas, con todo lo positivo y lo negativo que eso implica. Un peronismo más o menos reducido a lo elemental, la puesta en escena de lo plebeyo como irreverencia, y condimentado con otro rasgo básicamente peronista: su apego a la contradicción permanente. El peronismo ha sido tan potente en nuestra política y nuestra cultura que ha inventado a sus izquierdas y a sus derechas, y hasta se ha dado el lujo de desmontar todos sus avances democráticos para hacer de cuenta que tenía que volver a conseguirlos –por ahí anda la dialéctica entre menemismo y kirchnerismo. Que Maradona se vuelva un ícono K, aunque le pese a *Clarín*, es entonces algo perfectamente posible: y así será de efímero, claro, como lo fue su brevísima etapa menemista.

El problema está en que estas lecturas insisten en prescindir de la teoría. De acuerdo: el periodismo no está para hacer teoría. Pero si pretenden interpretar –tanto el texto de Pepe como el de James Nielson en *Noticias* para la misma fecha se presentan como análisis, no como "descripciones"–, deberían echar mano de alguna teoría de lo social más rigurosa que la de "el fútbol refleja la sociedad" o "se juega como se vive". Frases que están muy bien para el café o para los gritos de Horacio Pagani, pero inútiles para entender la función social, cultural y política del deporte o los intrincados caminos de Maradona como símbolo. En *Noticias,* esto ya es costumbre: en 2007, dedicó su tapa a proponer a Los Pumas como nuevo modelo nacional positivo –contrapuesto, de más está decirlo, al fútbol como modelo negativo, y olvidando la complicidad del *rugby* con el *apartheid* en los ochenta. La facilidad con la que se afirman cosas tales como "la idiosincrasia de la Argentina" o "las reglas de convivencia propias de la clase media" señala con nitidez las limitaciones gigantescas de algunos editorialistas para la generalización. O el repetido sambenito de los "individuos sobresalientes" que no pueden trabajar en equipo: como lo demuestran todas las medallas olímpicas en deportes, justamente, de equipo. Definitivamente: estos analistas saben un montón de antikirchnerismo o de antimaradonismo. De los funcionamientos sociales y culturales, o siquiera de deporte, no parecen entender gran cosa.

Lo que mata es la seguridad

Lo que mata es la seguridad

Allá por noviembre de 2008, una nota de Martín Caparrós en *Crítica* proponía someter la cuestión de la seguridad a otras miradas más cuidadosas de la complejidad del debate. Sin caer en una retórica progresista vacía (que las hay), Martín alertaba sobre la relación indiscutible que existe entre delito y exclusión social, lo que no significa unir delito y pobreza: esa es una tontería palmariamente contradicha por la cantidad de delitos que cometen las clases medias y altas, incluyendo las dirigencias políticas. La apuesta de Martín, que comparto, es de largo, larguísimo plazo, y cada día que pasa nos aleja más de ese horizonte: "recuperar el tejido social, deshacer diferencias ofensivas, educar y reintegrar a los desintegrados".

En un recodo de su nota, Martín recuerda la complicidad de muchos ciudadanos con las políticas que decidieron continuar a la dictadura en sus consecuencias socioeconómicas: podríamos decir que desde 1975 hasta hoy la perversa continuidad de esos designios permanece casi invariable, con apenas matices. La Argentina se ha empeñado en destruir sus más entrañables pulsiones integracionistas y democráticas para transformarse en una sociedad radicalmente injusta y a la vez jactanciosa de esa desigualdad y esa desintegración. El problema no es la pobreza, claro que no: el problema es la riqueza o, mejor dicho, su simultánea distribución desigualísima y su exhibición grosera. En el análisis, se debe incluir la desintegración de las relaciones sociales, en las que insistía Caparrós: la ley del más fuerte, del sálvese quien pueda, sobre la que es imposible construir nada parecido a una sociedad democrática, es la ley fundamental de la nación. De todo esto, los mismos que reclaman son cómplices, por acción u omisión: entre festejar los crímenes de la dictadura o los efectos maravillosos de la convertibilidad hay una línea continua que tiene como uno de sus efectos los niveles de violencia que hoy nos sacuden.

Y que, sin embargo, no son tan elevados. Esto no es Bogotá, ni Sâo Paulo, ni Río de Janeiro, ni México. La sabia combinación de una

primera plana, un comentarista televisivo indignado y un grupo de vecinos airados con buena presencia mediática instalan un clima de ley
de la selva que la tranquilidad con la que podemos caminar por las calles desmiente cotidianamente –y no soy necio: la cantidad de asaltos
a los que mi hijo menor ha sido sometido, lo pone cerca de un récord.
En realidad, los que en estos días están asolando los correos de lectores y los comentarios posteados no tienen la menor idea de lo que
podría esperarnos si nuestras clases populares invirtieran más tiempo
en la violencia. Unos compañeros antropólogos me decían, luego de una
temporada en Fuerte Apache, que lo que no se entiende es cómo todavía
los muchachos no han salido a robar y matar masivamente. Insisto sobre
esto: el nivel de injusticia, saqueo, expulsión, discriminación, racismo,
hambre y carencia educativa a la que nosotros mismos –no fue obra de
marcianos– hemos sometido a nuestras clases populares no tiene paran-
gón, porque se trata de un retroceso terrible sobre los niveles tolerables
de integración que tenía nuestra sociedad hace treinta y cuatro años. Se
trata, nada menos, de la crudeza de una generación de chicos que no
han visto trabajar a sus padres, y que saben –y nadie puede desmentir-
los– que están condenados a repetir ese ciclo.

A esta altura del partido, debiera quedar claro que todas las políticas represivas que se han reclamado desde Blumberg para acá son
en realidad las que ya rigen: que las reformas Blumberg fueron antes
las políticas de Ruckauf, y que la pena de muerte que tantos ciudadanos histéricos reclaman la vienen ejecutando, sin televisión pero con
espantosa eficacia, todas las policías del país. Todo eso ha fracasado de
manera concluyente. Sin embargo, Marcos Aguinis retomaba todos esos
lugares comunes en *La Nación* del 8 de noviembre de 2008, para doblar
la apuesta: también deberían ser reprimidos los que cortan calles y los
que toman escuelas y facultades. El doctor Aguinis –así lo llaman res-
petuosamente sus lectores– invocaba también el respeto a las jerarquías,
recurriendo a la eterna cita de *Cambalache* y aterrado ante la idea de que
lo tuteen. Ante ello, sus respetuosos lectores ya no se limitan a reclamar la pena de muerte: ahora proponen, sin filtros, la construcción de
comandos de la muerte al estilo brasileño. Dos días después, Santiago
Kovadloff decidió calificar al delito urbano como terrorismo: cartón lleno, solo faltan los tanques en la calle.

Tamaño desparramo de ignorancia y autoritarismo demuestra dos cosas: que una parte de nuestras clases medias y altas está dispuesta a tolerar otra masacre represiva a cambio de su "tranquilidad", y que no hay peor fascista que un Aguinis asustado. Dicho con todo respeto, claro.

El muro, la zanja y la conquista del desierto

La poderosa inventiva del intendente sanisidrense Posse, cuando construyó un muro de corta vida que aislara a una villa del distrito en abril de 2009, me permitió volver al fantasma de la inseguridad, uno de mis temas favoritos. Porque en torno de los fantasmas paranoicos de la inseguridad, se están librando batallas clave para las libertades públicas y los derechos ciudadanos. La monumental idea de un muro que separe los buenos de los malos contribuye, por el absurdo, a demostrar cuánta razón teníamos en este debate: pura desmesura electoralista, en un distrito donde el peso simbólico de La Horqueta parece superior al peso demográfico de La Cava, el muro de Posse ya está inscripto en la larga lista de vergüenzas de nuestra clase política.

Afortunadamente, las reacciones públicas fueron más o menos abrumadoras en repudiar este desaguisado: un muro es mucha cosa, es demasiado notorio para hacerse el burro, y a nadie le escapó el sentido de la metáfora. La pared possista era lo más parecido a un gueto que se les podía ocurrir a los apóstoles de la discriminación y la persecución de clase como remedio para la inseguridad. Entonces, a pesar de tanta pena de muerte y aberraciones por el estilo, aquí la "opinión pública" se dio cuenta de que se había ido demasiado lejos. O de que aún no había llegado su hora.

Sin embargo, el muro permite más análisis. Por un lado, es interesante señalar que el debate parecía enfrentar a algunos que sostienen que la razón de la inseguridad está en la pobreza –y esas serían las posiciones sensibles, luego progresistas, luego garantistas– contra aquellos que de tanto creer en la libertad de mercado profesan el culto de la responsabilidad individual y de la igualdad de oportunidades –y por consiguiente, predican el castigo implacable a los que fracasan en el intento. En esta ocasión, queda claro que Posse, siguiendo el camino simplista que le marca el discurso derechista hegemónico, cree en ambas cosas a la vez, aunque sin la sensibilidad: la culpa es de los pobres, pero en vez de redimirlos lo que hay que hacer es aislarlos. Cambiemos el foco: la raíz del posible aumento de la violencia urbana –que todavía precisa una cuantificación más científica que el "mapa del delito" que proponía De Narváez en su campaña de 2009– está en el contraste, en la diferencia: no en la pobreza (que es cruel y es mucha) sino en la exhibición grosera de una riqueza directamente basada en el aumento de la miseria. Está en el espectáculo del consumo suntuario, jactancioso, prepotente e indiferente ante la radicalización de la decadencia de la vida cotidiana de las clases populares. Es decir: el problema no está en un polo, sino en la intersección de los dos. Y luego, entre tantos otros factores que seguiremos discutiendo, se le agregan la segmentación, las fracturas de una sociedad que no se piensa como tal, sino en el uso descontrolado del término *lagente* para no describir nada. Allí, el muro de Posse era pura redundancia, que no debiera sorprendernos.

Sí debemos indignarnos: porque no había pasado una semana desde que los Posses se exhibieron llorando a mares la muerte de Alfonsín, el "padre de la democracia". Posse no es uno más de los punteritos de barrio devenidos intendentes peronistas del conurbano; con su padre llevan 28 años de intendentes radicales en San Isidro, y su desvío consistió apenas en ser como Cobos: ayer kirchnerista, hoy radical alfonsinista de duelo. Entonces, es bueno recordar que el primer caso que mostró el modo en que estos sectores quieren resolver la cuestión de la inseguridad fue en 1985, en Ingeniero Budge, cuando la Bonaerense mató a tres chicos y fue amparada por el poder político de turno: el gobierno radical de Armendáriz. Desde entonces, Duhalde perfeccionó el sistema, Ruckauf lo volvió *slogan* y De Narváez promete llevarlo a su clímax: la pena de muerte la aplica cotidianamente la policía. El muro, entonces, es pura coherencia. De peronistas y de radicales (que alguien, por favor, me explique la diferencia).

Vuelvo a la metáfora del muro. En esos días, Martín Kohan publicó una columna brillante en *Perfil*, en la que relacionaba las barrabasadas de Susana Giménez y Menem –una reclamando el servicio militar, el otro los tanques en la calle– con el *Martín Fierro* y el *Facundo*. Como bien señalaba Kohan, si releyéramos los clásicos entenderíamos que José Hernández "denunciaba en la primera parte de su poema (…) cómo el propio estado genera las condiciones sociales para los delitos que después se dispone a sancionar". Siguiendo en esa senda, la primera solución que se pensó para la "inseguridad" que generaban los indios fue la zanja de Alsina –o sea, el muro de Posse. Pero luego las clases dominantes fueron más radicales y optaron por la conquista del desierto –un genocidio disfrazado de pacificación. Estamos aún a tiempo de evitarlo.

La juventud es un problema de tránsito

Para Dante Stringa

En esos días, un lector virtual muy inquieto se enojó por una referencia a mis hijos: "hoy están más interesados en otras cosas, que aún no sé cuáles son",[20] dije, y eso irritó a algún celoso censor que sospechó descuidos y perdiciones. Tengo, entonces, que rectificar lo que era apenas un truco retórico y afirmar: suelo saber en qué están. Por ejemplo, si todavía estuvieran en el secundario, habrían pasado el 2010 tomando su colegio, como lo hicieron en otro momento con mi aprobación entusiasta (y lo hubieran hecho sin ella). Esto quiere ser también una respuesta diferida a un taxista que hace tiempo me decía, respecto de las primeras tomas de colegios, las de 2009, "no quieren las amonestaciones, esto es una joda", preanunciando el inevitable reclamo de mano dura. Pero como no lo dejé, respondiendo que era por las becas como antes había sido por la calefacción, prefirió el argumento inefable: "Mire, vea, cuando yo iba al colegio no había estufas". Y no es argumento solo de taxistas: lo he visto por escrito entre los lectores de *La Nación*, y lo ha afirmado estentóreamente Eduardo Feinmann en su habitual espacio fascista de C5N. Como buenos conservadores, proponen el regreso a todos los anacronismos, entre los que estarán, cómo dudarlo, los castigos corporales.

Lo que las tomas de 2009 y 2010 pusieron en escena ante quien quiera leerlo es que seguimos siendo una sociedad que no solo no tiene la menor idea de qué pasa por la cabeza de sus chicos y chicas, sino que no piensa preguntárselo ni averiguarlo por otros medios que no sean la apelación a la autoridad y al orden. Nuestros y nuestras adolescentes —y la categoría se extiende también a los mayores de veinte, que *adolecen* de otras cosas— vagan por el mundo haciendo lo mejor que pueden (que no es mucho) ante la mirada condenatoria del mundo adulto. La respues-

---

[20] En mi crónica sobre *High School Musical,* algunas páginas más atrás.

ta frente a tanto síntoma —las tomas son apenas uno de ellos— suele ser, como en los lectores de *La Nación*, la apelación al ejemplo remoto de un pasado que se ha transformado, y justamente por la acción de los mismos adultos que lo rememoran como si nada hubieran (hubiéramos) tenido que ver con sus cambios. De allí derivan tantas frases hechas que asustan: la preferida es la celebérrima "no hay que confundir libertad con libertinaje", lugar común de un derechismo irredento que añora el verde oliva sin animarse a confesarlo (porque, afortunadamente, sigue quedando mal hacerlo).

Los chicos y chicas no son libertinos: son víctimas. De todo lo que les pasa. Claro: beben hasta el hartazgo, fuman como sapos, se drogan (menos de lo que creemos los adultos, más de lo que deberían), odian la escuela y la universidad, adoran el fútbol y el rock y la cumbia porque les permiten identificaciones fáciles y placeres intensos —el baile, el contacto sudoroso de los cuerpos, la sexualidad, la violencia—; y placeres indiscutibles, porque se basan en el cuerpo, que es lo único innegable, junto a la "pasión", aquello que evade el caretaje del mundo adulto. Odian el estudio porque sus profesores suelen ostentar un desconcierto poderoso que los magros salarios no hacen sino agravar: y entonces, como respuesta a la crisis, Scioli y Macri los mantienen en el borde de la miseria. Los chicos y chicas tienen pocas convicciones, y son una peor que la otra: saben que el mundo que viene es peor, saben que su futuro es negro, saben que la única garantía de éxito es la herencia y no el estudio —justamente, el modelo Scioli y Macri, que heredaron todo lo que son y tienen—, saben que nada les gusta y que pueden morir quemados en un recital —a pesar de lo cual siguen yendo, perseverando en el desconcierto, expuestos a que cualquier tarado diga que la culpa es del que tiró una bengala. Y para colmo, cuando les sale lo mejor —que también lo tienen, solidarios e irreverentes, creativos e insurrectos, inconformes porque el número de DNI se los exige— los adultos los miran y les dicen: libertinos, puñado de izquierdistas, vaya a cucha, qué juventud perdida, un poco de mano dura, son unos pocos, la manzana podrida, cuando yo era joven.

Los chicos y chicas no saben para dónde disparar. Y los adultos afirmamos que deberían saberlo, aunque nosotros mismos no lo sepamos. Lo único que nos animamos a balbucear es nuestro propio ejemplo, "debieran imitarnos", repetir nuestras virtudes: seguir siendo, en suma, una sociedad conservadora, cobarde, discriminadora, racista y que se dedicó alegremente a matar a sus hijos. Un destino que, evidentemente, los chicos y chicas que tomaron sus colegios no desean. Enhorabuena. Mientras tanto, mientras escribía esto, *Clarín* señalaba que el mayor peligro de estas actitudes juveniles es que, apenas, causan enormes disturbios en el tránsito. Y los lectores de este libro entenderán mejor por qué me enojé tanto, pocas páginas atrás, con *High School Musical*.

Macri y el Fino Palacios: lo que viene, lo que vino

En 2008, exactamente cuando Macri designó a un tal Jorge "Fino" Palacios como Jefe de su nueva Policía "personal" llamada Metropolitana –después de las elecciones, porque tuvo el cuidado de esconderlo antes–, una querida y respetada colega que trabaja en la UBA y en el CELS me hizo una consulta sobre su pasado como Jefe de Seguridad o algo así de Boca Juniors. Estaban preparando la impugnación del nombramiento y como todos estos "zurditos desestabilizadores" son bastante serios querían acumular todos los datos posibles. La carta resultante, que pudo verse en la página del CELS (www.cels.org.ar), era impecable, cuidada, sesuda y mesurada. No puede decirse lo mismo de las respuestas airadas de sus defensores, desde el propio Macri, que le tiene confianza personal porque le resolvió un par de entuertos años atrás, o el secretario Montenegro, que alegó conocerlo desde hace mucho: toda una garantía –aunque tiempo después ya no lo conocía nadie, para no quedar pegado en las andanzas ilegales del Fino.

Lo cierto es que los argumentos a favor del sujeto de marras eran bastante débiles: las condecoraciones alegadas, por ejemplo, son fórmulas de cortesía –¿o hace falta que enumeremos las que tiene Videla?– y el respaldo de la DEA y el FBI puede funcionar como cualquier cosa, menos como respaldo. Las objeciones, en cambio, eran muchas: que lo hayan desprocesado por haber salido a reprimir el 20 de diciembre de 2001 no podía esgrimirse como mérito, si consideramos que también lo absolvieron a De la Rúa –y los muertos de ese día siguen sin tener un solo responsable. Lo de la AMIA todavía está en veremos, y es demasiado grave como para tolerar el nombramiento, en un país serio, claro. En este, estar acusado de encubrimiento en el mayor atentado terrorista de nuestra historia te permite ser presidente. Pregúntenle a Menem, por ejemplo.

Hubo varias cosas llamativas más en este desaguisado. Por ejemplo, que a raíz de la consulta de mi colega comencé a rastrear el currículum del tipo en Internet: supuse que una figura de tanto prestigio exhibiría sus méritos en la web, que cualquier *googleada* lo resolvería. Más: imaginé que el gobierno de la Ciudad, orgulloso de la trayectoria del tipo, habría colgado sus antecedentes para que cualquier ciudadano atento pudiera jactarse de lo bien cuidada que iba a estar su seguridad. Y bien: en un mes de búsqueda no pude encontrar una mísera línea con la foja de servicios de nuestro nuevo Ubaldo Martínez (¿alguien recuerda ese film de 1967, "Ya tiene comisario el pueblo"?). Si este buen señor tenía algo parecido a un currículum, esa cosa mínima que te piden en cualquier trabajo, lo tenía bien escondido. A esta altura del partido, una reseña de la vida no se le niega a nadie: los académicos, por ejemplo, tenemos una página organizada por Ciencia y Técnica (http://www.sicytar. secyt.gov.ar/) donde se puede rastrear nuestra vida y producción. De este tal Palacios, en cambio, no podíamos saber siquiera si ascendió de cabo a comisario, cosa que ya ocurrió una vez en la historia argentina.

Tanta búsqueda tenía que ver, como dije, con la consulta que me hicieron: parece que en una época (después de que lo echaran de la Federal, porque además lo echaron de la Federal...), Macri lo conchabó como jefe de seguridad del club Boca Juniors. Yo estaba buscando eso: quería saber las fechas, quería saber las funciones, quería saber de qué se jactaba. Porque como dice la carta del CELS, ese antecedente "no puede no hacernos conjeturar acerca de su pertenencia activa en las bien conocidas tramas de ilegalidad y violencia entre las hinchadas de fútbol, determinadas Comisarías de la Capital y punteros políticos...". Hasta donde yo sé, el paso de Palacios por esas funciones de seguridad deportiva no permitió, justamente, el desmantelamiento de la barra de Boca, que ya ha sido objeto de dos fallos judiciales —la cárcel de José Barrita, primero, y la de Rafael Di Zeo, más tarde— sin que sus actividades hayan cesado: quizás precisamente porque los encargados de la "seguridad" del club (entre Macri y Palacios, por ejemplo) no tienen el menor interés en que eso ocurra.

En fin: cuando Palacios afirmaba que era objeto de una campaña de desprestigio, omitía señalar cuánto había colaborado él mismo con esa campaña; que, en realidad, esa campaña era innecesaria, porque ya estaba desprestigiado por su propia trayectoria. Más bien, comparto lo que Cristian Alarcón escribió en *Crítica de la Argentina* en esos días: lo que buscaban era reprimir –la protesta social, el hambre en las calles, tantos y tantas sin techo–, y para eso los pocos antecedentes conocidos del tipo eran más que suficientes. Eso sí: a juzgar por su desempeño en Boca –lo que hemos podido saber de eso entre tanto ocultamiento vergonzoso y vergonzante, indigno de una democracia y de la publicidad de los actos de gobierno–, aquellos que confiaban, junto a Macri, en que Palacios iba a "combatir la inseguridad", podían olvidarse de esa expectativa. Para eso no servía.

Poco después de la primera versión de esta crónica, como todo el mundo recuerda, se demostró que para lo que el tipo servía era para espiar opositores o familiares descarriados. Ni siquiera para resolver secuestros, porque Macri nos viene diciendo hace meses que no participó en el suyo –en su resolución: aunque, si se descubriera que Palacios había tenido participación en su secuestro, operando a ambos lados del mostrador, nadie se sorprendería demasiado. El macrismo sigue, habiendo pasado tanto tiempo, impertérrito en la defensa del fulano, no sea cosa de que hable de más. En fin: nunca lo olvidemos, ellos son los que nos defienden de la *inseguridad*. Por eso van presos, cuando en este país van presos solo los ladrones de gallinas.

Vivir con miedo

El caso ocurrió en febrero de 2009, y no lo vi en directo: me lo contaron por teléfono, vi luego las repeticiones, no podía creerlo. La gravedad del suceso implicaba que todos los canales lo difundieran una y otra vez, con esa clásica y reiterada inclinación morbosa por lo policial, por la noticia sangrienta, por el crimen estremecedor. Vi las caras circunspectas de los locutores, y a la vez –porque ya era la mañana– los titulares de los diarios, que retomaban el crimen en sus primeras planas.

Por supuesto, no hablo del crimen del "florista" –el pobre hombre parece existir solo por su condición de proveedor de la diva–, sino del posible crimen de apología del delito que cometió Susana Giménez en la puerta de su casa. Nadie le hizo una denuncia por eso, y hacerlo sería incluso contraproducente: lo único que falta es victimizar a quien se presenta como víctima –sin serlo, aclaremos. Susana no es víctima de nada, salvo de su incontinencia verbal, de su enojo y de su inconsciente. Si la psicología no se equivoca, en estas situaciones –cuando se aflojan las represiones y los filtros– los hombres y las mujeres dicen lo que realmente piensan. Cuando el recio zaguero Schiavi le dice "negro de mierda" a un futbolista contrario, le da rienda suelta a un racismo descarado que apenas oculta por miedo al qué dirán. Cuando Susana dice las barbaridades en fila que profirió en ese entonces, apenas demuestra el fascismo militante que la aqueja –y que reprime solo por un mínimo de cordura durante la mayor parte del tiempo.

Pero Susana no repitió la muletilla derechista que contrapone "los derechos humanos de la gente y los de los delincuentes". Esa frase es de por sí grave, y debiéramos ser más enfáticos en condenarla: la frase afirma (ni siquiera presupone: es explícita) que los "delincuentes" no son "gente", y eso implica que están fuera del género humano –y por eso mismo, no debieran tener derechos. O quizás revela lo que se quiere decir cada vez que se usa la palabra "gente": se quiere decir "yo", y el que no es como "yo" se queda afuera de la descripción. La frase, la misma palabra, es autoritaria de por sí. Pero no, insisto: Susana dijo textualmente "terminen con los Derechos Humanos y las estupideces". Entonces transpuso un límite que la llevó rápidamente a reclamar la pena de muerte –una obviedad esperable– y también a la barbaridad casi delictuosa de "si no lo hacen ellos tendremos que hacerlo nosotros". En definitiva: Susana convocó a la cruzada de los ciudadanos armados dispuestos a matar chorritos, a la violación inclaudicable de todos los principios del estado moderno.

Definitivamente: hay varias cosas de las que no podemos bajarnos. ¿Quiénes? ¿Qué quiere decir ese "nosotros" que me excede, que quiere involucrar a más hombres y mujeres en mi afirmación? Es un nosotros muy amplio, y espero que sean muchos los lectores que se reconozcan en él. Por un lado: los que pretendemos sociedades más justas y democráticas –seamos más izquierdistas o apenas reformistas– tenemos que entender que en este tema se está librando una lucha, no por desigual menos imprescindible: se trata de la libertad y la justicia, nada menos. También incluye a los que no pretenden ni siquiera reformas, pero que no pueden olvidar que el propio capitalismo se fundó sobre la base de ciertos principios liberales indiscutibles: la igualdad ante la ley, el derecho a juicio, el monopolio de la fuerza y la justicia en manos del estado. Y además, mi nosotros quiere incluir a los periodistas, que debían haber salido –y no lo hicieron– a pararle el carro a esta desbocada, porque no hay *rating* ni popularidad que pueda permitir estos desaguisados –no se trata de una loquita: es Susana Giménez; no es mi mamá, a la que cuando se enoja nadie le pone un micrófono.

Esta sociedad tiene que revisar muchas cosas. Por ejemplo, desarmar la idea de que se trata de "sentido común" y que pedir la pena de muerte y la represión violenta de la delincuencia es apenas cuestión de dos más dos y que la culpa la tienen los garantistas. Esto ha sido repetido hasta la saciedad: no hay garantismo, hay ley o no hay ley. Si hay ley, la garantizamos: si no hay ley, comencemos a construir murallas en casa para defendernos del abuso de los que tengan poder o armas (o ambas). Esto no es negar la crisis de la seguridad pública: es afirmar que es un problema de políticas sociales y culturales más que represivas (y decirlo significa exigir que se realicen, no limitarse a declamarlo). Aún habiendo sufrido personalmente las consecuencias de esa crisis, mi condición de adulto en una sociedad moderna y liberal me exige frenar la lengua y activar la neurona. Personalmente, yo vivo con miedo: pero de Susana Giménez y de los que piensan como ella. Porque después vienen por uno.

Éramos muchos y llegó Tinelli

Decididamente, la agenda pública la fijan los medios, pero eso no significa complejas paranoias respecto de las decisiones de *La Nación* o *Clarín* o TN, esas a las que el kirchnerismo es tan afecto. También tiene que ver con los muchachos y muchachas del espectáculo, que definen sus focos a partir de sus pocas neuronas y sus muchos intereses. El narcisismo exasperado hace el resto: detrás de Susana Giménez vinieron Sandro, Cacho Castaña, Moria Casán y hasta Luis Alberto "Almirante Brown Artaud" Spinetta que, harto de tanto surrealismo, tiró a Artaud por la ventana y se refugió en el fascismo dominante. Triste destino el de algunos ídolos.

Lo de Tinelli debe leerse en la misma serie, donde nada sorprende, aunque exaspere. Los medios –decía Beatriz Sarlo hace unos años– son irresponsables estética y éticamente. Y sus protagonistas actúan en consecuencia. El *rating* es una señora que debe ser seducida a toda costa y, como todos saben largamente que se seduce a fuerza de repeticiones y no de novedades, van por más de lo mismo. Tinelli perseveró en la línea editorial de Susana, con un breve retroceso respecto de la muerte deseada para los "delincuentes": como es un defensor de los derechos humanos, según él mismo proclamó, no podía pedir los fusilamientos que su inconciente deseaba y se limitó a pedir que "se haga algo", porque "salís a la calle y te asesinan" –una frase fantástica en boca de quien jamás sale a la calle, no al menos a la misma calle que yo y los lectores y lectoras… "El que mata no tiene castigo" afirmó muy suelto de cuerpo, despreciando las cifras exorbitantes de procesados y condenados, para luego asentar la amenaza irrefutable: "¿Hay que esperar que a uno lo maten para hacer justicia por mano propia?".

Mi inalterable buen humor tambaleó: la secuencia de barrabasadas que esta gente estuvo y está repitiendo ya deja de ser anecdótica y debemos verla como síntoma, porque los famosos y famosas suelen encarnar cierto estado del imaginario colectivo. Además, no se trata simplemente de impulsos: basta ya con eso de que Susana habló en caliente, porque todos los demás hablaron en frío para repetir lo mismo. Se trata de hablantes de las clases medias urbanas, blancas y más o menos educadas, aunque pareciera que la cultura occidental les ha pasado por el costado mientras profieren este discurso pretendidamente producido desde las tripas –desde la pasión, el sentimiento, el dolor, el sentido común… de todo aquello que la cultura nos enseña a racionalizar para poder vivir en una comunidad más o menos democrática, que se jacta además de su europeidad y modernidad.

Como dije en mi crónica anterior, debemos resistir duramente la embestida. Mejor aún: contraatacar. Pero eso implica reclamar a dos bandas. Por un lado: si el único tema posible es la inseguridad, basta apurar un poco a estos voceros de la Seccional 456.° y de los tanques en las calles para que acepten que la educación tiene bastante que ver con lo que ha ocurrido en nuestra sociedad, con los niveles feroces de desintegración e inequidad social. Entonces, susanos de toda laya… ¿por qué no se ponen del lado de los maestros y maestras que en este mismo instante y a cada rato le recuerdan, tanto a Macri como a Scioli, que están ganando sueldos vergonzantes para trabajar en escuelas precarias de toda precariedad? ¿Por qué no reclaman escuelas de primera para nuestros ciudadanos de segunda? Incluso, háganlo como "contribuyentes" –descuento que no están evadiendo–: "para reducir la inseguridad, queremos escuelas magníficas con maestros y maestras brillantes y brillantemente pagos. Y vamos a la Plaza para lograrlo".

Por el otro: el kirchnerismo juguetea con el discurso progresista que repudia la mera represión, aunque insiste en caer en las trampas de los susanos y se enoja con los jueces –como si fuera una simple cuestión de justicia, de cuestionar jueces que ya se están ocupando de mandar legiones de pobres a las cárceles. Pero entonces… ¿qué esperamos, todos aquellos que creemos que la inseguridad es fundamentalmente una cuestión de inequidad, fragmentación social, descomposición de lo que supo ser una sociedad más justa, para exigirle a este gobierno menos progresismo retórico y más justicia real? Ingreso ciudadano garantizado, ni un solo chico en la calle, ni un solo adulto sin ingreso mínimo, ni un solo chico con hambre. Hagamos la prueba: no de decirlo, sino de hacerlo. Y después sí, le mandamos la policía a Tinelli por irresponsabilidad estética.

Permítanme terminar, después de tanto famoso/a bocón/a, recordando una frase de la sabiduría popular: es mejor cerrar la boca y parecer un boludo, que abrirla y disipar toda duda.

La culpa y el chancho

La manera como elegía los temas de estas crónicas tenía mucho de azarosa: trataba, generalmente, de comenzar a discutirlos conmigo mismo desde unos días antes, para que el momento de escribirla no me sorprendiera sin una sola idea. A veces son unas notas tomadas hace tiempo; otras, un impacto momentáneo. Ese azar, en este caso, me impuso el tema: todo lo que implica a adolescentes suele sacudirme, la muerte de alguno me resulta un motor inigualable para la indignación y la crítica. Y en este país, se mueren a montones sin que atinemos a reaccionar con un poco de lucidez e iniciativa política y comunitaria.

El lunes 29 de septiembre de 2008 *se nos había muerto* otro chico: digámoslo de esa manera, personalicémoslo, hagámoslo nuestro. Sé que resulta costoso pensar así cuando el pibe se llamaba Kevin, era hijo de un colectivero de la 500, malvivía y peormoría en Florencio Varela, amaba la cumbia, tenía siete hermanos y hacía changas de albañilería que contradecían el tiempo debido al secundario. Todos esos datos, y para colmo el agravante de que lo mató un *Monito*, no hacen sino agregar exterioridad al caso: es "entre ellos", se matan entre ellos. (Los pobres siempre tienen un "monito": siempre se animalizan, Tigre de los Llanos y Mono Gatica incluidos en la lista). Pero esos chicos, más pobres y más oscuros o más clase media y más blancos, como la mayoría de los cromañones, insisten en acusarnos como sociedad adulta: "nos acabaron de matar otro".

Por supuesto, lo leí y oí en esas horas: la responsabilidad es del asesino, y cualquier intento de diluir su culpa en el amplio mundo de lo social es un claro intento izquierdo-garantista de dejar impune al chico para que así quede libre y pueda volver a matar y morir por las calles. Lo mejor, afirman algunas de esas voces, es asumir de una vez por todas la famosa mano dura que tan buenos resultados nos ha dado con los militares y que les ha permitido a los norteamericanos tener una sociedad sin homicidios… (ni quiebras bancarias, ya que estamos). Lo que mata es la impunidad, afirman: "fusilemos a uno de estos negritos por televisión y vas a ver cómo sirve de ejemplo". Esta respuesta, más común de lo que parece a juzgar por algunos correos de lectores –pero, seguro que sí, aún minoritaria–, olvida que a los culpables de la desaparición y muerte de 30.000 personas se los liberó y exculpó durante 25 años; que a los responsables de la mayoría de los crímenes de gatillo fácil no se los condena; que ni la corrupción ni la traición política son juzgados ni penados. Pero ante la evidencia del bosque, prefieren detenerse en el árbol: "los chorros y asesinos entran por una puerta y salen por la otra", afirman, a pesar de la evidencia de las cárceles superpobladas –y de los institutos de menores desbordados: "los dejan sueltos porque son inimputables, y los pendejos se aprovechan".

La problemática del delito adolescente o adulto es demasiado compleja para reducirla a una contratapa o a un par de gritos o a dos frases de González Oro. El problema de la violencia cotidiana entre las clases populares –porque las clases medias tenemos más poder de protesta y conseguimos más atención política, como Blumberg demostró, pero los más humildes la sufren de manera más cruda– es de dimensiones enormes, y habla de una transformación compleja de los modos en que se construyen las relaciones comunitarias: de otra legitimidad de la violencia, de una estructuración de la violencia como ganancia de poder intracomunitario. Pero cuando se trata de chicos matándose entre ellos, o muertos a tiros por la policía, esa complejidad nos exige aún más cuidado, más atención, menos chamullo y más acción. Esta sociedad mata alegremente a sus hijos, o los hace matar entre ellos, y luego los acusa de ser responsables de lo que les ocurre y pretende, para colmo, castigarlos. Les reclama una responsabilidad que los adultos no han asumido –basta ver cómo el mundo adulto conduce sus vehículos para comprobarlo. Para colmo, en una suerte de moño de regalo, compra las armas con las que puedan matarse más fácilmente. Alguien recordó que el Monito mató a Kevin en un aniversario del día en que Pantriste hizo lo mismo con sus compañeros, con un arma también legal. Es decir: los adultos les ponemos en la mano las armas con las que puedan matarse, para así poder acusarlos con una liviandad vergonzante.

Definitivamente: no es el chancho, es culpa del que le da de comer. Y ése somos nosotros. Lo que falta saber es quién se hace cargo del "nosotros".

232

Yuta, yuta, yuta

Entre los innumerables argumentos repartidos en estos años sobre el inevitable tema de la inseguridad, hay dos sobre los que valdría detenerse: uno, el de la "sensación"; el otro, el de la policía –aunque, en realidad, este no es un argumento usual, y por eso quiero discutirlo con más énfasis.

Sensaciones: Cualquier periodista de renombre afirma a cada rato que la inseguridad aparece como principal preocupación de *lagente*, lo que lo vuelve un argumento irrefutable a la hora de convertirlo en primerísima prioridad. Permítanme disentir: empleo, pobreza, educación y salud deben seguir estando primero, opine lo que opine esa ilusión llamada *lagente*. Allí tienen razón los que sostienen que se trata de climas mediáticos, alimentados por alguna prensa: por un lado, porque los medios siguen ordenados por lógicas sensacionalistas (incluso la prensa "seria") que privilegian el crimen por sobre cualquier otra temática; por otro, porque les viene espléndido para pegarle al kirchnerismo, al que no se la cayó una sola idea al respecto en siete años –hasta que decidió crear el Ministerio de Seguridad a fines de 2010 y comenzar a pagar esa deuda. La opinión pública se rige por criterios poco científicos: aunque la tasa de homicidios sea más baja que en la mayoría de América Latina, "salís a la calle y te matan", afirmación que a fuerza de ser repetida se vuelve verdad indubitable –al igual que, entre tantas otras, "los negros no quieren trabajar", "se reproducen como conejos" o "la culpa es de la droga y el alcohol".

Reclamarle seriedad y precisión a los deudos de las víctimas es ridículo; pedírsela a vecinos indignados, una ilusión. Exigírsela a los medios, a los opinadores de toda laya y especialmente a la clase política, en cambio, es una obligación: las voces públicas, incluidos gobernantes y opositores, no pueden regirse por el principio del "me parece" transformado en ley universal.

Canas: especialmente, porque hay una enorme producción en el campo de la sociología, la antropología y los estudios de medios dedicada al tema. Las investigaciones sobre violencia y seguridad son innumerables y señalan la existencia de una gran cantidad de equipos en todo el país concentrados en entender la situación desde criterios más exactos que los de Eduardo Feinmann, De Narváez o Stornelli. Además de proponer relaciones entre situación social y delito bastante más sofisticadas que la ecuación "pobreza es igual a choreo", esas investigaciones se han detenido largamente en el rol de las policías en la cuestión. En general, todos concluyen que la policía, lejos de ser la solución, es una parte indispensable del problema. Basta leer, para ser escueto, los trabajos dirigidos por Juan Pegoraro o Sofía Tiscornia o la producción del CELS.

No hace mucho, un colega afirmaba que explicarle a la población que sus policías son las administradoras del delito causaría un pánico social. Sin embargo, es hora de comenzar a asumirlo. Pongamos el foco sobre apenas tres casos de finales de 2009, cuando se escribió la primera versión de esta crónica. Primero, el crimen de la maestra en Wilde, al que los propios vecinos vincularon con los desarmaderos de autos, y que los niños y niñas de los jardines de infantes saben que está estrechamente organizado por la complicidad (no pasiva) policial; y que además colabora en el financiamiento de las fortunas de algún comisario o de algún puntero del conurbano (según lo dijo Marcelo Saín cuando era funcionario de seguridad de la Provincia: mi fuente no es la IV Internacional trotskista). Segundo, el escándalo macrista, que insiste en inventar una policía que ya está inventada, y para eso no se le ocurre mejor cosa que hacerlo con los mismos inútiles que ya fracasaron una vez. En realidad, "fracasaron" es fuerte e inexacto: son exitosos en sus funciones reales, consistentes en administrar el delito, inventarles causas a pobres y espiar opositores o familiares para hacer uso del chantaje.

Mi tercer caso es más urgente, más concluyente y más desolador. El sábado 14 de noviembre de 2009, en las inmediaciones del estadio de Vélez, mientras transcurría el recital de Viejas Locas, un chico fue puesto al borde de la muerte, más que aparentemente, por la represión policial; 45 días después murió, sin salir del coma ni poder contar lo ocurrido. Todo indica –no hay indicios contradictorios– que la Federal lo apaleó y lo dejó tirado –seguramente, porque no tenía un Riachuelo a mano para hacerlo nadar. Se alegó la necesidad de reprimir desórdenes causados por miles de fieritas descontrolados, en aplicación de la doctrina Susana

Giménez. El caso da más tela para cortar, y tiene que ver con muchas de mis obsesiones: el rock, el aguante, el descontrol y hasta la barra de Vélez. Pero lo incontrastable es que la Federal mató a otro chico, y nunca hubo responsables, nunca; que ese pibe muerto no tuvo la prensa de Fernando Cáceres –baleado en esa misma época y que finalmente se salvó; y que eso ocurrió y ocurre porque esta sociedad –y estos medios– participan de la idea de que es mejor matarlos de chiquitos. Las policías cumplen allí una función socialmente pertinente: cumplir con los deseos ocultos de tanto opinador y tanto vecino indignado.

Narco y abortista

Tenía razón el Gobierno: el poder de la prensa es terrible. Fíjense, por ejemplo, lo que logramos con aquellas contratapas de *Crítica de la Argentina*: el triunfo moral de Solanas en las elecciones de 2009, la caída en picada de Tinelli (ya casi nadie veía ese engendro, aunque luego nos tapó la boca a lo largo de 2010) y finalmente, como remate, la expulsión ignominiosa del Fino Palacios de la policía de Macri —e incluso, tiempo después, su encarcelamiento, como contamos hace algunas páginas.

(Por las dudas: todo esto era irónico. En el clima paranoico que vivimos en estos años, había que extremar las precauciones para que la lectura no se disparara en cualquier dirección. Aunque, inevitablemente, siempre estuvimos y estaremos sujetos a las interpretaciones dicotómicas típicas de la prensa de masas: o éramos kirchneristas enriquecidos por los sobornos, o éramos destituyentes admiradores de Biolcatti. Y claro que la vida era y es mucho más compleja que eso. Pero una de las cosas más fascinantes de este escenario fue, y continúa siendo, la hipótesis según la cual la prensa, la oficialista y malvada o la corporativa y bondadosa, o era al revés y me confundo, tiene el poder omnímodo de ganar elecciones, poner y sacar gobiernos, alzar o destruir *ratings,* poner gente presa. Interpretaciones que atrasan 50 años en la teoría, pero que ambos bandos, oficialistas y opositores, creen a pie juntillas).

Lo cierto es que, considerando ese poder, debimos haber apoyado por anticipado el fallo de la Corte sobre el consumo de drogas. Después, con el fallo ya puesto, no pudimos adjudicárnoslo. Una lástima: la sentencia era irreprochable, un rayo de luz entre tanta tiniebla. Y no se trata de devaneos garantistas o audacias jurídicas: fue apenas la consagración de los derechos individuales que la Constitución prevé. Es decir, un fallo minuciosamente liberal. Muchas posiciones progresistas consisten simplemente en afirmar las tradiciones liberales occidentales: ocurre que este país se acostumbró tanto a llamar "liberales" a autoritarios recalcitrantes que los liberalismos parecen ultraizquierdismos.

El debate posterior demostró eso. Pocos entendieron que no hubo tal despenalización del consumo, sino solo la indicación de que las acciones privadas tienen protección legal, y de que la legislación argentina, empeñada en seguir los rumbos de López Rega, precisa una discusión profunda. (Dicho sea de paso: los estatutos de la AFA también los redactó López Rega. Algún día habrá que estudiar su obra en algún simposio). El argumento más ridículo, entre tantos, es el de que el fallo era correcto pero no en ese y este momento de presunto desmadre del consumo de drogas: que debe despenalizarse el consumo pero solo si hay instituciones disponibles para reencauzar al adicto. Es como aprobar el matrimonio homosexual solo si hay terapeutas disponibles para reconvertir a los y las gay.

El debate sobre las drogas, si es que a esto se lo puede llamar debate, estuvo siempre dominado por convencionalismos e ignorancias. Uno de los lugares comunes favoritos es el que vincula adicción y delito: "se drogan y te matan", por ejemplo, lo que no está probado científicamente (digamos: si no se drogan también te pueden matar, como Videla o el comisario Franchiotti). O "roban para pagarse droga", lo que es equiparable a "roban para comer", pero sin que eso redunde en la prohibición de la pobreza. Es decir: el consumo está sistemáticamente asociado al delito, lo que por desplazamiento redunda en la penalización del consumo. Pero esa relación no tiene prueba científica, como sí la tiene la que hay entre tabaco y cáncer: a pesar de eso, las tabacaleras siguen intocadas. El debate sigue dominado por Fleco y Male, los personajes del inefable doctor Miroli: lugares comunes y tonterías dominadas por la paranoia, todo recubierto por un disfraz levemente cientificista.

Yo soy un adicto, pero al tabaco: he abandonado la marihuana con una facilidad pasmosa —me hace mal, no sé por qué extraña reacción de mi estómago—, pero el cigarrillo me resulta invencible. Conozco, aunque no creo en ellas, las tradiciones que ligan drogas y creación artística: la expansión de la percepción como supuesta vía de acceso a los universos de la creatividad. Creo que el paco hace estragos: pero que eso se soluciona con drogas legales y de buena calidad, abaratadas por su legalización. Y que el refugio en el paco de tanto pibe quemado no es experimentación creativa ni camino al delito: es refugio frente a la violencia social que los expulsa de la educación, el trabajo y la vida. La solución a eso no es el prohibicionismo, sino la democratización del ingreso. Y también creo –y no es solo creencia, sino información– que el tráfico clandestino sería imposible sin la complicidad policial y política. Y que justamente la despenalización cortaría ese circuito clandestino, que acarrea dosis inusitadas de violencia, colombiana, mexicana o bonaerense.

Las voces represivas siempre dicen "lo que pasaría" si despenalizáramos. Yo prefiero señalar lo que en efecto ocurre: la represión del consumo ha conseguido más consumo, más violencia y más corrupción. Por lo menos, concedamos que los caminos que sugiero no han sido explorados. Y que si nos pensamos como democracias liberales y occidentales, nuestras agendas deberían ser más tolerantes. Por eso, ahora, además, tenemos que ir por el aborto.

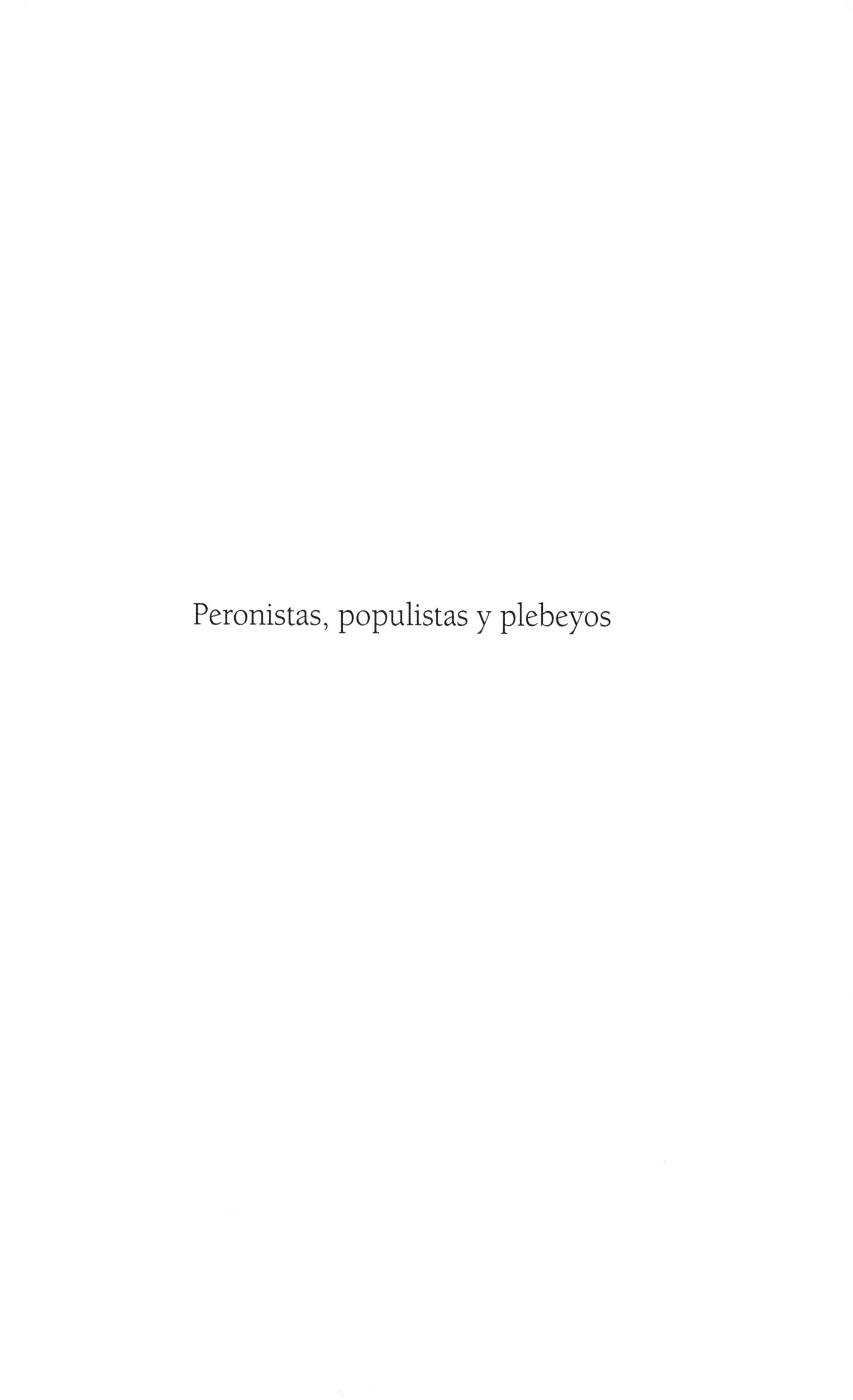

Peronistas, populistas y plebeyos

Libros y alpargatas:
¿Me puedes explicar qué es eso del peronismo?[21]

1. El peronismo y mi tío Mario

Este chiste sigue siendo inmejorable, a pesar de sus más de veinte años. Circulaba entre los exiliados argentinos en España, y sus protagonistas eran dos de ellos, que se encontraban en una fiesta durante los años de la última dictadura militar. Uno, llamémoslo X, encuentra a su compañero Z acompañado de una española bellísima: una andaluza profunda. Z parece estar desconsoladamente enamorado. A los pocos días, X y Z vuelven a verse por casualidad; X no resiste la tentación, como buen hombre, de hacer un comentario elogioso: "Qué bella mujer que te acompañaba". Z, con sonrojos, acepta: "Sí, es bella y maravillosa". X decide aprovechar la efímera intimidad construida y re-pregunta: "¿Estás enamorado?". "Hasta el tuétano", responde Z. "¿Te vas a casar?", más afirma que pregunta su amigo. "¿Con una española? De ninguna manera", sorprende Z, perdiendo todo sonrojamiento. X tambalea: "Pero eso suena a racismo…". "No, no es racismo", continúa Z. "Las españolas son maravillosas, mejores incluso que las argentinas. Son más solidarias, magníficas compañeras, menos histéricas", concluye. "¿Entonces?", pregunta su amigo, ya intrigadísimo. "El problema", afirma Z con tono resignado, "es que si te casás, en algún momento, indefectiblemente, te hacen la pregunta fatídica". "¿Cuál?". "Oye, tío", imita Z, "¿me puedes explicar qué coño es eso del peronismo?".

El chiste apunta a dos afirmaciones de las que debemos partir: la primera remite a una presunta condición inexplicable del peronismo,

---

[21] A propósito de Sobre *El Peronismo clásico (1945-1955). Descamisados, gorilas y contreras*, compilado por Guillermo Korn, Colección Literatura Argentina Siglo XX dirigida por David Viñas (Buenos Aires, Paradiso, Fundación Crónica General, 2007) y *Perón. Reflejos de una vida*, de Horacio González, colección Puñaladas dirigida por él mismo (Buenos Aires, Colihue, 2007).

condición que alcanza incluso a sus informantes nativos –es posible que nuestros X y Z hayan sido, ellos mismos, cuadros del peronismo de izquierda (sintagma que parece ser, en sí mismo, un oxímoron, una contradicción en sus términos). La segunda es una ampliación de la primera: si es inexplicable o misterioso para sus nativos, sufrientes y pacientes, involucrados en la experiencia cotidiana de medio siglo de peronismo, lo será doblemente para los extranjeros, que no pueden clasificarlo en los esquemas tradicionales de los bipartidismos centrales (conservadores o liberales, socialistas o conservadores, conservadores o laboristas, demócratas o republicanos). Una de las mejores tradiciones de los lenguajes políticos argentinos es estar munidos de un arsenal de comparaciones para acrecentar conversaciones internacionalistas: "es un varguismo", se le explica al brasileño; "es un laborismo periférico", se sentencia delante de un inglés; "es el aprismo en estado puro", se afirma en un bar de Lima; "a pesar de todo no era fascista", le explicamos a mi tío Mario, italiano y fascista... Las mismas tradiciones –especialmente, narradas por peronistas– insisten en caracterizar al peronismo como un tercermundismo *avant la lettre*, antecesor de Nasser y Nehru; de allí procede otra anécdota, habitual entre los jóvenes militantes de mediados de los ochenta que hablaban de un encuentro de juventudes políticas en el que la delegación de Yugoeslavia –para el lector desinformado, un viejo país de los Balcanes del que ya no queda nada– habría cantado un improbable "Tito y Perón/ un solo corazón". La historia permitía, para los peronistas, un anclaje filo-marxista al que el peronismo de mediados de los ochenta solo podía recurrir en la imaginación calenturienta de sus cuadros más radicales.

Preciso es reconocerlo, claro: los textos que describen o narran al peronismo desde una mirada externa suelen ser muy desacertados. En la cultura de masas, son francamente desopilantes. Un ejemplo desternillante es la "Eva Perón" que interpretó Faye Dunaway en 1981; además de la precisión de las locaciones –Buenos Aires se filmó en Guadalajara–, el guionista ni siquiera había visto la "Evita" de Tim Rice y Andrew Lloyd Weber –que disimulaba sus inconsistencias históricas y políticas detrás de, al menos, una buena historia dramática–. Una película pésima que sintetizaba al peronismo en una tenebrosa reunión de Perón con los delegados nazis, reunión en la que se acordaba una presunta alineación del peronismo y la Argentina con las fuerzas del Eje; pero, para darle un tono más ridículo, los nazis le entregaban a Perón un retrato autografiado de Hitler, a lo que ese contestaba: "Muchas gracias, pero… ¿no tienen uno de Mussolini? Soy un gran admirador del Duce". Un camino similar siguen todas las interpretaciones que vieron en el peronismo una excedencia del Tercer Reich en tierras sudamericanas –especialmente centradas en la cantidad de oficiales nazis refugiados en estas costas, cantidad que, sin embargo, no es mayor que la de los refugiados en los Estados Unidos. Ese esquematismo hizo de la Argentina una suerte de metáfora del refugio de los criminales, nuevamente en la cultura de masas: cuando en *Yellow Submarine*, la película animada de The Beatles, los malvados azules son derrotados por la psicodélica Sargent Pepper's Lonely Hearts Club Band, uno de ellos se pregunta "¿Dónde podremos huir? ¿A la Argentina?". Mucho después, Jerry Seinfeld propone la continuidad de la caricatura: cuando su "Nazi de la sopa" decide abandonar Manhattan –por el robo de sus recetas por parte de Elaine Benes– también se exilia en la Argentina.

En esas lecturas esquemáticas, se apuntan las que catalogan al peronismo como fascismo subdesarrollado, o que suscriben la clasificación del peronismo como una dictadura populista. Para eso, finalmente, el que proponía la mejor interpretación del peronismo era mi tío Mario, cuando repetía a quien quisiera escucharlo: "El problema es que que todos los analfabetos votan a Perón y a los peronistas". Esto lo decía infatigablemente el 30 de octubre de 1983, el día de las elecciones democráticas que significaron el fin de la dictadura militar argentina; el día en que, por primera vez en la historia, el peronismo fue derrotado en elecciones libres y sin proscripciones. Mi tío murió unos años después sin recuperarse de la sorpresa.

2. Cotidianeidades y maldiciones

Hay que exceptuar de este cuadro, sin duda, los trabajos del historiador norteamericano Daniel James, un agudo intérprete del peronismo: de tal agudeza, diría, que supera a varios de sus colegas argentinos. En *Resistencia e integración. El peronismo y la clase trabajadora argenti-*

na 1946-1976, su excelente libro de 1990, James apuntaba con claridad una de las características definitorias del peronismo: su capacidad para convertir la experiencia cotidiana de las clases populares argentinas en doctrina política, sin preocuparse por transformar esa experiencia, en volverla, por ejemplo, conciencia de clase –la postulación de Gramsci que el gramscismo peronista siempre desatendió–. Esa percepción del peronismo como cotidianeidad politizada –o, mejor, como política cotidianeizada– está en la base de otra cita magnífica, ahora literaria y más inteligente que la de mi tío Mario. Uno de los personajes de *No habrá más penas ni olvido*, la segunda novela de Osvaldo Soriano, en medio del desgarramiento y la violencia de los enfrentamientos entre izquierda y derecha del peronismo entre 1973-1976, pronuncia una frase inolvidable: "yo nunca me metí en política… siempre fui peronista". La frase es retomada, como homenaje –y como comprensión de que hacía falta un antiperonista como Soriano para definir tan bien al peronismo– por el director de cine Leonardo Favio, que la pone en boca de su *Gatica*, otro texto poderoso a la hora de entender al peronismo. Primer apunte: parece que más que en mi tío Mario, al peronismo hay que buscarlo en el cine y la literatura.

Pero si el peronismo es experiencia popular reconvertida en doctrina política, otros efectos consecuentes, además de su cotidianeidad, son su plebeyismo y su anti-intelectualismo. El peronismo afirma, como buen populismo, que las percepciones populares son válidas para la construcción de un cuerpo ideológico, esto conlleva varias afirmaciones simultáneas: que esas percepciones son positivas, que no pueden ser sometidas a crítica, que la experiencia plebeya puede instituirse, de modo irreverente, en el centro luminoso de una nueva organización social y cultural; y a la vez, que su crítica o cuestionamiento solo puede ser un oficio intelectual, por lo tanto distanciado de esas percepciones incontaminadas y legítimas; en consecuencia, toda práctica intelectual se vuelve intromisión indeseada en un universo popular que se piensa como autosuficiente.

Una vez más, lo divertido del peronismo es que sus positividades y sus peores consecuencias están, al mismo tiempo, en el mismo lugar. Porque estas afirmaciones son a la vez democráticas y autoritarias: expanden el universo de lo legítimo y lo restringen. El plebeyismo del peronismo es un gesto democrático, y muy especialmente en su etapa clásica (1945-1955): porque se vuelve signo irreverente frente a un lenguaje, una cultura, una organización del espacio burguesa y conservadora –y la movilización popular fundacional del 17 de octubre de 1945 lo demuestra palmariamente, en tanto es, antes que nada, la violación sistemática de todas las prohibiciones espaciales: los recorridos de las masas transgreden los espacios burgueses, con un clímax en las piernas obreras sumergidas en la fuente de Plaza de Mayo, que se transformarán en uno de los significantes peronistas por excelencia: "las patas en la fuente". Frente a la opresión y la explotación desmesurada que las clases populares sufrían en la década anterior, el peronismo es la experiencia democrática de una revancha: "con Perón, todos éramos machos", afirma uno de los obreros-informantes de James.

A la vez, el anti-intelectualismo exasperado lo vuelve intolerante a todo discurso que pueda marcar disidencia o contraste: en tanto pura experiencia, no puede someterse a crítica –porque sería negar una experiencia cotidiana que, para colmo, revela la sistemática mejora de las condiciones de vida, el aumento del consumo, la distribución de la riqueza: el peronismo es un populismo redistributivo, y en tanto tal re-distribuye la riqueza económica, y también los significantes: "es la realidad efectiva/que debemos a Perón", dice la Marcha Peronista. A la materialidad imaginaria de una realidad efectiva, no hay discurso intelectual que pueda hacerle mella. Y si existe, debe ser suprimido, porque introduce ruido en la fiesta popular: y porque Perón, a pesar de todo o justamente con todo ello, es un militar, un oscuro coronel providencial educado en el poco democrático ordenamiento de los cuarteles. De allí el irritante autoritarismo que el primer peronismo exhibe en sus gestualidades públicas, un autoritarismo que eriza, antes que nada, las epidermis intelectuales y las de sus públicos: las clases medias medianamente ilustradas.

Pero, también, ese plebeyismo irreverente y transgresor de las codificaciones burguesas, esa pulsión democrática del peronismo es su condición más interesante y la que lo volverá objeto del deseo toda la década siguiente, capturando el espacio de la izquierda y de las juventudes políticas. Y por ende, también lo convertirá en objeto de la represión de las clases que no toleran ni siquiera la redistribución simbólica de la riqueza. Ese drama argentino solo puede concluir cuarenta años después, en la alianza entre conservadurismo y populismo que construye el propio peronismo a partir de los años noventa. Pero eso es historia más reciente. Durante los sesenta, la frase dominante es otra cita incomparable, esta vez debida a un político, un intelectual peronista –en tanto tal, infrecuente e irrepetible–: John William Cooke, que definió al peronismo como "el hecho maldito del país burgués". Carlos Altamirano sostuvo, hace pocos años, que ese enunciado solo podía repetirse hoy como una broma. Y sin embargo, ese chiste aún circula: en los recientes conflictos en la Argentina entre el gobierno peronista y los grupos de productores agropecuarios que reclamaban una menor carga impositiva, no faltaron grupos de la izquierda peronista –la persistencia del oxímoron– que volvieron al latiguillo. A esta altura, un anacronismo delirante.

3. Letrados meta-peronistas

Entonces, otra resultante de la condena anti-intelectual son las dificultades de los intelectuales frente al peronismo: es muy difícil ejercitar la crítica frente a un objeto que rechaza tan exasperadamente esa práctica, o que reclama del observador una adhesión cotidianeizada, sentimental –*el peronismo se siente*, reza el *slogan* con el que se reclama de los intelectuales una empatía puramente pasional. Así, durante años –los contemporáneos al primer peronismo, pero con mucho más énfasis los siguientes, "nuestros años sesenta", para usar el feliz título del libro de Oscar Terán– los textos sobre el peronismo parecen ordenarse en dos polos excluyentes: el rechazo exasperado o la adhesión acrítica.

La serie la inaugura Ezequiel Martínez Estrada en 1955, apenas derrocado Perón de la presidencia por un Golpe de Estado pomposamente titulado "Revolución Libertadora" –inicio de tantos eufemismos que concluyen en la dictadura de 1976 autodenominándose "Proceso de Reorganización Nacional". El ensayista argentino, aquejado por un extraño mal dermatológico del que se curó la mañana del derrocamiento de Perón –es decir, sufría de *peronitis*–, inició con su *¿Qué es esto? Catilinaria*, una larga lista de textos que apenas concluye provisoriamente con el *Perón* de Horacio González. El carácter de ese folleto sentaría el tono del debate: la condena del peronismo no admite réplica ni matiz, dejando lugar apenas para la extrañeza por las razones de tanto mal acaecido. Otra marca clave, en la misma línea, será meses más tarde *El otro rostro del peronismo*, a su vez respuesta de Ernesto Sábato a *Ayer, hoy y mañana*, del nacionalista católico Mario Amadeo: para Sábato, que ya demostraba su precariedad ideológica y analítica, todo el peronismo se explicaba por el resentimiento –de un pueblo postergado, de un coronel oscuro, de una bastarda.

No es este el lugar para analizar todos ellos: es imposible en este espacio, y además ese trabajo fue hecho, hace unos años, por Beatriz Sarlo y Carlos Altamirano, que publicaron sendas antologías de esos materiales con los títulos respectivos de *La batalla de las ideas y Bajo el signo de las masas*. Originalmente pensado como un único tomo, la cantidad de material obligó a dividir el volumen: cada libro se abre con un minucioso estudio preliminar donde esos materiales son sometidos a crítica. Recientemente, ambos tomos fueron reeditados desplazando el archivo documental a un CD, lo que concentra la lectura en los ensayos introductorios, pero a la vez confina los textos originales a un carácter archivístico. Junto a ellos, es imprescindible entre los hitos analíticos –aquellos textos que se transforman en clásicos por su perspicacia y su novedad interpretativa–*Estudios sobre los orígenes del peronismo*, de Miguel Murmis y Juan Carlos Portantiero, de 1971 pero reeditado en 2004.

Por supuesto: los materiales interesantes son los que se distancian de la lógica desprecio-fascinación, distancia que parece producirse solo en la trama del tiempo y las disciplinas de las ciencias sociales y humanas. Todavía en 1983, *Los deseos imaginarios del peronismo* hablaba más sobre las carencias teóricas de Juan José Sebreli que sobre su objeto, incapaz de substraerse a un antiperonismo furibundo –y culposo, como buen ex peronista–; casi simultáneamente, *Los cuatro peronismos*, de Alejandro Horowicz, felizmente reeditado con cierta frecuencia, permitía ver que la sociología podía encarar el peronismo en la fructífera senda abierta por Murmis y Portantiero. En los últimos años, entre los libros recomendables también fue reeditado *Mañana es San Perón*, de Mariano Plotkin –un muy buen análisis de los rituales festivos del peronismo–, y aún se consigue *Un mundo feliz*, de Marcela Gené, un trabajo brillante sobre la iconografía peronista que derrumba el mito de la representación nazi-fascista: Gené demuestra la notoria vinculación de la imaginería peronista con el New Deal roosveltiano y la Rusia soviética. Más difícil es hallar, en cambio, *La plaza vacía*, un muy interesante trabajo de Danilo Martucelli y Maristella Svampa sobre las transformaciones contemporáneas del peronismo: como dijimos, las que lo encontraron populismo plebeyo e ireverente y lo devolvieron neoconservadurismo reaccionario. Y por supuesto, hay que leer todo lo que publique Juan Carlos Torre (por ejemplo, *La vieja guardia sindical y Perón*, de 2006).

4. Textos sobre textos

Lo que es más escaso es el tipo de trabajos como los que nos ocupan: aquellos que focalizan el entramado simbólico del peronismo, los que lo ven como, fundamentalmente, un nudo de discursos, una encrucijada de textos. Entre ellos, los literarios, o más ampliamente los textos culturales. Para Horacio González, por ejemplo, el peronismo son cartas, discursos, órdenes, proclamas, biografías: entonces, investigarlo es "analizar las fuentes textuales del peronismo, su modo de uso de la palabra, la forja de su dicción, el camino por el que debía pasar la fuerza de sus nombres, la relación de sus íconos con la peculiaridad del mito" (49). Tarea harto compleja, en tanto "Para Perón todo enunciado era reversible. Las formas de lo dicho tenían más maleabilidad que las sospechadas formas de El Greco. El arte de Perón –su teoría del lenguaje nunca esbozada como tal– consistía en la afirmación tratada siempre por su inversión absoluta potencial" (51).

Hay que reconocer en González esa perspicacia, producto de su propio entrenamiento en la historia de las ideas: una cultura (o un fragmento de ella, como el peronismo) es antes que nada una trama de voces que deben rastrearse en textualidades variadas, centrales o periféricas, leídas con entrenamientos múltiples –y no los únicamente semióticos que utilizaran Eliseo Verón y Silvia Sigal en su fallido *Perón o muerte*–. Sin embargo, la debilidad de González está en su barroquismo –una elección de estilo largamente reconocida y reconocible en su extensa obra ensayística, pero que tiende a transformarse, últimamente, en exceso retórico, en una suerte de regodeo en la propia escritura–; la lectura, entonces, se vuelve un trabajo fatigoso a través de los ripios de un texto que busca instituirse a sí mismo como fundacional.

La compilación de Korn, por su parte, aunque aquejada de la debilidad de toda compilación –su fragmentarismo, sus desniveles– permite leer nuevas ideas: la relectura crítica de Borges como antiperonista que hace Jorge Panesi o el análisis de las revistas *Contorno* e *Imago Mundi* a cargo de Omar Acha –así como la breve revisión del mapa de revistas culturales que hace el propio Korn– son mis preferidas. A pesar de la buena información complementaria (cronologías, propuestas de lecturas conexas) repuesta por el compilador, le falta una visión de conjunto más informada por Bourdieu –una lectura del campo intelectual de la época– y llama la atención la ausencia de referencias más extensas a la cultura de masas: aunque el volumen se inscribe en una "historia de la literatura argentina", la presencia de un –poco logrado– trabajo de Gustavo Varela sobre el tango permite señalar esa ausencia como déficit, y no como exclusión forzada por el objeto elegido.

Sin embargo, su mayor hallazgo obliga a regresar a la literatura, incluso a corregirnos en parte. El magnífico análisis de Carlos Gamerro sobre "Julio Cortázar, inventor del peronismo" postula a la literatura como el texto por excelencia para comprender al peronismo. Si, afirmamos, el peronismo permanece en buena medida en la indecibilidad y en el misterio, Gamerro afirma que la literatura cortazariana permite, al narrarlo, construirlo: "Cortázar es el primero en percibir y construir el peronismo como lo *otro* por antonomasia; su mirada no intenta inscribir al peronismo en discursos previos, sino construir un discurso a partir de la irrupción del peronismo como lo refractario a la comprensión del entendimiento y a la simbolización del lenguaje. El peronismo es lo que no puede decirse, por eso en su versión más memorable, 'Casa tomada' se manifiesta únicamente como ruidos imprecisos y sordos, ahogados susurros" (56-57). El peronismo deja así de ser lo que permite explicar al relato; el relato se vuelve, por el contrario, esencial para leer al peronismo, hasta superponerse con él. Como paráfrasis parece insustituible: el peronismo sería, al fin y al cabo, nada más que un cuento de Cortázar.

Evita me ama, el general me mima

Hace mucho que me convencí de que dos de las mejores frases para definir al peronismo son de antiperonistas. La primera es de Cortázar –que no conforme con ello inventó al peronismo en "Casa tomada", como dice Carlos Gamerro–: "me voy porque los bombos no me dejan escuchar a Bártok". Si no es verdadera, merecería serlo: es la síntesis perfecta del intelectual horrorizado por un peronismo que es, antes que nada, ruido, batifondo, desmesura –aunque sobre la fascinación que ese mismo ruido produce en Cortázar habrá que volver en otro momento.

La segunda recorre un periplo extenso: la inventa Osvaldo Soriano, poniéndola en boca de uno de los personajes de *No habrá más penas ni olvidos*; la recoge Olivera cuando filma su versión de la novela, para que la diga Ulises Dumont de modo eficaz y creíble; la retoma Leonardo Favio –que de antiperonista no tiene nada– para que la diga Gatica en su film homónimo. Favio, con un oído monstruoso para estas cosas, se da cuenta de que la frase es la mejor síntesis de lo que quiere narrar, y por eso también le dedica la película a Soriano. La frase en cuestión es "yo nunca me metí en política. Siempre fui peronista". Gatica la dice en medio de la Libertadora, mientras su amigo el Ruso le pide que tenga cuidado por los fusilamientos. "Pero si yo nunca me metí en política", responde el Mono. Y es tan espléndida que ya la mencioné en la crónica anterior.

Posiblemente esta sea también una buena manera de entrarle a la figura de Eva Perón: hay una dimensión del mito –y el robo del cadáver cumple aquí un rol central–; hay una dimensión de lo político –agigantada por la desmesura de todo lo que se le atribuye, lo real o lo ficticio: las armas compradas para armar milicias obreras, su papel presunto en el 17 de octubre o las eternas discusiones sobre su candidatura a vicepresidenta, entre tantas, tantas otras. Pero hay una dimensión de lo afectivo: porque el "nunca me metí en política" pone al peronismo en el plano de lo cotidiano, de la vida ordinaria de las gentes ordinarias; lo saca de la épica y lo recoloca en tonos menores, a la vez mucho más decisivos. En ese plano, entonces, donde el peronismo se despolitiza (paradójicamente, porque se vuelve tan omnipresente que se torna parte del paisaje), lo afectivo adquiere otro cariz. La relación de Eva con las clases populares no está mediada por un discurso político –no, al menos, como rasgo central– sino básicamente cariñoso: los lleva en el corazón –"a mis grasitas, mis descamisados, mis humildes, mis niños, mis ancianos" –, los ama, los quiere, les promete (les garantiza, les asegura, les brinda) felicidad y amor. Ni conciencia ni lucha: amor.

Incluso en el tono de voz: el desgarramiento del fraseo –hasta para hablar de la felicidad– no le quita ternura sino que le agrega pasión. La voz enronquecida delata –señala– las horas pasadas en desvelo cuidando con amor la cabecera de sus criaturas. "Evita me ama", dice el libro de lectura: y no es simplemente el juego con las vocales y las consonantes para enseñar a leer, sino que nada en el paisaje del peronismo puede decirlo con tanta precisión. *Evita nos ama*, porque no se trata de política, sino de felicidad en la vida cotidiana. ¿Real o imaginaria? No hay felicidades reales: siempre es territorio de la imaginación. Evita le pone el broche: me ama, me mira, me cuida, me dignifica. En la distancia que eso produce con la política, está su límite –el límite de todo el peronismo. En su cercanía con lo pasional, en cambio, está todo su mérito. Y el salto al altar.

Las vírgenes suicidas

Conocí bastante bien la obra de Scalabrini Ortiz hace ya muchos años; eran épocas de alfabetización nacional-popular, en el pasaje de la militancia clandestina e inconciente de mis veinte años a la menos clandestina pero no menos inconciente del final de la dictadura. Me hice un peronista letrado, lo que en esos años no era un oxímoron: llegué al peronismo a través de los libros –y de allí huí, también gracias a los libros y a una mirada un poco más atenta a los desaguisados inauditos que desembocaban en el menemismo; en el 89 comprendí que el menemismo era la consecuencia lógica del peronismo, no su negación. Lo cierto es que en esa alfabetización me topé inevitablemente con Scalabrini: me animo a asegurar que lo he leído más que muchos de sus apologistas, incluidos aquellos que han vuelto a citarlo –fatalmente a destiempo. Entre Scalabrini y Canning, había una biblioteca de diferencia: y no un simple gesto militante o provocador. Me aburrí inmensamente con la *Historia de los ferrocarriles argentinos* –porque no creo que debamos ahora reivindicar la calidad de su pluma–, pero también terminé de comprender la potencia de una mirada que en el lejano 1940 desarmaba los mecanismos fatalmente económicos del poscolonialismo británico. El entusiasmo me llevó a *El hombre que está solo y espera* y, peor aún, a *La manga*; ya allí me pregunté si ese entusiasmo bibliográfico no merecía mejor destino. (Con el tiempo y la cultura entendí qué función cumplía el ensayismo de su generación: pero el tono apocalíptico de Martínez Estrada, malgrado algunos disparates, era mucho más interesante). Y luego fue *Política británica*, y allí se me acabaron los libros: no conocí su obra periodística, no pude saber si su rol como polemista disputaba la ventaja *jauretchiana*.

Scalabrini es ilegible fuera de contexto: tenía que ser leido como lo hice en ese momento, tratando de capturar todo un momento de la historia de las ideas, poniéndolo en correlación con el resto del ensayismo argentino y latinoamericano. En ese marco, se entendía la colocación de "maldito", de irreverente, de subversivo que las lecturas peronistas le adjudicaban. Con el tiempo, y especialmente con la transformación del sistema de ferrocarriles que el mismo peronismo, entonces devenido menemismo, produjo en los noventa, la obra de Scalabrini se me antoja cada vez más una pieza de archivo, una fuente bibliográfica para historiadores de las ideas. La obra de Scalabrini ya no describe nada, ni permite trazar rumbos de acción o debatir programas: es testimonio de un momento de debate y novedades, de hallazgos y de voluntades; pero al mismo tiempo, es un anacronismo económico –descuento que no debo justificar esto, luego de las inmensas transformaciones de la sociedad argentina y de las relaciones de su economía con el capital internacional, hoy conocido como global– y una vulgata teórica. Me queda, en ese sentido, el recuerdo de una frase de Scalabrini, infinitamente reproducida en los círculos *nac&pop*: "es preciso exigir una virginidad mental a toda costa". Esa virginidad supondría abstraerse de las "ciencias importadas", que funcionan como "filtros deformantes" que impiden una lectura clara de la realidad: es decir, como una falsa conciencia. En esa frase, está casi todo Scalabrini: la potencia militante del *slogan* político, la ubicación histórica de su trabajo intelectual, y también la debilidad de su formulación, la precariedad teórica de un enunciado imposible.

De la audacia militante, del empeño del estudioso que va a contracorriente, de la investigación documental del Scalabrini de los treinta, puede elogiarse casi todo. Sobre su sacralización, su reconversión en hombre de bronce y avenida porteña, lo único que podía conseguirse era la destrucción de los ferrocarriles argentinos. Su recuperación en presente se me antoja apenas un gesto cansino, de comodidad intelectual, de volver sobre el viejo tópico del peronismo como *nuestros años felices*.

Por algo le dicen bonapartismo

El amigo y colega Martín Caparrós, al que le debo la feliz idea de haber escrito buena parte de estas crónicas, casi me mató, a fines de junio de 2008, de un disgusto. Acababa de decidir el tema de mi columna para el diario *Crítica de la Argentina* cuando comprobé que lo había inspirado casi lo mismo que a mí: la suya se ocupaba de la presidenta Kirchner citando a Marx –y no una, sino dos veces en menos de veinticuatro horas– usando la famosa frase sobre la tragedia y la farsa. Afortunadamente, la crítica de Martín giró hacia una dirección un tanto distinta de la mía; eso me permitió perseverar en mis propósitos (saludando, de paso, la coincidencia).

Lo que me subyugaba era el atrevimiento de la cita: como dice Martín, cualquiera cita a Marx si luego se dedica a predicar el capitalismo. Y sin embargo, los políticos argentinos no suelen hacerlo: sin caer en el lugar común de las obras de Sócrates o las novelas de Borges, desde hace unos años sobra televisión y faltan lecturas en la política –ejercida por actores orgullosos de una ignorancia que, milagrosamente, los acercaría a *lagente*, por la vía escabrosa del sentido común. (Algo de eso está cambiando: ni a Claudio Lozano ni a Diana Maffia ni a Fernanda Gil Lozano, entre pocos otros y otras, les cabe esta descripción.) Lo cierto es que la cita del Carlitos barbudo todavía suena a azufre, a humos del infierno; el miedo a que *La Nación* y la Sociedad Rural te acusen de "marxista trasnochado" todavía hiela los huesos (sobra tanto macartismo aún en este país…). Por eso la presidenta escamotea: no pronuncia la palabra *marx*, y reduce la cita esquemáticamente: como recuerda Caparrós, dice "comedia" en lugar de "farsa".

La cita completa dice: "Hegel dice en alguna parte que todos los grandes hechos y personajes de la historia universal aparecen, como si dijéramos, dos veces. Pero se olvidó de agregar: una vez como tragedia y la otra como farsa" (cito por mi vieja edición de Editorial Progreso, Moscú). El texto sigue –es el comienzo de *El 18 Brumario de Luis*

Bonaparte–, para que Marx afirme: "La tradición de todas las generaciones muertas oprime como una pesadilla el cerebro de los vivos". En ese sentido, la referencia kirchnerista es atinada: lo que señala es la muerte tan cercana de Kosteki y Santillán, y frente a eso –la tragedia– aparece la "feroz represión" de las masas populares convocadas por Alfredo De Angelis, nuestro presunto líder zapatista, represión consistente en mostrar su panza mientras se lo llevan a cococho –la farsa–.[22] "Todas las generaciones muertas", dice Marx: en esa lista faltan Teresa Rodríguez, Aníbal Verón, Pocho Lepratti y tantos otros muertos por la represión real y trágica de clases dominantes que se dedican a preservar sus privilegios; De Angelis se apunta solo en la lista de lo farsesco. El piquete de Cutral Có y Mosconi en los noventa (para que tome nota la señora Carrió, que sigue sin aprender historia ni sociología) es la puesta en escena trágica de la miseria y la desintegración social, y por eso se reprime con muerte para luego volverlo invisible. El piquete farsesco de nuestros días es la protesta bien vestida, y por eso visible, y por eso sobre-representada y televisiva –una idea para publicitarios: que las marchas ruralistas sean auspiciadas por Cardón y Lacoste. A eso, se suman las clases medias, para revelar que la versión farsesca de la tragedia argentina la protagoniza *lagente*: la gente como uno.

Pero lo que la presidenta olvida es que la cita de Marx es peligrosa –porque es una cita inteligente, y puede volverse en contra. Dice Caparrós: este peronismo es farsesco. Agrego: ¿es que la presidenta es la versión farsesca de Evita? Su tono, su desgarramiento oral, a veces parece evocarlo adrede. Y mis argumentos no van a caer en el lugar común de los lujos y la compulsión de la presidenta por la estética y las grandes marcas: si Evita viviera, usaría colágeno y Vuitton, se teñiría, iría por la enésima cirugía. No, no es esa la degradación farsesca: es que el evitismo incluye el origen humilde, la bastardía, el desgarramiento de la humillación y el desprecio, ese plebeyismo transgresor e inigualable. Nuestra Evita contemporánea no puede ser plebeya, y tampoco desea ser transgresora: allí se vuelve farsa. Aunque admito –en esto me sepa-

---

[22] Los piquetes de la Sociedad Rural y la Mesa de Enlace estaban en todas las rutas, en medio de la llamada "crisis del campo" y la afamada Resolución 125, a mediados de 2008, situación que cualquier lector/a recordará.

ro de Martín– que en la Argentina lo farsesco puede volverse trágico; el marxismo también cree en la voluntad de los hombres y las mujeres. De ellos y ellas depende.

Este paseo por Marx no puede concluir sin recordar que ese gran viejo texto permitió inventar una categoría política: la de bonapartismo, aplicada justamente a Luis Bonaparte, para describir gobiernos que garantizan y reproducen los beneficios de la burguesía alegando un presunto interés general. El peronismo haría bien en desmentir su carácter bonapartista, antes que en disputar las –indudables– farsas ajenas.

Obama, los libros y las alpargatas

Para La mesa de los galanes

Algunas afirmaciones políticas parecen ser producidas solo para que las tomemos en broma. Era la interpretación de mi amigo Mauricio, en una mesa de amigos, pero respecto del fútbol. Para él, el fútbol argentino no se puede tomar en serio, es algo así como Karadagián y los titanes en el ring: o lo aceptabas como ficción y comedia, o te perdías todo el chiste. En esa línea, dice, al fútbol argentino actual le faltan sus grandes comediantes: el Bambino Veira, Menotti, Chilavert, no Bilardo porque no se ha ido. Y bien: algo así le pasa a la política argentina.

La temeraria comparación que hizo la presidenta Kirchner entre el obamamismo y el peronismo debe tener ese destino.[23] Muestra definitivamente su efecto paródico cuando remata con la referencia a la presunta lectura, por parte de Obama, de los textos de Perón. No porque estos no hayan existido: simplemente, porque nadie los lee ya, porque no se consiguen en las librerías, porque a nadie le interesan, y porque mi reciente búsqueda en Amazon indica que no hay traducciones al inglés –es más: cuando busco *La comunidad organizada*, Amazon insiste en venderme *La comunidad del anillo*, lo que demuestra palmariamente la intrínseca relación del peronismo con la ficción: Perón sería Gandalf, Néstor Kirchner sería Frodo y Duhalde podría ser Sauron, señor de Mordor. Los textos de Perón, mucho más abundantes que las celebérrimas obras de Sócrates que leía otro recordado intelectual autodidacta, se limitan a juntar polvo en bibliotecas: afortunadamente, debemos decir, porque tienen la envergadura filosófica de los viejos Resúmenes Lerú del secundario. "Obama leyendo a Perón" pasará a integrar esa galería de malos chistes a los que la política argentina nos tiene mal acostumbrados.

---

[23] El 25 de enero de 2009, Cristina Fernández afirmó (cito a *La Nación*): "No sé si Obama habrá leído a Perón, pero déjenme decirles que se le parece mucho".

Pero la presidenta se pone seria al decirlo y pone como ejemplo la convocatoria al sindicalismo que habría hecho el presidente demócrata. Es decir: lo que peronizaría al Partido Demócrata es reunirse con los equivalentes yanquis de Moyano, Viviani y Cavalieri, todos ellos fieles representantes de la clase obrera, inclaudicables en la defensa de sus derechos y líderes de sus luchas emancipatorias. Seguramente, son las claudicaciones del sindicalismo americano las que ameritan la comparación: o simplemente, que el peronismo está dispuesto a reconocer que ya nada lo diferencia de las políticas norteamericanas, sea cual sea el partido –me temo que la diferencia entre demócratas y republicanos se limita al derecho al aborto.

Todo esto es en realidad una excusa para lamentarme de que la parodia involuntaria de la presidenta insiste en exhibir el crudo analfabetismo funcional de nuestras clases dirigentes. Porque se trata de la presidenta que citaba al Marx del 18 Brumario, recordemos: es decir, una letrada entre la masa de ignorantes. Y no quiero limitarme al peronismo, cuyas tradiciones anti-intelectuales están fuera de toda duda y finamente respaldadas en el *jauretchianismo* ortodoxo. No: se trata de clases dirigentes para las que el análisis sutil, el estudio, la lectura y el debate de ideas son meras consignas de campaña. Creo que fue Mario Wainfeld el que hace tiempo afirmaba que la derecha usa frases cortas: dominados por el fantasma de la Doña Rosa de Neustadt, por sus asesores de *marketing* y por el principio del "realismo" pragmático, todo el no-kirchnerismo se limita a gruñidos y *slogans* berretas. La derecha usa frases cortas porque tiene ideas cortísimas (descripción que alcanza a algunos de sus "intelectuales orgánicos": basta leer en *La Nación* a Sebreli –perdón por la insistencia–, Aguinis o Grondona para comprobar que incluso los letrados han optado definitivamente por el *slogan*, desplazando el argumento y el análisis al archivo y a la historia).

En última instancia, la reflexión cristinista sobre Obama no alcanza a opacar el nuevo giro "argumentativo" de Elisa "Hannah Arendt" Carrió: según ella, ya no hay más ideologías sino principios; lo que ordena la política es la bondad o la maldad de las personas. En esa afirmación, Lilita se carga 45 bibliotecas y dos siglos de pensamiento occidental, incluyendo toda la filosofía política desde la modernidad para acá. La "idea corta" de Carrió olvida que excelentes personas pueden estar detrás de políticas nefastas; que la no-ideología es otra ideología; que eso ya lo dijo Francis Fukuyama y así le fue; y que para chistes, ya tenemos bastante con el fútbol argentino.

Porque, y vuelvo al comienzo, la otra cosa que recordábamos con mis amigos en esa mesa de café era ese otro chiste de Perón: "peronistas son todos". La peronización de la política argentina ha alcanzado, además de a las prácticas de acumulación de poder, al mundo de los argumentos. Estamos, quién lo duda, en temporada de alpargatas.

La Patria, Carolina y el guiso de lentejas

En estas crónicas, a medida que se fueron escribiendo, tuve como uno de sus objetivos llamar la atención sobre mitos y lugares comunes que el debate político contemporáneo en la Argentina permitía ver con una claridad asombrosa. El 25 de mayo de 2008 fue excusa formidable para ello: aún cuando, por esas cosas de los cierres y los fines de semana, esa columna se escribió dos días antes —en el día más aburrido de la Semana de Mayo: el 22 fue el Cabildo Abierto, el 24 el autogolpe de Cisneros, el 25 French, Beruti y toda la comparsa; el 23, definitivamente, no pasó absolutamente nada digno de mención, debe haber sido un día de reflexión, el descanso luego de la agitación del 22, el día en que *lagente* se la pasó comentando lo bien que hablaba ese muchacho Castelli, y qué me cuenta de Saavedra, qué hombre interesante, para mí que debería ser el nuevo virrey, mire, y no ese muchacho Moreno, el periodista, el que se la pasa diciendo "ni ebrio ni dormido".

En fin: pero la antesala del 25 no me permitía saber todavía quién había ganado (eran tiempos de convocatorias y contraconvocatorias agrarias y contra-agrarias; si el aparato del PJ y los micros de D`Elía, o la capacidad de movilización de nuestros héroes del campesinado, capacidad sabiamente condimentada con otros aparatos no pejotistas y billeteras bien provistas por la sideral renta agropecuaria). Lo que sí me permitía saber es que el debate político seguía caracterizado por una mediocridad pavorosa y una reducción de la disputa argumental —el intercambio de razones, la posibilidad de entender el lugar del otro, las palabras funcionando como ideas y no como chicanas— a un certamen de gritos. Nunca la política argentina ha sido tan televisiva: el debate se empeñaba entonces —y aún hoy— en imitar los programas de Tinelli, y la discusión entre el Gobierno y los pobres campesinos sojeros sobre las retenciones móviles tuvo poco que envidiar a la pelea entre Pancho Dotto y Moria Casán sobre Dolores Barreiro, o los entreveros infinitos de los jurados de *Bailando*…. Por el ruido de los gritos, por la banalidad de los argumentos.

Por ejemplo, lo que más me ha aturdió en esos días fue el batifondo patriótico: o más estrictamente, el barullo en torno del uso de lo patriótico como argumento. Debimos haberlo previsto: por un lado, la operación *marketinera* de los gremialistas sojeros que vinculó el *lock out* con la escarapela puso la cuestión sobre la mesa. Por otro, todo Estado (todo gobierno que ocupa el Estado) tiene casi como misión arrogarse la representación de la Patria: después de todo, monopoliza la construcción institucional de lo nacional, decide la secuencia y contenido de los rituales (si hay o no hay Tedéum, por ejemplo, esa ceremonia que los obispos católicos le imponen a toda la población). Lo paradójico es que ambos afirman que ellos son la patria, lo que supone que el otro no lo es. Y eso es muy perverso, para llamarlo de alguna manera. Claro, analicemos los actores: en este rincón, los estancieros –y los chacareros capturados en su beneficio–, que siguen creyendo que son los dueños de la patria porque fueron, son y serán los dueños de la tierra –"que es la patria", claro. En el otro rincón, el peronismo, el que inventó eso de "Pueblo igual a Nación", y que todo lo que sobra es la antipatria. Entre ambos, que tironean del significante hasta desgarrarlo, comparten un lugar común: el falso presupuesto de que "patria" implica "unidad".

Y no es así: jamás lo fue. No hay patria sin conflicto, sin diferencia, sin ruidos y desgarramientos. La pretensión de unidad es un delirio autoritario, que todos los sectores, oficialistas y opositores, comparten: porque pretenden la unidad en torno a sus deseos. Pretender ese unitarismo es olvidar que la patria (la de veras, no la de *Billiken* y *La Nación*) se construyó a los tiros y sable en mano: que el fin de las guerras civiles no fue la paz, sino la victoria y el degüello del vencido. Que los gauchos pelearon la guerra de Independencia preguntando de qué patria hablaban: que nación, independencia, *liberté égalité fraternité* eran palabras en francés traducidas por los letrados para su propio uso y beneficio –una vieja idea de Josefina Ludmer en *El género gauchesco*: los "universales de la patria traducidos" frente a las voces y ruidos populares. Y será siempre así, porque el sueño de la sociedad sin divisiones –sin desigualdades, sin pluralidad, sin dolor– es una fantasía: más democrática o más intolerante según quien la sueñe, pero fantasía e imaginación al fin.

Por eso, me quedo con la patria de Carolina, que solía soplar amorosamente estas columnas en mi oído, e insiste en afirmar que la patria también es el guiso de lentejas que prepara todos los 25 de mayo. Que no tiene nada que ver ni con desplantes sojeros ni prepotencias pejotistas: pero suena, y huele, y sabe a hogar, una de las mejores metáforas de la patria.

Tanto macho suelto

"Son putos, Cristina". "Ponga huevo, Presidenta".

Entre las tantas cosas que deja ver esta crisis sarmientina –pero al revés, porque el campo está "civilizado" y la ciudad "barbarizada"– está la recurrencia de estas metáforas. Fue un tema habitual de estas crónicas: la oralidad cotidiana se organiza en torno de ellas hasta volverse vestuario, porque no hay manera de referirse al coraje si no es a través de la masculinidad. Se ponen huevos, se tienen pelotas (bien puestas): en algún arcón olvidado han quedado las agallas –un anacronismo– o la valentía o el mismo coraje. Tiene que ser con la metonimia de lo masculino, aunque metonimia discutible: el pene sería más enfáticamente distintivo, pero parece que queda muy mal nombrarlo en público.

Y en consecuencia, si los genitales masculinos organizan el lenguaje, Hebe de Bonafini no puede escapar a la retórica hegemónica y debió proponer "una presidenta con los ovarios bien puestos": allí solucionamos el olor a vestuario, pero no tanto. La metáfora de los ovarios no es alternativa sino complementaria: insiste en la masculinidad de origen, en un lenguaje macho que no deja resquicios. Decir ovarios es decir huevos, solo que con menos culpa: los huevos se tienen bien puestos porque deben ser vistos, deben estar allí, a la vista de quien quiera comprobarlos (recuerden la larga discusión en "El Matadero" sobre los cojones del toro), mientras que los ovarios pertenecen al reino de lo misterioso, como todo lo ginecológico. Es que ésa es la definición de *hegemónico*: aquello que aparece consensuado hasta por las víctimas, sea un sistema político, un régimen de tenencia de la tierra o un sistema de metáforas.

Y lo hegemónico puede ser a la vez tradicional y contemporáneo, arcaico y postmoderno. Nuevamente el campo: todas las imágenes de los piquetes que no se llaman piquetes muestran piqueteros que no se llaman piqueteros, pero que tienen los huevos que hay que tener. No había mujeres entre los ruralistas (y las que había, que las había, pasaban inadvertidas en un circuito tan macho), a diferencia de lo que toda la bibliografía señala respecto del rol de las mujeres en los piquetes que se llaman piquetes, los otros, los piquetes "gronchos": el crecimiento de las jefas de hogar y las cabezas de familia les permitía no solo ir al piquete sino incluso liderarlo (con sus costos y desplazamientos, que eran enormes: no vamos a afirmar aquí que las clases populares son menos machistas que la burguesía…). El campo, en cambio, sigue tan masculino como en la época de la gauchesca: como decía Josefina Ludmer, la cultura gauchesca era una pirámide masculina donde todas las minas son traidoras, como la mujer de Moreira o la de Fierro, que no merece siquiera un nombre ("mi prenda", "mi china"…).[24]

En eso, los filopiqueteros rurales de 2008 demuestran mi hipótesis, o mejor, lo que tanta metáfora macha y genital permiten leer: simplemente, que ese abuso de machismo no es propiedad de una clase, sino un rasgo extendido, transversal, policlasista. Que está en los códigos futboleros y rockeros y cumbieros del aguante, claro: donde la polaridad es tan clara y de un lado se tiene aguante y el otro es puto, y por lo tanto "te vamos a coger", y esa figura tan grotesca de tantos varones demostrando su masculinidad sosteniendo una enorme cantidad de relaciones homosexuales (pero, eso sí, todas activas). Y está en *la tanga de Laura y en Andrea que le gusta la fija y en Pamela que no la puede dejar de chupar* –todas citas de cumbias, como todos los lectores y lectoras deben conocer, y en Cerati que se la come porque el Indio se la da; pero también en el lenguaje de Tinelli y en las ficciones de Suar y en los espectáculos de Sofovich y en la homofobia recalcitrante de todo lo que pase cerca de C5N y en el patriarcalismo, tan tradicional y conservador que asusta, de *La Nación*.

Todo eso ocurre en un momento en que los roles femeninos se reacomodan, en que tenemos presidenta y Carrió y ministra de defensa, y tenemos autonomía de la sexualidad femenina y que vamos por el aborto, y que los hombres se quejan de que las mujeres están cada vez más lanzadas. Es posible, entonces, que esas metáforas y textos no estén "reflejando la realidad" sino postulando una fantasía, bien patriarcal y masculina: que las minas se dejen de joder así las podemos –volver

---

[24] No confundir, claro, con María Aurelia Bisutti en la versión canónica de Torre Nilsson, que seguía siendo "mi china", aunque conocida.

a– dominar bien dominadas, como siempre, como dios manda. Habrá que ver. Mientras tanto, el colega Carlos Figari descubre que hay hombres heterosexuales que a los 40 descubren que los hombres no están tan mal, y la mayoría de clasificados de travestis se ofrecen como activos. Muchachos, en algo andaremos.

Un pancho y una coca

En un célebre y maravilloso trabajo que tiene ya más de treinta años, el historiador inglés y marxista Edward Palmer Thompson se preguntaba por las razones por las que los pobres se sublevan. La respuesta inmediata, decía Thompson, es porque tienen hambre: pero esa respuesta es suficiente solo cuando se sublevan los hambrientos, y no cuando los hambrientos no se sublevan o los que se sublevan no están hambrientos. Cualquiera de esas condiciones puede ser pensada en la Argentina: ese dato incomparable de la Córdoba de 1969, cuando los obreros insurrectos eran los mejor pagos del país, o esta misma revuelta agraria modelo 2008, encabezada por la panza sin culpas de De Angeli o la chetidad (¿o será cheteza?) incontrastable de Miguens o Biolcatti. Ambos son ejemplos de la insurreción sin hambre; la aquiescencia de las clases populares con el modelo menemista de explotación hasta 1994 –cuando aparecen los primeros piquetes– lo es de su contrario. Para Thompson, la cantidad de hambrunas sufridas en silencio por los pobres del mundo es con largueza signo de que el hambre no justifica, por sí sola, la insurrección.

En ese artículo, "La economía moral de la multitud", Thompson analiza las revueltas ocurridas a finales del siglo XVIII en Inglaterra, un momento en el que el alto precio del grano en los mercados internacionales llevó a que los productores acapararan el cereal y evitaran enviarlo al mercado interno para así obtener las pingües ganancias del comercio exterior –y este largo párrafo no precisa subrayar la semejanza con la Argentina contemporánea. La carestía subsiguiente generó amotinamientos y saqueos contra productores y acopiadores, a los que responsabilizaban con justa razón del hambre popular. La intervención de las autoridades, locales o nacionales, fue oscilante: a veces represiva –el pánico contra las revueltas "jacobinas" luego de la Revolución Francesa era importante–, a veces paternalista, obligando a los acopiadores a entregar grano. Lo que estaba en juego, lo que se disputaba, era el nuevo predominio ideológico del liberalismo económico –Adam

Smith estaba en la cresta de la ola– frente al viejo paternalismo que protegía a los pobres (para evitar que se sublevaran, justamente): a esto llamaba Thompson la "economía moral de la multitud", esas pautas no escritas, no demasiado políticas, fundamentalmente éticas, pero plenas de lógica y productoras de prácticas populares. El motín no era una reación espasmódica motivada por el hambre: se trataba de decisiones racionales, basadas en la inteligencia y en la experiencia.

Esta larguísima introducción no pretende ser una incitación al contra-motín rural: por ejemplo, a que los explotados y maltratados peones de Biolcatti se subleven contra su ilustre patrón reclamándole parte de sus pingües ganancias. No sería mala idea, pero no depende de mí (y los peones no leían *Crítica de la Argentina*, ni siquiera por una Internet a la que no acceden). Lo que quiero discutir es la insistencia con la que en la Argentina se califica toda acción popular como clientelística o salvaje, contrapuesta a la acción de las clases medias y altas, que se define como virtuosa, racional y libre. Esto me apareció siempre como evidente en las discusiones sobre la violencia futbolística: mientras periodistas y políticos se llenaban la boca con las bestias y los inadaptados, cualquier indagación seria descubría lógicas y moralidades implacables –discutibles e incompartibles, pero implacables– que se llaman "aguante". Y bien: desde las elecciones de 2007, cuando Carrió lideró este movimiento de retorno al primitivismo interpretativo, a los pobres los traen y los llevan, los compran y los venden, mientras que *lagente* va y viene, y muestra orgullosa carteles que afirman "nadie me pagó". A estas alturas del partido, de las ciencias sociales y de la historia política argentina, hemos regresado a un estatuto según el cual nuestras clases populares son esclavas de sus deseos primarios: con un pancho y una coca –un choripán y un vino, una mina y unos mangos, escojan la versión preferida– podemos arrear multitudes.

Y esto no es imaginación calenturienta ni peronismo anacrónico ni mucho menos el retorno del viejo "*vox populi, vox dei*" o "el pueblo nunca se equivoca". Los pueblos se mandan unas macanas de órdago, cometen errores increíbles que para colmo repiten, votan alegremente a sus explotadores. Pero lo que es intolerable es pensar que eso se debe a la simplicidad de sus mentes primitivas, capturadas en los lazos clientelares. La complejidad de la acción popular exige al analista, al periodista,

al político, atención, humildad y respeto. En el cierre del debate de
Diputados sobre la resolución 125, en julio de 2008, el movilero de TN
–el inefable Julio Bazán– describía a los grupos ruralistas como "venidos
de…" y a los peronistas como "traídos desde…". Ese señor es un ignorante y un irrespetuoso. Debería –y es obvio que no es el único– leer a
Thompson.

Intelectuales, primera entrada

Hace más de veinte años, en un asado de mi entonces familia política, uno de los convidados celebró un brindis por el país de democracia reciente, cosa que no lo desvelaba especialmente: diría más bien que la democracia lo tenía muy sin cuidado. El país, en cambio, "estaba condenado al éxito", decía el tipo, mientras hilaba todos los lugares comunes del patrioterismo banal: todos los climas, un pueblo educado, la unidad étnica, el granero del mundo. Pero la causa de todos los males del país, afirmaba como corolario del brindis, eran los intelectuales. Y para colmo, puedo asegurarlo, me miraba.

Yo venía de leer a Gramsci por primera vez, era docente en el Ciclo Básico Común de la Universidad de Buenos Aires, había escrito mi primera ponencia para un congreso de semiótica, leía hasta por los codos, usaba convenientes anteojos de miope y fumaba cigarrillos negros que se me antojaban coherentes con el personaje. El sacudón no consistía en que la frase me demostrara mis poses –para eso estaban los amigos, claro–, sino en que no podía entender cómo alguien podía decir semejante simpleza. Era 1987: veníamos de la dictadura y del terrorismo de estado, veníamos de la sublevación de Rico y de la –primera– traición de los radicales. Entre los culpables de tantos fracasos, los intelectuales no ocupaban ningún lugar, prominente, al menos.

Una de las ventajas de los intelectuales consiste en que hacemos de la reflexión sobre nosotros mismos y de la autocrítica consiguiente casi un ejercicio cotidiano. Voy a exagerar mucho, pero podría decir que el gesto intelectual consiste en mirarse cada día en el espejo y preguntarse: ¿en qué me voy a equivocar hoy? Por eso es que llevo todos estos años empeñado en pensar por qué don Pepe podía decir lo que dijo ese mediodía nublado y marplatense.

La respuesta es sencilla: porque había comprado una vulgata que en ese entonces comenzaba a desplegarse y volverse prometedoramente hegemónica; ese discurso de derecha que decretaba la muerte de las ideologías y erigía un presunto sentido común indiscutible –por supuesto, de derecha–, frente al cual los intelectuales éramos refutadores de leyendas y vendedores de cortinas de humo –justamente, las ideologías. La realidad era transparente, según ese discurso, y la gente común –luego conocida como *lagente*– la comprendía sin dificultades, al contrario de los intelectuales, que no hacíamos más que complicar la vida haciendo interpretaciones invariablemente tomadas de los libros. Nunca el barro ni el barrio, nunca la realidad, nunca una fábrica. Nunca las "cosas sencillas de la vida", a las que éramos impermeables, dominados por ese mundo de las ideas y las abstracciones que nos hacían aparatos hegelianos, penetrados por la dialéctica –hasta que un día los periodistas deportivos llamaron dialéctica a la retórica de Bielsa, y hasta sin eso nos dejaron. Esa era la novedad derechista de los noventa; pero le debía mucho al peronismo, que había proclamado la calidad indiscutida del sentido común popular ("el pueblo nunca se equivoca", no lo olvidemos), y que, Jauretche mediante, había decretado que los intelectuales solo servían para darle la espalda al pueblo.

Los intelectuales, puedo decirlo ahora después de dos décadas de ejercicio, somos algo bastante más complicado y a la vez más útil que esos estereotipos. Venimos a ser gente que debe mirar donde pocos miran, donde hay oscuridad (donde hay luz mira cualquiera); que debe pensar y criticar y cuestionar y proponer, todo a la vez, pero desligados de intereses, de supersticiones, de pasiones desmesuradas –es decir: no podemos ser como Macri, que cree en sus empresas, ni como Carrió, que cree que es el espíritu santo. Eso no significa abjurar de la pasión, pero sí de su desmesura. Y a veces nos sale, y a veces no. A veces, parecemos seres socialmente útiles; muchas otras, parecemos inútiles privilegiados.

Pero tampoco somos un bloque: la crítica, la obligación de someter toda creencia al cuestionamiento, nos permite tener diferencias de toda laya y pelaje. Una de las mejores cosas que la crisis agraria nos ha traído no es el gorilismo de los ruralistas ni la obcecación kirchnerista: es la reaparición de los intelectuales como actores, como sujetos políticos que afirman sus convicciones y las exhiben públicamente y las despliegan, incluso, en las calles y en los medios. Pero solo a condición de que esa exhibición sea apasionadamente tolerante. Cuando José Pablo Feinmann afirma que a la izquierda del kirchnerismo no hay nada, se vuelve intolerante. Y ciego: porque a la izquierda del kirchnerismo hay un lugar inmenso. Ocupado, también, por intelectuales, que estamos en todos lados, porque esa es nuestra obligación.

Intelectuales, segunda entrada
(in memóriam Nicolás Casullo)

Después de la crónica anterior estuve acumulando materiales para una nueva nota sobre el rol de los y las intelectuales en la Argentina. Más que su rol, sobre su valoración; y mejor aún, sobre los mitos e imágenes que se han construido en torno de ellos y ellas. Me habían llamado la atención dos cosas, minúsculas pero significativas: una de ellas en el mismo diario *Crítica*, pocos días después de publicada la antedicha, cuando ante el anuncio de un posible paro del Sindicato Argentino de Televisión el anónimo cronista aseguraba que se cumpliría "una fantasía recurrente de los intelectuales: quitar la televisión de la vida cotidiana". La otra aparecía en un portal de Luis Majul, *Hipercrítico*, en una columna firmada por Adriana Amado Suárez dedicada a criticar una de las crónicas que dediqué a Tinelli. Adriana, intelectual ella misma (tiene un doctorado, es profesora universitaria, trabaja de esto), no podía leer la ironía de mi nota y se mandaba con un enojado "estos programas [por TVR] son los únicos que suelen permitirse ver algunos intelectuales y aquellos que militan en el partido 'No vemos nunca televisión'".

Es claro que hay aquí una enorme fantasía sobre los intelectuales, deudora de un populismo desbordado. Y en tanto fantasía, abreva en los lugares comunes tradicionales: les falta afirmar que, además de no ver televisión, a los intelectuales no les gusta bailar y que no practican deportes y que no tienen hijos y que sus fríos corazones no tienen lugar para las pasiones humanas. Tengo guardadas un par de notas de Jorge Rial, una de los noventa en *Noticias*, otra equivalente en los 2000 en *Veintitrés*, donde afirma más o menos lo mismo: de un lado está *lagente* con sus gustos y su amor por Tinelli y Susana, y del otro los intelectuales en sus *penthouses* –les juro que dice eso. Nuestro cronista y nuestra académica, aunque lejos de sus intenciones de coincidir con el epistemólogo de Intrusos, no podían separarse de ese lugar común, fácil y a la vez bastante simplón, como todos los lugares comunes. Sintiéndome un poco aludido, no pude menos que reírme: si yo quisiera desterrar la televisión de la vida cotidiana, no podría ver ni *House*, ni Capusotto, ni la copa Davis, ni Chacarita-Fénix, ni el porno *light* de *The Film Zone*, ni *The Big Bang Theory,* ni tantas otras cosas. De la misma manera, veo *TVR* cada tanto por razones exactamente opuestas a las que supone nuestra crítica atolondrada: porque es un ejemplo de lo que la televisión argentina finge ser para engañar a la gilada –hacerse la inteligente para perseverar en la idiotez, hablando siempre de sí misma como último horizonte de lo posible.

El problema, de todas maneras, no son Adriana ni el cronista anónimo: lo que me preocupa es la recurrencia de estas imágenes sobre los intelectuales, decididamente alentadas por el populismo dominante. Decir esto no significa echarle la culpa –también de esto– al kirchnerismo, sino al plebeyismo que se ha vuelto modo fundamental de la organización de la cultura argentina: los K son populistas, Macri y Carrió también lo son. Todos ellos afirman la primacía de "los sentimientos de *lagente*" por sobre los argumentos y las teorías. Otra versión derivada de la anterior supone que los intelectuales no trabajan, sino que alguien (seguramente, alguna fuerza destinada a convertirlos en mercenarios) los compra para que piensen a sueldo –y para eso está la crónica que viene. Y por detrás de todos, planea el fantasma de Jauretche, un polemista genial, pero cuya obra ha hecho ya suficiente daño alegando que los intelectuales son cipayos alejados del pueblo y condenados a no comprenderlo.

Todo esto vino a cuento porque se nos acababa de morir Nicolás Casullo, un gran tipo al que sus alumnos insistían en recordar con amor y admiración en todas las intervenciones posteadas en los comentarios de lectores de los diarios de esos días. En los últimos años, se fueron demasiados: entre los más cercanos, Oscar Landi, Jorge Rivera, Eduardo Archetti, Juan Carlos Portantiero, Oscar Terán, José Sazbón, Aníbal Ford. Es muy probable que sus lectores –es decir, los lectores de parte del pensamiento argentino más relevante de los últimos años en la historia, la sociología, la antropología, la filosofía, la cultura– sean ridículamente pocos. La sociedad argentina, en su mayoría, no cree que los intelectuales sean los sabios de la tribu. Cree que son seres prescindibles y que para colmo no ven televisión ni juegan al fútbol. Y que cuando intervienen políticamente –Casullo lo hizo, y no solo con Carta Abierta– son mercenarios pagados por el oro de Kirchner o de Moscú.

Una sociedad que no reconoce a sus intelectuales está condenada a reemplazarlos por Palermo y Barros Scheloto, Jorge Rial y Marcelo Tinelli. Lo que nos pone, sospecho, en algunos problemas.

Los intelectuales, el estado y las fantasías de Fontevecchia: se va la tercera

Mientras escribía estas crónicas, a comienzos de 2009, la revista *Noticias* tituló "Los pensadores de la corona" a una nota de tapa dedicada al grupo Carta Abierta, afirmando en la bajada "Por qué muchos de ellos están vinculados económicamente con el Estado". En el primer recuadro, se enumeraban, entre los que reciben sueldos del estado nacional, a colegas como Federico Schuster, Carlos Girotti, Jaime Sorín, Damián Loretti, Hugo Trinchero, Ana María Zubieta, Leonor Acuña, Alejandro Kaufman, Ricardo Forster. Con algunos me une la amistad, a veces estrecha; con otros nos separan diferencias políticas, aunque compartamos ámbitos de actuación (básicamente, la Universidad pública y el CONICET). De la lista dejo afuera a otros como Horacio González o Tristán Bauer, sencillamente porque eran entonces y siguen siendo efectivamente funcionarios estatales, ocupando cargos políticos; o a José Pablo Feinmann, porque no recibe salario estatal, sino que participa en programas televisivos estatales —y lo que *Noticias* estaría afirmando entonces es que, cuando el kirchnerismo se vaya, Feinmann se irá de la televisión pública: un buen punto de partida para estos defensores de la libertad de prensa y el pluralismo.

Entonces, primer argumento: mi defensa no es política. No integro Carta Abierta, nunca lo hice, nunca lo haré; tengo enormes diferencias —no tanto respecto de cómo caracterizan a la derecha, sino de cómo caracterizan al kirchnerismo: creo que a esta altura del partido deberíamos acordar definitivamente que "peronismo de izquierda o progresista" es un oxímoron, como ya está dicho en este libro. En la polémica entre González y Vicente Palermo, los argumentos honestos y meditados de Palermo me convencieron más que la altisonancia de los de González; en el intercambio de Feinmann con Sarlo, la descalificación que José Pablo hizo de Beatriz me parece digna de la derecha que él mismo cuestiona —digamos que Sarlo, hasta cuando se equivoca, acierta más que Feinmann. Segundo argumento, entonces: mi defensa es contra la acusación velada –porque para evitarse un juicio por calumnias e injurias *Noticias* pega un par de vueltas: sugiere, titula, pero no afirma– de que los colegas se han vuelto kirchneristas por dinero, porque dependen del estado.

Y es hora, entonces, de recordar un principio estrictamente liberal, para nada izquierdista: la autonomía universitaria y la de órganos como el CONICET fue inventada exactamente para sustraer el trabajo intelectual y científico de la influencia del estado y de los avatares políticos. Los nombres que *Noticias* disemina, para que sus lectores "comprendan" la dependencia salarial de los intelectuales, son asalariados en tanto que profesores o investigadores: han ganado sus cargos por concurso público de oposición y antecedentes, son sometidos a evaluaciones periódicas regidas por normas transparentes y muy exigentes; y los que son decanos o vicedecanos, lo son por elección democrática de profesores, graduados y alumnos, no por delegación del Poder Ejecutivo. Lo que *Noticias* no menciona es que los profesores e investigadores que recibimos un salario estatal lo hacemos durante toda nuestra carrera, a lo largo de gobiernos disímiles y contradictorios, y que vamos a seguir haciéndolo cuando gane Carrió, Macri, Solá o Cobos, porque para echarnos es preciso que nos volvamos malos científicos o que perdamos un concurso –invito a Fontevecchia, por ejemplo, a presentarse a uno. O a Sebreli, o a Aguinis, o a Gregorich, que colaboraban en la misma nota de *Noticias* para agitar estos repetidos fantasmas.

Lo que *Noticias* no dijo es que los intelectuales no tenemos muchas otras posibilidades de ingresos: damos muchas clases, publicamos libros con mercados reducidos como el nuestro, escribimos en medios por desafío político, pero no por el nivel de la paga –aunque siempre debe haber paga, porque es trabajo. Y lo que *Noticias* tampoco dice es que su editorial tiene tan poco respeto por el trabajo intelectual que suele negarse a pagar las colaboraciones. O que en 1998, en la primera etapa de su diario *Perfil*, dejó a todos los periodistas y colaboradores en la calle luego de tres meses. O que ningún gobierno puede ni podrá echarnos por nuestras opiniones, sino por la calidad y rigor del trabajo. Desafío a que los empresarios periodísticos puedan decir lo mismo.

El fordismo
(in memóriam Aníbal Ford)

En noviembre de 2009, se nos murió Aníbal Ford, a los 75 años, por culpa de un cáncer. Es posible que la noticia no le haya dicho nada a nadie por fuera de la comunidad académica, aunque eso incluye a algunas decenas de miles de estudiantes y graduados de periodismo de la Argentina y América Latina, que lo leyeron y admiraron, y entre ellos sus alumnos de Comunicación de la UBA, que lo tuvieron 20 años a su disposición para reírse y asombrarse en sus clases. Fueron apenas 20 años, porque entre 1974 y 1987 Ford estuvo fuera de la Universidad, gracias a la dictadura.

Aníbal –permítanme la confianza, que será explicada más adelante– fue muchas cosas además de profesor universitario. Por solo algunas de ellas hubiera entrado en la memoria cultural de este país: participó de los equipos inventores de la empresa editorial más democrática de la historia, la de EUDEBA, que la dictadura de Onganía expulsó y que se reconvirtió en el Centro Editor de América Latina. Empresa democrática: libros baratos de a miles, una apuesta político-cultural por el conocimiento popular que no se ha repetido. Y también, como el profesor de Letras preocupado por el periodismo que era, fue el primer estudioso de la obra de Rodolfo Walsh, en 1972. Y luego inventó la entrada de los productos de la cultura de masas en la academia, cuando dictó Introducción a la Literatura en la UBA camporista de 1973: junto a Eduardo Romano y Jorge Rivera estaba fundando nada menos que los estudios sobre cultura popular. Y además fue secretario de redacción de *Crisis*, la revista político-cultural ejemplar de nuestra memoria editorial. Y además fue el primer biógrafo de Homero Manzi. Y ya era un promisorio cuentista, que había publicado *Sumbosa* en 1967.

Pero llegó la dictadura, y Aníbal se guardó en el exilio interno, expulsado de la universidad y del periodismo. La producción de esos años silenciosos recién apareció en 1987, cuando junto a Rivera y Romano compilaron *Medios de comunicación y cultura popular*, los temas que, insisto, ellos tres habían fundado, en una universidad que todavía ninguneaba esas preocupaciones; y en 1988 apareció *Desde la orilla de la ciencia*, donde anunciaba sus nuevas direcciones. Cuando lo convocaron nuevamente a la UBA, ahora para dictar una cátedra en Comunicación, las puso en acción: se dedicó a los estudios sobre comunicación y cultura pero dándoles un giro teórico vertiginoso. Aníbal hacía pasar toda la teoría por una licuadora de creatividad y crítica, disparando ideas y relaciones para todas las direcciones. Le encantaba Bateson y su idea de "la pauta que conecta", poner en relación ideas solo en principio lejanas para volverlas amigas y hacerlas producir otras nuevas. Había transformado el populismo del que venía –como muchos, dejó el peronismo cuando llegó Menem, pero como pocos, no se molestó en volver– en una máquina de creatividad e irreverencia crítica. En 1994, publicó *Navegaciones*, un libro descomunal, lleno de hallazgos y sugerencias: entre otras, la de que lo popular no es una lista de bienes sino un modo de pensar, una manera de relacionarse con el mundo y con la vida tramada con el cuerpo y la oralidad, con el olfato y el humor. Se había vuelto un teórico de la comunicación, pero su apuesta seguía estando junto a la práctica periodística: todo el tiempo les recordaba a sus alumnos que un buen periodista debía leer de todo durante toda su vida.

Se había vuelto un teórico, y como buen teórico no paraba de producir empiria. Como le preocupaba enormemente el tema del territorio –Aníbal era un intelectual argentino, y eso no significaba porteñismo–, viajaba para confirmar teorías. Entre sus hazañas estaba haber remontado el curso del Salado-Chadileuvú; entre sus recurrencias, navegar en el Tigre siguiendo los itinerarios de Haroldo Conti; entre sus últimas travesuras, navegar hasta la Isla de los Estados.

Este recuerdo y este homenaje tiene un pliegue personal. Trabajé con Aníbal diez años; integré su primer equipo de cátedra en el regreso a la UBA, lo acompañé en el bar de la esquina de la Facultad a tomar una copa mientras me anticipaba su próxima clase, disfruté los asados en su casita en el Tigre. Aprendí de todo, pero especialmente aprendí que había que inventar y arriesgar todo el tiempo, que investigar la comunicación y la cultura era un juego de conexiones y navegaciones. Diez años atrás nos peleamos, mal: éramos demasiado parecidos, dos calentones que para colmo habían aprendido a usar el mail sin pensar antes de apretar la tecla de "enviar". En ese momento me dijo que yo estaba demasiado grandecito para ser parricida. La metáfora era cultural, pero también fue afectiva. Aníbal tenía la edad de mi papá, que se murió apenas 45 días antes. Así como un día descubrí que había hecho buena parte de mi carrera para hacerlo feliz a mi viejo, ahora entiendo que escribí y publiqué estas crónicas con la –ya perdida– ilusión de que Aníbal Ford las lea y se sonría con algún gesto de fordismo.

La tecla populista, entre otras yerbas

Entre los libros atrasados que me esperaban en las vacaciones, estaba una compilación de artículos de Marcos Mayer, un periodista argentino que anduvo por *Página 12* y *Clarín* pero que hacía rato no leía. Siempre me pareció un tipo inteligente, de modo que su lectura también quería tener algo de nueva constatación. Para colmo, *La tecla populista* (ese es el título del libro, reciente, de 2009) prometía incursionar en el análisis de la cultura argentina contemporánea, es decir, los temas que me interesan: leerlo era, entonces, revisar también bibliografía actualizada.

Y bien: el libro cumple lo que promete. Provoca, cuestiona, es agudo y filoso, a pesar de algunos ripios –su explicación de la metáfora "tecla populista" es ilegible. Para Mayer, estamos en plena dominancia de un populismo cultural insoportable, de la peor laya, que ha transformado a Tinelli y la cumbia villera en emblemas de la democracia cultural. Como suele ocurrir en las compilaciones –Marcos colecciona artículos que comienzan con el humor televisivo y terminan con la cumbia, pasando por la música popular y la divulgación histórica–, el libro pierde contundencia en el conjunto, a despecho de algunas potencias argumentativas: el artículo sobre el humor es excelente, su análisis de la obra y carrera de Joni Mitchell –una pasión personal– es una joyita que me obligó a revisar mis propios discos para celebrar sus hallazgos.

La reivindicación del rigor crítico anti-populista de Mayer choca, en algún momento, con un anti-academicismo exasperado: para él, los académicos –lo encrespan, especialmente, los sociólogos– habríamos tendido a caer en el facilismo celebratorio de la cultura popular, para lo que ofrece citas mínimas y, contradictoriamente, muy poco rigor. En esas volteadas me toca un palo: aparezco diciendo cosas sobre la cumbia que Marcos se limita a extraer de un portal periodístico, sin molestarse en leer los argumentos más extensos que desarrollé en muchos otros lugares. Me transformo en "cumbiavillerista" por obra y gracia de una lectura sin cuidado ni respeto: de lo que se puede inferir que Mayer supone que se debe cuestionar a los discursos académicos sin leerlos, apenas refugiado en lo que las radios o los portales extraen de esos textos. Al lado de ese rigor, Pablo Lescano es un antropólogo. Marcos termina así cayendo, paradójicamente, en prácticas populistas: el antiintelectualismo y la cita escamoteada.

Sin embargo, el debate que Mayer impulsa –con sus defectos y sus exageraciones– viene a cuento de lo que se discutió, incluso en las mismas páginas de *Crítica*, a raíz de la muerte de Sandro. En ese momento, una contratapa contundente de Caparrós desató una tormenta de lectores airados que reclamaron su excomunión. (Dicho sea de paso: los comentarios de algunos lectores confunden el debate con la inquisición, reclaman pluralismo para poder quemarnos vivos. O se rebajan a la calumnia berreta y barata: y eso se sigue llamando delito en la justicia argentina). Es posible que los argumentos de Caparrós hayan sido excesivos: debo reconocer, a su favor, que traté de volver a escuchar a Sandro, conmovido por su muerte, y me sigue pareciendo musical y líricamente tan mediocre como hace 40 años; que preferí, infinitamente, la versión de "Tengo" cantada por Mollo. Pero el exceso de Caparrós daba en el blanco cuando recordaba la plebeyización de la cultura y la sociedad argentina que viene ocurriendo desde el menemismo, por lo menos, y sobre la que no se ha puesto adecuadamente el acento. A veces, ni siquiera en la academia, por supuesto, que tampoco es la fuente de toda razón y justicia.

La discusión sobre el populismo cultural dominante en la Argentina es un debate urgente, que también tiene que ver con las políticas culturales, la Ley de Medios, la concentración monopólica, las oposiciones entre los campos periodísticos y académicos, el rol de los intelectuales. Para encarar ese debate, el libro de Mayer o las columnas de Caparrós son un insumo imprescindible: en su exasperación, señalan con nitidez que la mediocrización del debate político también ha alcanzado al debate cultural. Lo que reclaman –y ese reclamo debiera interpelarnos con nitidez y urgencia a los académicos y a los periodistas– es que la agenda la fijemos nosotros, y no el suplemento de espectáculos de *Clarín*. Y que la teoría sigue siendo imprescindible, entre tanto bochinche celebratorio de una cultura de masas cada día más degradada.

El mito Sebreli

En su último y más o menos flamante libro, *Comediantes y mártires. Ensayo contra los mitos*,[25] el celebérrimo intelectual todoterreno Juan José Sebreli la emprende, como dice el subtítulo, contra los mitos argentinos. Contra cuatro de ellos: Gardel, Eva Perón, el Che y Maradona. El ensayo está desde el comienzo fatalmente incompleto, porque no puede ocuparse de otro de los mitos centrales de nuestra cultura: que es, justamente, el propio Sebreli.

Posiblemente la trayectoria de Sebreli sea más o menos desconocida para el gran público, incluso sus lectores actuales. De joven, sartreano-filoperonista y animador de la revista *Contorno* (junto a, entre otros, Noé Jitrik y los hermanos David e Ismael Viñas), estudió sociología en la UBA para luego dedicarse desde los años 60 al ensayo como género literario: una tradición poderosa de la crítica intelectual y la produción cultural latinoamericana, en un arco que va de Sarmiento a Martínez Estrada, para ser escueto. En esa línea, se convirtió en *best seller* en 1964 con su *Buenos Aires, vida cotidiana y alienación*, su mejor libro. En *Eva Perón:¿aventurera o militante?* asumió lo que hoy llama su "peronismo izquierdizado prepolítico", lo que le permitió paradójicamente el último destello de su talento. A partir de allí comenzó la deriva clásica latinoamericana: nuestro hombre de letras fue virando a la derecha –otro arco: el que va de Lugones a Vargas Llosa, por ejemplo– y a exhibir un antiperonismo militante y con mejor prensa. Su retorno a la fama fue con *Los deseos imaginarios del peronismo* en 1984, y a partir de allí nos viene asestando golpes con cierta periodicidad no exenta de oportunismo: en 1998, casualmente antes del Mundial de Francia, re-editó su viejo *Fútbol y masas*, de 1981, agregándole un par de capítulos y titulándolo *La era del fútbol*.

En el libro que aquí nos ocupa, Sebreli pone en escena sus recursos habituales, hasta con cierta exasperación. Ellos son, a grandes rasgos,

---

[25] Y luego vino otro, una especie de memorias, que pasó inadvertido.

tres: el lugar común, la referencia falaz y el error empírico. La argumentación de Sebreli, a despecho de su reivindicación crítica, está plagada de lugares comunes que viene diseminando hace un cuarto de siglo: el más notorio es el de la asociación del peronismo con el nazi-fascismo, pero el más grosero es el de la descalificación en bloque de todo lo que llama el estructuralismo y el post-estructuralismo (la facilidad con la que envía a Foucault al arcón de los "irracionalistas" da un poquito de vergüenza ajena). Las referencias falaces consisten en aludir a fantasmas: "los intelectuales populistas proclaman que solo la comunión con la sensibilidad popular permite percibir la emoción de los mitos populares", sostiene en la página 15, sin citar un solo ejemplo en su auxilio; o la vieja muletilla de que los pobres beneficiados por las dádivas peronistas eran "desclasados más que trabajadores", como afirma en la página 103.

Pero la mayor grosería es su desprecio por la empiria, la "realidad" que paradójicamente invoca en su respaldo. Para ser un destructor de mitos, Sebreli carece de información suficiente, o no chequea adecuadamente sus datos: afirma que Maradona fue exceptuado del servicio militar –y a la página siguiente transcribe sus declaraciones como "soldado"–; sostiene que el Napoli lo sometió al *antidoping*, finalmente positivo, de 1991; declara suelto de cuerpo que "el dictador Videla dirigía desde el canal de televisión estatal y por vía satélite al Japón" los saludos a Maradona –como si en 1979 hubiera habido otra cosa que canales estatales–; y llega a su esplendor cuando critica el robo del cadáver de Aramburu realizado por Montoneros para reclamarle a Lanusse el cuerpo de Evita. Un gesto estremecedor: lástima que ocurrió en 1975, cuando la presidenta era Isabel y no Lanusse… El colmo de sus aberraciones argumentales consiste en cuestionarle a Horacio González el uso de *La razón de mi vida* como fuente de sus análisis, afirmando que "es arbitrario interpretar a Perón y a Evita (…) en base a la lectura de textos que ni siquiera escribió ella" (108). Apenas ocho páginas antes, había comparado *La razón…* con *Mi lucha*, el manual hitleriano.

El problema no está en que Sebreli cuestione los mitos: es una tarea indispensable de las ciencias sociales cuestionar los mitos, las fantasías, los lugares comunes sobre los que se construye una cultura. Pero esa tarea exige –como toda la sociología contemporánea ha demostrado– someter el propio trabajo a examen para evitar repetir aquello que se cuestiona. En cambio, el pensamiento de Sebreli forma parte de lo mismo que critica: la liviandad exasperada con la que nuestra cultura erige a ciertas figuras como faros intelectuales o culturales a despecho de sus pobrezas. Exagerando, pero no tanto: Sebreli es a la sociología lo que Tinelli a la cultura de masas. No en vano, hace unos años le dio clases de filosofía a Mirtha Legrand. Los resultados están a la vista.

El progresismo y sus límites

Y bien, estamos de fiesta: desde 2010 hay matrimonio igualitario, o *ley de matrimonio gay*, como le gustó decir a sus detractores. Entre tantas frases repartidas a diestra y siniestra para festejar el acontecimiento, estaban las consabidas, las obvias, los lugares comunes, las lacrimosas, las pomposas. Pero bueno: para eso están los festejos, para celebrar y no preocuparse demasiado por el qué dirán –menos aún en un caso como este, en el que los lugares comunes y las obviedades estuvieron sistemáticamente del lado de los malos. Aunque le pese a tantos monseñores, el mal estuvo de su lado: claro, lo escribo con minúscula y no con las mayúsculas bíblicas, porque no se trató de los malvados demoníacos del averno con los que tanto nos azotaron en esas semanas. Se trató, simplemente, del mal que aqueja a nuestra sociedades latinoamericanas contemporáneas: la presencia insistente de las derechas más retrógradas y conservadoras, implacablemente premodernas, que pretenden imponer sus convicciones personales como modo de organización de toda la comunidad, incluso –especialmente– de aquellos que no creen en esas convicciones.

Y son tan malos que ni siquiera los alcanza una disculpa por la calidad del debate: las cosas que tuvimos que oír hablan mal de la inteligencia humana. Monseñores, voceros y voceras oficiosas, líderes espirituales de credos diversos, mirthas legranes, senadores y senadoras: nadie (con abundancia masculina, porque entre ellos cotiza el machismo que ordena el famoso plan divino) pudo sostener un solo argumento, no digo convincente, sino apenas bien estructurado. El ganador, claro, fue la pregunta de la señora Legrand a Roberto Piazza;[26] allí nomás, estuvieron las apelaciones al futuro de tanto niño "en manos de pederastas" (y no, no hablaban de los curas); mucha gracia me hizo la insistencia

---

[26] Los lectores atentos recordarán que la señora le preguntó si en una adopción por homosexuales, no podía producirse una violación del niño.

de una politóloga de la Universidad Católica Argentina (¡cierren ya esa carrera!) en la "complementariedad" de hombre y mujer. Creo que la señorita aludía a la relación pene-vagina; los misterios de la analidad se revelaron, en su caso, insondables.

Del otro lado, junto a la implacable e impecable capacidad de lucha de las organizaciones de homosexuales, estaban tantas declaraciones pomposas: que "los dolores que quedan son las libertades que faltan" y sus variaciones, hasta el liderazgo continental –al fin ganamos en algo. Pero lo más interesante para este análisis son las colocaciones y recolocaciones de los políticos y políticas. Se insistió en que la votación "cruzó transversalmente" a los partidos: eso puede ser discutido y desmenuzado. Los radicales siguen siendo una bolsa de gatos que aglutina alguna pulsión socialdemócrata con perseverantes resistencias conservadoras: nada puede sorprendernos de la mayoría de votos negativos. Los socialistas se llevan todos los méritos, por coherencia y unanimidad, acompañados por los bloques centroizquierdistas, a falta de mejor nombre. Los coalicionistascívicos muestran la hilacha a cada rato: imaginen el progresismo de la agenda lilicarrista en manos de esta espada flamígera del señor Bergoglio. Los peronistas federales/auténticos/disidentes/ arcaicos (*táchese lo que no corresponda*) demostraron su consecuencia reaccionaria, obsecuentemente chupacirios, desaforadamente anacrónicos: el pobre Solá mira a su alrededor y se pregunta qué ha hecho para merecer esto. Las palmas, claro, se las lleva Chiche Duhalde: qué lucidez, que inteligencia preclara, qué inquisición nos espera si la presidencia volviera a ser del maridito.

Y como siempre, la clave/el problema (*táchese lo que no corresponda*) está en el kirchnerismo. Que sus bloques hayan tenido fisuras, tratándose de otras tantas bolsas de gatos, era previsible: las sinuosidades de sus alianzas pueden incluir, como ha sido demostrado y denostado, intelectuales de izquierda y barones del conurbano, militantes consecuentes y capangas sindicales, luchadores populares y señores feudales. En circunstancias como la que acabamos de pasar, sus alineamientos se muestran con más transparencia: una agenda real y consecuentemente progresista no puede ser conducida a la vez por la CGT, la intendencia de Ezeiza, Carta Abierta y el gobierno de Córdoba. Con inteligencia, entonces, el kirchnerismo se limita a los golpes de efecto, más que a las políticas: lee con creatividad el clima político y cultural, sabe olfatear cómo viene la mano, juega fuerte –a pesar de las sugerencias de tanto idiota que sostiene que *lagente* no está de acuerdo". Y como tiene más inteligencia que la mayoría de la oposición –tarea sencilla–, apuesta y gana. Entre tanto, desplaza los temas y las decisiones que serían consecuentes con una agenda progresista: el aborto, claro, pero especialmente la distribución del ingreso y la democratización radical de la sociedad. Allí recula, mira más a su derecha que a su izquierda.

Aunque –y ese es el resultado más notorio de lo que acabamos de lograr– la inteligencia, el consenso, el diálogo, la acumulación de fuerzas podría permitir avanzar en esas direcciones. La pregunta es si esa agenda le interesa al kirchnerismo. Si *realmente* le interesa.

Universitarias

Después de seis meses de crónicas en un diario nacional –aunque su distribución fuera precaria y más virtual que impresa, *Crítica de la Argentina* lo era–, tuve que recordar que no era periodista, aunque lo haya querido ser. Cuando terminé la secundaria, en plena dictadura, no había carreras de comunicación en la Universidad de Buenos Aires; había que recurrir a dudosas escuelas de periodismo, y estudiar Letras era una opción para los que queríamos despuntar el vicio. Luego, claro, la crítica literaria te hacía olvidar la literatura y en las redacciones le echaban flit a todo lo que sonara universitario. Otros tiempos, otras costumbres. De modo que estudié Letras y, por una serie de azares, terminé doctorándome en sociología. Y entonces y antes y después vino la posibilidad de escribir en diarios y revistas, vicio que cultivo desde un lejano 1986 en el olvidado diario *Tiempo Argentino*.

Quedó así develado el misterio que aquejaba a algunos malvados comentaristas de la web del diario, que invocaban continuamente porqué le daban ese espacio a ese "periodista": simplemente, no lo era. El pacto era escribir de lo que sé y de lo que investigo, que es la cultura popular y la de masas y la otra –porque uno no estudia Letras para luego fingir que la cumbia y Tinelli y el aguante son el centro del universo. Pero vivo de otra cosa: vivo, misteriosamente, de la Universidad y de la investigación y el CONICET, donde soy investigador en sociología de la cultura. Tengo veinticinco años ininterrumpidos de profesor, y no hay en ellos ninguna resignación: sigo creyendo que este oficio –enseñar e investigar– es una de las mejores cosas que me pudieron haber pasado. Escribir esas contratapas era un complemento feliz; enseñar, investigar y luego contar y discutir, a veces con más éxito, lo que producimos en la universidad. Es cumplir a la vez el berretín adolescente del periodismo y el objetivo crucial de los que trabajamos en las ciencias sociales, que no es otra cosa que ayudar a cambiar una sociedad que nos conforma tan poco, por no decir nada.

Los continuos e inacabados sucesos en torno de la UBA –tomas, asambleas, derrumbes, cortes de luz, más tomas– no me eran, entonces, indiferentes. No me podía poner en crítico distanciado, porque doy clase e investigo y además era parte –hasta marzo de 2010– del gobierno de la Facultad de Ciencias Sociales, la más damnificada, la que siempre está en el candelero. Doy clase en aulas espantosas, sin calefacción ni ventilación; los techos no se caen, pero pareciera que podrían hacerlo; no se pueden nombrar nuevos profesores, porque no les pagarían –todavía hay varios que no lo han conseguido jamás; habíamos armado un posgrado de lujo, entre gratis y muy barato, pero no recibimos un solo peso para solventarlo y así hacerlo gratuito, como es en Brasil, sin ir más lejos; los empleados administrativos ganan miserias y son muchos menos de los necesarios –y puedo afirmar, porque dirigí durante seis años una oficina universitaria, que no se trata de ñoquis ni nada por el estilo. Los compañeros y compañeras que trabajan conmigo en la cátedra arañan los $800 mensuales y se matan para dar clases espléndidas, dignas de admiración y respeto por sus estudiantes (que los adoran). Pero lo deben hacer muchas veces y en muchos lados, para así armar sueldos decentes.

A pesar de todo eso, la UBA sigue siendo la segunda o tercera universidad de América Latina y una de las más prestigiosas del mundo, la que produce un porcentaje abrumador de toda la ciencia argentina. Los responsables de las universidades extranjeras no leen encuestas berretas, sino que se limitan a tributar el respeto que la UBA se ha ganado por la calidad de sus graduados y del conocimiento que genera. Un verdadero milagro, que el esfuerzo de las sucesivas autoridades políticas por desfinanciarla no ha conseguido destruir. El milagro consiste en el orgullo tenaz de saberse parte de una tradición democrática inaudita: somos el único país del continente donde un hijo de las clases populares podía llegar a doctorarse en su universidad pública, gratuita y cogobernada. Una tradición democrática que tiene las dificultades propias de la lucha política –que la vuelven conflictiva, pero también más democrática que varias provincias sofocadas por el feudalismo–; y una tradición de autonomía que también garantiza que la producción científica sea minuciosamente independiente, solo deudora del rigor científico –pongámoslo así: ni le pedimos permiso a *Clarín*, ni le debemos pleitesía al PJ o a Macri.

Con poca plata –las cifras necesarias son ridículas para el superávit fiscal y la recaudación impositiva– todos los problemas se resuelven. La movilización de docentes y estudiantes garantiza que nadie se la robe: será necesariamente plata bien usada. La pregunta del millón es, entonces, si la universidad pública, uno de los grandes orgullos de este país, le importa algo a este gobierno. Y a toda la sociedad, que critica los paros y las marchas hasta que llega el día de la graduación de sus hijos e hijas. Ese día, entonces sí, se emocionan recordando al abuelo analfabeto.

El salario docente y la señorita Mirtha

No soy profeta, pero no hacían falta ni profecías ni un gran esfuerzo de imaginación para anticipar que las clases iban a comenzar con dificultades, si comenzaban, y que 2010 iba a ser un año sembrado de paros docentes a lo largo y a lo ancho del país. Basta con leer las noticias a comienzos de año –los reclamos, los amagos de negociación que se frustraban cuando los funcionarios rechazaban exasperados los pedidos– o, indagando en Internet, encontrar los salarios promedios de los maestros y profesores en cada una de las jurisdicciones. Las disparidades son groseras: y ni siquiera tomando en cuenta el salario del maestro fueguino o santacruceño –donde todo es carísimo– se puede encontrar un solo sueldo digno de ese nombre.

El tema educativo es uno de los más tapizados por los lugares comunes habituales de la cultura argentina. Los deliciosos testimonios que nos disparara Abel Posse en su corta pero fructífera gestión como Secretario de Educación porteño –¿alguien lo recuerda, a esta altura?– pueden ser un buen ejemplo: Posse era un sarmientino presuntamente ortodoxo, pero su derechismo vertiginoso y su probada incapacidad intelectual le impedían salir de la tontería del apostolado y del "los perjudicados por los paros son los alumnos". Hoy Sarmiento sería un troskista militante de los gremios docentes más radicalizados, y la sola mención de que $2500 pueden ser un salario civilizado lo haría reescribir el *Facundo*. Por un momento, aceptemos lo que todos los políticos repiten: que la educación es la clave para el progreso de la patria, y que retener a los chicos en la escuela es el mejor mecanismo para que esos mismos chicos no nos asalten en la esquina (en realidad, la cosa es harto más compleja, pero aceptemos provisoriamente ese argumento). ¿Se puede afirmar eso e inmediatamente creer que un maestro puede ganar, al final de su carrera, con 25 años de antigüedad y miles de chicos alfabetizados sobre sus espaldas, menos de $5000? ¿Y que el maestro que recién se inicia y del que esperamos eduque a los hijos de los pobres –porque los otros no van a la escuela pública– gane $2500?

Por un lado: la respuesta posiblemente esté en que los maestros de la escuela pública educan a los pobres, y en consecuencia merecen, para nuestros políticos, salarios acordes con esa función social. Como afirmó varias veces Martín Caparrós en sus notas en *Crítica*, los que deciden los salarios de médicos y docentes no se atienden en los hospitales ni mandan sus chicos a las escuelas públicas. Por otro, está la cortina de humo según la cual los docentes faltan, viven de licencia, no se actualizan y les encanta hacer paros "políticos" —como si cualquier paro pudiera ser otra cosa. Cortina de humo, retahíla de idioteces: pero que incluso cuando son veraces, olvidan que la acumulación de licencias tienen que ver con las condiciones reales del trabajo —¡cuarenta chicos, muchos subalimentados, durante 180 días en un aula!— o con esos salarios que los obligan a buscar las changas paralelas e incompatibles —ya que no pueden andar haciendo diferencias con el cambio del dólar usando información calificada.

La manera como la sociedad entiende ese trabajo, a pesar de la hipocresía de todos los gobernantes, la demuestran dos hechos: uno, las tablas nacionales, que como dije muestran que no hay un solo salario docente digno en todo el país (sean distritos peronistas, radicales o macristas: en la provincia que dejó Cobos, el maestro que se inicia gana $1500). El otro lo acercaban dos gentiles servidores de la flamante policía metropolitana en *Clarín*, a comienzos de 2010: el subinspector Ahumada ganaba $9200, el oficial mayor Mendicino $6400. En la misma jurisdicción, mi señorita Mirtha, que espero que se haya podido jubilar, debía estar por los $4500, con dos cargos de jornada simple y después de 40 años de maestra ejemplar: y ni quiero imaginarme cuál es su jubilación. La señorita Mirtha fue mi maestra en 6.º y 7.º entre 1972 y 1973: lo había sido de mi hermano mayor, lo fue de mi hermano menor. Entre 1997 y 2000 fue maestra de mis hijos en una escuela pública del barrio de Floresta. Los años le habían agregado sabiduría y no le habían restado compromiso con su trabajo: su exasperada conciencia del rol que cumplía la volvían una maestra increíble, insustituible, a la que sus alumnos y alumnas amaban mientras estudiaban como poseídos —porque también sabía exigir todo aquello que daba. No dudo de la idoneidad del subinspector Ahumada, pero la comparación no deja de ser irritante.

Sepan perdonar algún exceso argumentativo. Vengo de familia de maestras, yo mismo soy profesor, y entre tanto docente malo que he tenido –como todos, como yo mismo puedo serlo– lo mejor de mi vida se lo he debido a la escuela y a la universidad argentina. Cuando Sileoni, Scioli, Macri o el que sea afirman orondos que lo que reclaman los docentes (¡un 25 por ciento de aumento sobre las cifras ridículas de las que estamos hablando!) es excesivo, siento aletear en mi cabeza la ira, pésima consejera. Al lado de eso, el paro es apenas una medida más racional, prudente y, sin duda, legítima.

La señorita Mirtha sigue enojada
(y va para rato)

Cuando profetizaba, en mi crónica anterior, las dificultades que iba a encontrar el comienzo del ciclo lectivo en 2010, no contaba con la capacidad de *Crítica* para imponer la agenda política: nuestra contratapa obligó a los gobiernos nacionales y provinciales a proponer gestos entre altisonantes y rastreros, que desembocaron en un inicio casi normal de las clases: pocos distritos con conflictos, aumentos de salarios generalizados a tono con la presión inflacionaria. Pero el panorama que pintamos siguió, en general, minuciosamente idéntico.

Fíjense, si no, el tipo de aumento de salarios que otorgó el gobierno nacional: se limitó a proponer un ajuste por inflación. Esa fue la primera piedra, y los gremios se avalanzaron a dar el sí: parece que un 20 por ciento, que apenas permite mantener la miseria existente y seguir comprando carnaza en vez de lomo, es suficiente. La señal que el Ministerio de Educación dio a la sociedad no fue "vamos a jerarquizar de una vez por todas a los docentes", sino "le damos la inflación, qué más van a pedir". Digo esto también conciente de que el Ministerio no le paga salarios a los maestros y a los profesores secundarios, sino apenas a los universitarios (que siguen en la lista de damnificados), por lo que sus aumentos sirven solo como indicador nacional y no precisan partidas presupuestarias: más a mi favor, entonces, porque una señal del estado nacional respecto de la política salarial podría haber sido un poco más enérgica.

Peores fueron las reacciones de las provincias, y aún más de los medios. Los gobernadores (incluyo en la lista a Macri) salieron a desgarrarse las vestiduras y a acusar al gobierno nacional de irresponsable: "hacen política con nuestro dinero", dicen que dijo Macri, olvidando que se trata, precisamente, de "nuestro" dinero… y no del suyo. Es decir: nadie quería aumentar un peso. El diario *Clarín* acompañó la tesitura: aunque "no podía dudarse" de la legitimidad del reclamo, también había que tener cuidado con los reclamos en cadena del resto de los estatales... con lo que para *Clarín* era claro que el problema de la educación argentina es equiparable al problema de todo el funcionariado. Por supuesto que casi todos encontraron que había dinero (el mismo que cinco minutos antes no existía) y aumentaron los sueldos, concientes de que, aunque la educación les importa un bledo, lo que les importa es la tapa del mismo *Clarín* mañana descerrajando un "14 millones de chicos no habrían tenido clase" o algo así.

En resumen: mi señorita Mirtha está igual que hasta hace pocas páginas. Pude averiguar que se jubiló, efectivamente, hacia 2004 o 2005, y descuento que no compraba el diario porque no le alcanzaba para semejante lujo, de modo que no he tenido noticias suyas. También pude averiguar, en esas semanas, que muchos lectores participan de esos lugares comunes sobre los que advertía en mi nota: que las licencias, que las ausencias, que los paros. Otros –claramente la mayoría– entendió mis argumentos, que redoblo aquí porque estas negociaciones no hicieron más que ratificarlos: a estos gobiernos (todos, kirchneristas y oposicionales) no les interesa absolutamente nada de lo educativo, salvo que no haya paros para que no les muevan el avispero. Lo que quieren son los famosos 180 días de clases: aunque sea con hambre –de maestros y chicos– y aunque no sirvan para nada de lo que 180 días de escuela debieran servir. Cosas menores, digamos: alfabetización, crecimiento intelectual, igualación de oportunidades, acceso a lo mejor del saber y la cultura –incluida la popular–, el clásico mandato de ser mejor que los padres.

Hubo una época en que la escuela pública argentina servía para eso. Fue un ratito: entre 1884 y 1976, con vaivenes y contradicciones. No voy a hacer de ese tiempo una edad de oro imaginaria: había montones de cosas para cuestionar en esa escuela, pero la base estaba. Las causas de la decadencia son también complejas, y entre otras está la transferencia de los servicios educativos a las provincias que inició la dictadura y terminó Menem (es decir, pura continuidad). Hoy hace falta una intervención radical, revolucionaria, apenas para comenzar a desandar ese camino. Hay que corregir los abusos de las licencias, sí; pero antes –el caballo siempre delante del carro– hay que dar vuelta la formación docente, volverla universitaria, reorganizar la capacitación para que sea

permanente y eterna, llenar las escuelas de equipamiento y bibliotecas –y no de televisores para que puedan ver el próximo mundial, y el
siguiente, y el siguiente... Y eso comienza transformando el salario docente de manera tal de que vuelva a ser atractivo como profesión estable,
una opción vital –y político-cultural, de paso. Eso no se logra creyendo que los aumentos a los docentes acarrean inflación u otros reclamos
estatales: se logra afirmando que ese salario debe aumentar exponencial-
mente –y que bufen los eunucos.

El juicio del siglo: el fracaso de los dirigentes

Mi título evoca, explícitamente, el famoso ensayo que Joaquín V. González publicó para el primer Centenario: punto alto, a su vez, de una larga serie de libros que, entre 1909 y 1920, se dedicaron infatigablemente a discutir la patria, sus devaneos, sus crisis, incluso sus refundaciones. Porque desde el primer título de esa serie, *La restauración nacionalista* de Ricardo Rojas, el tono dominante era la necesidad de rediscutir la Argentina, drásticamente modificada en esas décadas en lo político, lo social, lo demográfico, lo cultural, luego de la Organización roquista y la inmigración de masas. Ese primer Centenario desbordaba optimismos no exentos de críticas: y estas, dominadas por el espiritualismo y por un nacionalismo elitista que se convertiría en franco fascismo poco más adelante, alertaban sobre riesgos que hoy consideraríamos –o al menos, eso prefiero creer– puras ventajas, novedades democráticas y progresistas. Por ejemplo, la cuestión inmigratoria, el debate sobre la "popularización" de la lengua, la aparición de los sindicatos y las tendencias de izquierda entre los trabajadores, el surgimiento de una prensa de masas.

Cien años después, en este nuevo juicio del nuevo siglo, no puede dominarnos el optimismo. Ha reaparecido, posiblemente gracias a la explosión ruralista de 2008, la celebración del mito del granero del mundo y una nostalgia profundamente anacrónica del orden conservador que dominó los tiempos de 1910. Si es un indicio del estado del debate sobre la patria, no es uno de los mejores: parece señalar que a las clases dominantes –que ya no son las oligarquías agropecuarias de entonces– no se les ha ocurrido ninguna idea novedosa, a pesar de las transformaciones vertiginosas –industrialización, modernización, pluralidad– del último siglo; a pesar de que este país no es, ni puede ser, ni debe ser, el mismo que hace 100 años. Podríamos decir que, justamente a pesar de los reclamos de González, Rojas, Lugones o Gálvez, entre otros, la Argentina se volvió un país más plural y más democrático; y que sus déficits son de mayor democraticidad y no de rendimiento por hectárea.

Sin embargo, esta crónica no va a recaer en el lugar común de reclamar "unidad nacional", de exigir consensos en torno de "políticas de estado", de sostener que los próceres del centenario pasado tenían una visión unitaria, en sus disidencias, y que por ello el país marchaba adelante. No lo haré, porque eso supondría suscribir demasiados mitos todos juntos, y justamente los investigadores de la sociedad y la cultura estamos para explicar y desmontar los mitos, no para celebrarlos ni reproducirlos. Por ejemplo: el mito del país ubérrimo, granero del mundo, potencia universal destruida por el peronismo. La celebración del primer Centenario, por el contrario, se produjo en un país menos rico que el actual, mucho más concentrado, menos plural e infinitamente más injusto. Y sus próceres intelectuales (los ya citados: González, Rojas, Lugones o Gálvez, junto a tantos otros prohombres de la patria) compartían un horizonte unificado, sí: pero era el de la exclusión de las clases trabajadoras –o, incluso, su represión–, un aristocratismo ajado, un país vacuno. Brevemente: sin necesidad de caer en el mito opuesto –el creado por un revisionismo historiográfico más rosista o más populista–, celebrar dos centenarios debiera permitir un balance más atinado; y ese balance es, especialmente, el del fracaso de las clases dirigentes argentinas para construir un país democrático, industrial, potente por su generosidad y no por su pedantería.

Un déficit democrático, que es un déficit de sus elites: absolutamente ensimismadas en sus ombligos y sus intereses crasamente económicos, las clases dominantes argentinas –hayan sido ellas las oligarquías terratenientes o las burguesías industriales, los próceres del bronce o los nuevos empresarios de los servicios– jamás propusieron ni se dignaron pensar la posibilidad de un país justo: no digo socialista, pero sí al menos uno un poco más digno. Y para colmo, la única posibilidad levemente plebeya y antielitista de esta historia, el peronismo, también optó, finalmente, por la misma dirección: asegurar la supervivencia de un país modelado por la maximización de la ganancia –creando, de paso, dos nuevos grupos para integrarse a las clases dirigentes: el "político" y el "sindicalista". Por las dudas, además, todos esos sectores sometieron a nuestra sociedad a la represión física y económica de la última dictadura, sin que se los haya escuchado lamentarse por ello.

De todo esto, lo que nuestra sociedad plebeya –sus clases medias, sus clases populares– podría aprender es que las clases dominantes en cualquier sociedad son aquellas que la comunidad acepta tolerar. Si el 25 de mayo tiene aún consigo el significado de lo emancipatorio, es bueno recordar que esa palabra puede significar cosas más radicales. Nuevamente –por ejemplo– una revolución.

El sentido de los rituales

Se vino el Bicentenario, y el mundo tembló. O al menos, tantos millones de personas en las calles, en tanto concierto gratis, en tanto espectáculo público, hicieron temblar a los agoreros y a los opositores, así como celebrar, eufóricos, a los oficialistas. ¿Una explosión nacionalista? ¿En medio de la crisis de los relatos nacionales?

Una primera observación es, entonces, que los relatos de nacionalidad no están tan en retirada como parecía desde hace veinte años, cuando la posmodernidad celebró esa crisis. Esto ya había sido desmentido por los fundamentalismos étnicos y religiosos; los sucesos de nuestra segunda "semana de mayo", la pasada, podrían ser un nuevo ejemplo en contrario –y hay más. Parece que ese viejo invento de la modernidad, la nación, sigue vivita y coleando. El problema es, siempre, quién lo administra. Desde los finales de los noventa, fuimos varios los que alertamos sobre un "neonacionalismo de mercado": los relatos nacionales se reducían a un argumento de ventas, en manos de publicistas desaprensivos dispuestos a vendernos cualquier cosa recubierta de una banderita –y en épocas de mundiales venía la explosión, insoportable, de estas letanías: compre patria, coma fútbol. Y entonces argumentábamos que la construcción de nacionalidad en la Argentina había sido, históricamente, demasiado dependiente de las operaciones del estado: la escuela, a la cabeza, pero también el peronismo como gran relato estatal nacional-popular. La crisis no era, entonces, de la nación como forma, sino de sus grandes instituciones (estado, escuela, peronismo devenido menemismo). Agréguenle a eso Malvinas –el fracaso y la vergüenza de un estallido nacionalista– y la salida de escena de Maradona –el último símbolo nacional-popular más o menos exitoso–, y el cuadro era perfecto: la nación se reducía a los panfletos de Agulla y Bascetti vendiendo cerveza en los mundiales.

Pero la nación reaparece, porque regresa el argumento nacional-popular –a los tumbos, caótico y contradictorio, como el peronismo nos tiene acostumbrados–; pero porque además regresa el estado como gran operador. No se trató de un proceso autónomo de la sociedad civil, a la que le sigue faltando, justamente, autonomía y fortaleza; *lagente* sale a la calle a partir de una convocatoria estatal, que propone, de manera potente y creativa, la recreación del ritual escolar e infantil de la celebración de la patria. Sin himnos somnolientos ni discursos cansinos, sino con creatividad estética y pluralidad narrativa –difícil no sentirse contenido por todos o algunos de los fragmentos, tanto del desfile como del escenario artístico. Y bien: el resultado es el éxito del ritual.

Que no importa tanto como puesta en escena de lo que somos: el ritual es más interesante como celebración de lo que imaginamos. El sueño de una comunidad sin (tantas) fisuras es parte del horizonte utópico de cualquier comunidad: estos rituales, cuando son inteligentes, buscan señalar ese futuro, y entonces se vuelven más democráticos. Al contrario del ritual del Colón, que celebra un pasado mítico, la Argentina granero y oligárquica, y no apuesta por ningún futuro. Salvo que eso sea lo que representaba allí Ricardo Fort, en cuyo caso, una vez más, estamos en problemas.

El espejo de *lagente*

Uno de los problemas enormes del concepto de "representación" es que nos dispara, al mismo tiempo, para varios lados. Especialmente, para dos; y ambos son a su vez tan complicados y tan actuales, de discusión tan urgente, que puede ser una buena idea pensarlos un poco.

El primer lado es el político: en un sistema democrático, la representación es la clave que organiza toda la comunidad, e implica problemas tales como decidir cuándo, qué y quién es representativo. Este aspecto es el que prefiero dejar a los politólogos, que saben mucho más del asunto. Apenas permítanme un apunte mediático: esa representatividad se discute también en los medios de comunicación, porque aunque la clave es la elección (el político repite, obsesivamente, "a mí me eligió *lagente*", sin olvidar aquellos anacrónicos que prefieren decir "me eligió el pueblo de mi provincia" o los más modernos y paquetes que sostienen que los eligieron "los vecinos"), la telepolítica contemporánea exige que esa delegación ("el pueblo delibera y gobierna por medio de sus representantes") se reconfirme día a día: el humor ciudadano es cambiante, las traiciones políticas están a la orden del día (desde el Punto Final para acá, veinte años nos contemplan), las representatividades se evaporan, y los medios son el escenario mediocre de ese debate. Es atrapante, por decir algo, escuchar simultáneamente a un sesudo periodista de cable afirmando "*lagente* dice que...", al mismo tiempo que el político gruñe un "*lagente* por la calle me pide que...", como si ambos bajaran alguna vez del auto. Más aún: como si *lagente* existiera, y no fuera más que un invento cómodo para no decir nada. Si lo que se representa, política o mediáticamente, es la voz de *lagente*, estamos sonados: lo lamento, pero tal cosa no existe. Como mucho, hay *gentes*: las hay altas y gordas, las hay flacas y negras, las hay cordobesas y jóvenes, las hay mujeres y burguesas, las hay campesinas y quechuahablantes. Y si todos y todas opinaran y desearan lo mismo, como hace *lagente* de la que hablan los políticos y los medios, lo nuestro no sería una sociedad, sino un cementerio.

Y esto nos lleva a nuestra segunda posibilidad: representar es también poner en escena, narrar, poner algo en lugar de otra cosa. Lo que hace todo lenguaje, digamos: la palabra "perro" no muerde, como recuerdan los profesores de lengua. Al hablar, al poner cosas en palabras o en imágenes, estamos condenados a representar. En general, los seres humanos y humanas normales la llevamos con bastante dignidad: sabemos que elegimos, que exageramos, que mentimos, que deformamos. Los medios de comunicación, en cambio, sostienen que no es así; afirman que ellos son seres excepcionales condenados a "reflejar la realidad", con lo que terminan afirmando dos cosas al mismo tiempo: que hay una sola realidad y que los medios son gigantescos espejos. Aclaremos: no vamos a caer en un relativismo exasperado que sostenga que hay tantas realidades como sujetos y sujetas. No, no es así: pero sí tenemos que aceptar alguna vez que las percepciones de los seres vivos, condicionadas por montones de factores, pueden ser distintas.

Lo de los espejos, en cambio, es a esta altura intolerable. Cada vez que un periodista o una cámara empresaria afirman orondos que ellos y ellas reflejan la realidad, escandalizan por su ignorancia, la que no resistiría un examen parcial en cualquier facultad de humanidades o sociales. Ni siquiera pueden ver (en realidad, no lo quieren ver o no lo pueden reconocer) que los espejos deforman e invierten: que las derechas, por ejemplo, se transforman en izquierdas. La cobertura del conflicto campestre lo demostró palmariamente: pero no necesariamente por los "intereses de los medios", sino por las propias cosmovisiones de sus cronistas y movileros; donde ellos y ellas ven clases medias, los iguales, la gentecomouno, se trata de *gentes*. Cuando las pieles se ennegrecen, yo no soy racista, le digo más, tengo un amigo negro, pero no es piquetero, como todos estos. Y entonces el famoso espejo de la realidad se transforma groseramente en la puesta en escena de los miedos y los etnocentrismos de clase de sus periodistas...

Todo esto es tan innegable como inmodificable: porque está en las leyes de la lengua ("no se puede no representar, no se puede ser objetivo, el lenguaje es arbitrario"), en las leyes del periodismo ("serán tan objetivo como tus limitaciones culturales, los intereses de tu medio y los caprichos de tu jefe de redacción así lo permitan") y en las de la política ("si hubiera dicho la verdad, este montón de idiotas no me hubiera votado"). Lo que enternece es ver los esfuerzos que se hacen para disimularlo. En general, con tan poca fortuna.

Si este no era el pueblo

Toda la bibliografía coincide en que la cultura política argentina cambió
–se modernizó– de una manera radical con el peronismo: en sus lenguajes, en el coloquialismo que le impuso la discursividad de Perón y
Eva; en los actores convocados –ese hallazgo retórico del descamisado,
del grasita–; en lo democrático de un discurso que invocaba a actores
nuevos, que le reponía a la palabra "pueblo" una densidad y una materialidad nunca antes vista. Pueblo era lo que estaba allí, al alcance de la
mano en la Plaza y en las plazas, el aluvión zoológico que horrorizaba
a tanta mente sensible pero que estaba allí, tomándolo todo –Cortázar
díxit. Era, ya que estamos, también un sonido: los bombos, que no dejaban escuchar a Bártok, como dijimos muchas páginas atrás.

De ese sacudón, que plebeyizó la política, nadie podría recuperarse, a pesar de tanta restauración conservadora y tanto blablín haciendo
de Balbín. Ni los militares pudieron, aunque tanto hicieron –suprimir
lo popular fue para la dictadura una tarea ciclópea: como no podían
suprimir los lenguajes se dedicaron a suprimir los cuerpos. Pero tanto trabajo no podía ser inútil, infructuoso, al cuete. El mejor invento
de las clases dominantes consistió en reducir la irreverencia plebeya
del peronismo con el recurso de la saturación: todo fue plebeyo, todo
fue transgresor, todo fue, digámoslo de una vez, peronista. Y cuando
todo es peronista y plebeyo, nada puede quedar fuera, nada puede ser,
entonces, dominante y adverso e impugnable. Ese es el milagro menemista, que con tanto entusiasmo aplaudieron todos: si nada queda
fuera de lo peronista, si se cumple el apotegma de Perón ("peronistas
son todos"), la irreverencia y el plebeyismo pierden su carácter distintivo para volverse puro estilismo, apenas una retórica o, peor aún,
gramática de lo obligatorio y de lo previsto. La novedad, la sublevación, lo insurrecto, se reduce a ciertos márgenes del sistema a los que
la cultura de masas puede, a veces con más esfuerzo pero generalmente con menos, capturar en sus redes: aunque Nina Peloso nunca fue

santa de mi devoción, convertirla en una bailarina de culo contra caño fue una buena jugada.

La relación entre política y cultura popular consiste simplemente en eso: la captura de lo insurrecto, su transformación y adocenamiento, la plebeyización de todo lo que existe hasta que, cultura de masas mediante, nada quede afuera. Para que allí, entonces, lo que quede sea cultura popular, pero no política. Para usar un término más o menos actual: lo que queda es Tinelli abanderado de los humildes.

Muerte de un presidente

Posmachismos: Y entonces, un día, se murió, y el kirchnerismo fue otra cosa, antes de que supiéramos fehacientemente qué cosa era.

Para ese entonces, *Crítica de la Argentina* era poco más que un recuerdo, alimentado por las luchas infructuosas de sus trabajadores para revivirlo. No pude escribir una crónica, en ese momento; hay, a la distancia, la necesidad de cerrar el libro dedicando un espacio a su figura, que ordena en buena medida los tiempos de los que me ocupo. Creo que en todos los textos desplegados hasta aquí me cuido de mencionar a Néstor Kirchner: posiblemente, porque la mayor parte de ellos fueron escritos durante la (¿primera?) presidencia de Cristina Fernández, y decidí –fue estrictamente voluntario– no caer en esa leyenda urbana, alimentada por la prensa "seria" y sus columnistas, según la cual se trataba de una figurita conducida en las sombras por su marido. No creía en esa leyenda, me parecía de un machismo intolerable, me parecía –el tiempo ha confirmado que mi intuición era atinada– que los roles del matrimonio jugaban con posiciones variables donde ambos eran imprescindibles. Entonces, mis referencias en presente, mientras estos textos circulaban justamente en presente, eran al kirchnerismo, entendiéndolo como un nuevo estado del arte de esa cosita loca llamada peronismo, y a Cristina como actora central de las tormentas que nos atravesaban.

Pero un día Néstor se murió y las cargas se repartieron de otra manera, y su muerte estremeció y puso en escena un nuevo estado de cosas. Además de permitirnos pensar de otro modo los estados anteriores.

La muerte como espectáculo: No se trata solo de morirse, sino de cómo se narra una muerte. Como simple acontecimiento, una muerte sorpresiva e imprevisible no puede sino sacudir; para colmo, de un tipo joven, con hijos, contra el que podían enumerarse resentimientos o enojos importantes pero al que no podían achacarse, por ejemplo, muertos

–y para limitarse a los ex presidentes, no puede decirse lo mismo de Menem o De la Rúa o Duhalde, frente a cuyas muertes nadie puede esperar demasiada bambolla. Que para colmo, parece ofrendar su vida en la pasión por el trabajo, en el exceso de la dedicación: pasión y exceso son, en estos largos tiempos desangelados, valores positivos y reconocidos.

Pero además se muere de pronto y encuentra un fenómeno de movilización en el que, independientemente de los datos fríos que nadie puede volver estadística, los protagonistas visibles y visibilizados son jóvenes y clases medias urbanas. Entonces, los mitos construidos en estos años –la despolitización y conformismo juvenil, la inquina de las clases medias contra los Kirchner– se desvanecen con una velocidad solo comparable al ascenso de Cristina en las encuestas. El resto es edición: una muerte como esta permite narraciones magníficas, que van desde los mensajes escritos en las flores y cartulinas hasta las duras imágenes de una viuda que agiganta su figura en el dolor –justamente porque contradice, punto por punto y coma por coma, los editoriales conservadores que le auguraban pura decadencia ante la ausencia del gran titiritero. Además, las imágenes conjugan –porque el dolor lo permitía– una alta dosis de afectividad unida a la clave política: si la política aparece en las banderas, la Casa Rosada, los rostros *políticos* que desfilan –entre ellos, los de los presidentes latinoamericanos, que agregan una clave crucial en la construcción del personaje–, el afecto, ese componente decisivo en la política y el espectáculo contemporáneos, vuelto dolor y con algo de ternura, lo inunda todo hasta hacerse político: "Fuerza Cristina", supone el abrazo que comparte el dolor por la pérdida pero también el apoyo político, afectivizado.

Me quedo con dos de esas imágenes: una foto magnífica, desde arriba, de Cristina junto al féretro, que ostenta la bandera, el bastón, la banda... y los pañuelos de las Madres; la otra, la presidenta interrumpiendo el cortejo para reprochar a la policía su clásica salvajada contra los asistentes. En la primera, se lee dolor y a la vez fortaleza y continuidad; en la segunda, aparece la consecuencia en un relato que atribuye al kirchnerismo una inversión del rol tradicional de las clases dirigentes y especialmente peronistas, que alguna vez decidieron que entre los trabajadores y la policía había que optar por la policía.

Madres y abuelas: Hay otras, entre miles, pero elijo otras dos, y exigen más desarrollo. Hay varias posibles; en esta coinciden Cristina respectivamente con Estela de Carlotto y Hebe de Bonafini, las tres reunidas en un dolor que no es necesario redundar en el epígrafe. Perdonen una concesión puramente emotiva: mi militancia comenzó en 1981, cuando las Madres y las Abuelas eran el faro ético-dramático de la política anti-dictatorial. Desde entonces, pueden haber cometido errores, y a montones: pero para mí permanecen como señal de lo que fue y de lo que nunca más puede ser, gracias a su lucha. Ese "Nunca más" no lo soporta Strassera, aunque haya inventado la frase, ni los jueces del tribunal: son y serán siempre esas viejitas increíbles, en un podio que solo Pérez Esquivel puede compartir. Las imágenes de Cristina con Estela y Hebe, los pañuelos en el féretro, marcan de manera contundente esa señal vuelta continuidad en el nuevo relato del estado. No en vano, en ese adefesio que es el video de "Nunca menos", el candombe-homenaje a Néstor, tienen que aparecer, entre otras imágenes, la ronda de las Madres en los festejos del Bicentenario. No son las Madres, sino el momento en que el estado asume como propio el relato de las víctimas de la represión dictatorial, como relato oficial. Esa operación la inició Kirchner y la pulió Cristina y estalla en el Bicentenario; y en la muerte de Néstor, en los pañuelos sobre el féretro, se vuelven un índice decisivo: porque cubren el féretro de un ex presidente en igualdad con los símbolos del Estado-Nación –bandera, banda, bastón.

Balances: ni siquiera la muerte de Kirchner puede permitir un balance del kirchnerismo. Su decadencia y extinción parecen estar nuevamente postergados, aunque se anuncie desde hace tres años. Para un balance será necesario tomar en cuenta muchos más ingredientes que los que puedo leer, limitado a los signos, reacio a las cifras. Creo que lo antedicho es uno de sus más notorios créditos: el reinicio de los juicios a los represores y el recambio radical de la Corte Suprema, la idea de que toda la justicia estaba en crisis terminal si se había limitado a garantizar la impunidad de los milicos.

Todo el resto es simplemente peronismo, y allí está el secreto del éxito. Mal que les pese a sus detractores –especialmente a aquellos que blanden el peronómetro y miden la peronología de acuerdo con la intensidad del vibrato en la marchita–, pocos gobiernos ha habido en la historia tan peronistas como estos. Por sus aciertos, por sus desaciertos, por sus posibilidades y sus límites: porque reestatizan el sistema jubilatorio y a la vez perseveran en la exención de aportes patronales; porque estatizan las transmisiones televisivas deportivas y se las encargan a un derechista como Marcelo Araujo; porque le asignan un ingreso mínimo a todos los niños y niñas mientras consagran su desigualdad educativa; porque le extraen con justicia ganancias a la renta agropecuaria mientras subsidian vergonzosamente a empresarios parasitarios; porque se apoyan en los movimientos sociales populares y a la vez en el vandorismo, los peores traidores que han tenido las clases populares en la Argentina. Cualquier espectador más o menos desinteresado podría acumular, en esta lista mínima, una nueva serie de ítems opuestos que hablan de las tentaciones democratizadoras del poder y la economía junto al conservadurismo más rancio, los signos que nos hablan de una nueva era junto a aquellos que demuestran la continuidad del menemismo –a su vez, otro peronismo, tan auténtico como este.

Auténticos o decadentes: en *La Nación* del 4 marzo de 2011, Beatriz Sarlo diagnosticaba un estado de hegemonía cultural kirchnerista. Tras siete años y una utilización inteligente y sistemática de los recursos publicitarios a su disposición, ese diagnóstico es irrefutable. Pero, como también señala Sarlo siguiendo a Gramsci, no se trata de coerción, sino de la sabia combinación de fuerza y consentimiento. No estamos frente a un hato de pobres sujetos por las cadenas del clientelismo –la explicación insuficiente y crasamente errónea de buena parte de la oposición– ni de televidentes ahogados en la publicidad estatal del Fútbol para todos – la interpretación etnocéntrica de los grupos que acusan de manipulables a las clases populares, mientras repiten como verdad revelada las tonterías de Morales Solá o Marcelo Bonelli. Se trata de una construcción inteligente, que combina expectativas de larga duración, gestualidades consecuentes, deseos insatisfechos, retóricas adecuadas, y hasta algunos datos económicos irrefutables –nos interesan los símbolos, pero el aumento sistemático del consumo y ciertas bajas de los índices de miseria, los mida quien los mida, son esas materialidades contra las que no hay mucho que hacer.

Creo que el mayor éxito del kirchnerismo, inaugurado por Néstor e incluso perfeccionado por Cristina, es haber sabido encarnar el mito del auténtico peronismo. Si la palabra sagrada era objeto de discusión, si los textos divinos podían dar lugar a Fimerniches y López Regas, el peronismo debía transformarse –con más fuerza a la muerte del líder– en un conflicto de interpretaciones. La aparición del partido Peronista Auténtico en 1975 –cobertura fallida de Montoneros– es la primera señal de una larga lista. Los grupos más progresistas, aquellos que confiaban en que "peronismo de izquierda" era más que una figura retórica, siempre se creyeron dueños del sintagma, aunque sus opositores –en gran medida, represores– de derechas, los sacudieran con el mote de *infiltrados*.

Permítanme un anclaje biográfico: como dije en otra parte de este libro, fui peronista de izquierda, letrado, porque llegué al peronismo a través de los libros, no de las experiencias familiares –minuciosamente gorilas, aunque mi familia paterna era de las clases populares. Me fui, claro, con el menemismo: entre tantos libros, no pude encontrar uno solo que me explicara qué tenía que ver eso con la democratización de la sociedad y con el *hecho maldito del país burgués*. Jamás volví; pero desde 1989 hasta 2003 recibía un llamado por año de ex compañeros y compañeras que me invitaban a reuniones de "auténticos peronistas". Algunos de esos llamados venían de amigos nucleados en el Grupo Calafate, que en 1999 se reunieron en torno a Néstor Kirchner. Los llamados fueron infructuosos: para mí, el menemismo era auténtico peronismo, como lo podían ser Cafiero o Kirchner; es decir, un repertorio tan abismal de contradicciones que podía contener experiencias importantes de democratización social y cultural como el retroceso más infernal que haya sufrido esta sociedad en toda su historia –sus años noventa, años también peronistas.

Y sin embargo, esos llamados me permiten entender el éxito kirchnerista: el peronismo es a la vez una identidad fuerte, afectiva y hasta prepolítica, y una expectativa de poder, un poder que cobije las mejores intenciones y las peores, y hasta una tercera posición –tan peronista– consistente en decirse "mejor nos quedamos hasta que pase la tormenta… y vuelva el auténtico peronismo". Junto a eso, se suma la habilidad maravillosa de ese peronismo en ocupar el espacio de la "izquierda posible": posibilista como toda la (mala) política argentina, el peronismo afirma todo el tiempo que esto es lo que se puede hacer. "Esto" significa la ley de matrimonio igualitario y también las leyes represivas de Blumberg; tanto la Asignación Universal por Hijo como la explotación de las mineras.

Pero –y he aquí el gran hallazgo de Néstor Kirchner– todo esto se enuncia contra "la derecha". Por definición lingüística, pero por primera vez, el peronismo deseó entonces ocupar el lugar de la izquierda. Era una falacia, aunque imposible de demostrar, al menos hasta ahora. Para colmo –otro hallazgo *nestorista*– hasta pudo suturar la distancia entre el peronismo, tan plebeyo y tan radicalmente antiintelectual, y ciertos grupos intelectuales, que cayeron seducidos por el canto de sirenas de la "autenticidad": "esto es lo que buscábamos desde el 13 de julio de 1973, el día de la renuncia de Cámpora", dijeron antes de firmar una Carta Abierta. Esas retóricas se demostraban, pese a mi pesimismo biográfico, absolutamente actuales y pregnantes.

Milagros y jauretchismos: no hay, entonces, ningún milagro de expectativas juveniles y populares puestas en escena y articuladas en el velatorio de Kirchner. Se trata de la sabia combinación de algún viejo mito de autenticidad, expectativas relativamente satisfechas, retóricas seductoras y eficaces, un par de buenos golpes de efecto, alguna política sistemática y coherente –el juicio a los represores–, y la resolución imaginaria de contradicciones que lejos están de ser resueltas, pero que aparecen saldadas en los discursos estatales e intelectuales afines. (Vale decirlo de una vez por todas: todo eso es mucho más que lo que cualquier gobierno democrático ha ofrecido desde 1955 para acá, y allí se cifra también el éxito y, a la vez, el dolor por la pérdida). A eso se le suma una vuelta de tuerca impensada: la muerte de Kirchner permite mejorar, por su inversión, la serie Perón-Isabel. Si Perón era irrefutable pero dejó la sucesión por su viuda atosigada –semejante macana–, la muerte de Kirchner perfecciona el modelo porque deja una presidenta que, incluso, lo puede superar –además de su legitimidad mayor, sustentada en la elección popular y no en la mera herencia.

A la vez: justamente por tanto peronismo, otra consecuencia de la muerte es la apoteosis del culto al líder. Pocas cosas dejan de llamarse Kirchner, aunque espero que no haya una generación de niñitos llamados Néstor, como antes Juandomingo –ambos nombres tan feos. En alguno de sus libros, Arturo Jauretche recordaba un chiste gorila de los cincuenta, en el que un paisano desorientado recibía un reto de un policía porque llamaba Chaco a la Provincia Presidente Perón y Pavón a la Avenida Presidente Perón; el pobre, entonces, se ponía a caminar junto al Peronchuelo. El chiste le permitía criticar esa retórica autocelebratoria, que proponía el bautismo y el símbolo como más importantes que lo económico. En épocas neo-jauretchistas como las que vivimos –porque el kirchnerismo, como peronismo auténtico, también recupera el Olimpo del "pensamiento nacional" que encabeza Jauretche–, sería magnífico que se releyera esa página. Aunque lo dudo, porque el kirchnerismo, como buen peronismo, es más cita que lectura.

El kirchnerismo se demuestra en estos gestos etapa superior del peronismo. Perdón por la paráfrasis de Lenin, pero sigue siendo insustituible.

Agradecimientos

Las deudas de todo trabajo son múltiples: sean las afectivas y personales, sean las intelectuales, nada se escribe en el vacío –de las lecturas, de los debates o de la misma escritura, un proceso que implica mucho más que sencillamente inspiración o meramente esfuerzo. Por ejemplo, buena parte de este libro se escribió en el bar Maq, de Flores, bajo la atenta y afectuosa mirada de Esteban, un mozo a la vieja usanza sin cuya colaboración estos textos hubieran sido escritos, pero serían otros. Y deben algunos de sus aciertos, pero ninguno de sus defectos, a muchos lectores que acercaron sugerencias y críticas entusiasmadas; algunos de ellos, alumnos y alumnas que nunca dejarán de deslumbrarme. Y también colegas, y amigos y amigas que hacían elogios cariñosos o disidencias igualmente afectuosas.

Pero en particular, este libro le debe un agradecimiento especial, porque de ellos y ellas depende su existencia, a todos los que me impulsaron en el sendero de esta apuesta de escritura que se pretende tan tramada con una apuesta político-cultural. El primero fue Eduardo Romano, que en 1986 y cuando solo tenía 24 años me propuso escribir reseñas para la sección de crítica literaria del diario *Tiempo Argentino*, que él coordinaba. Fue uno entre tantos gestos de confianza, que no sé si he sabido retribuir. El segundo fue José Nun, que en 1998 sugirió mi nombre para la brevísima aventura de *Perfil*, y en 2002 me pidió que inaugurara su colección *Claves para todos*, otra gran apuesta de difusión y confianza en el debate público de ideas. El apoyo de Nun en tantas oportunidades de mi carrera nunca será agradecido suficientemente. Tanto en *Perfil* como en Capital Intelectual, la editorial de *Claves…*, encontré a Jorge Sigal, gran periodista y cálida persona; y en la última, también hallé a Cecilia Rodríguez, otra profesional de las que reconcilian con el mundo periodístico y editorial.

Como se afirma en el prólogo, Martín Caparrós tuvo la bella idea de invitarme a colaborar con *Crítica de la Argentina*, lo que no solo decidió que buena parte de este libro se escribiera, sino que me permitió el diálogo cada quince días con sus propias crónicas. Martín es posiblemente el mejor cronista argentino contemporáneo, y espero que la oportunidad de ese diálogo haya enriquecido estos textos. Como también señalé, Daniel Capalbo fue mi editor allí durante casi dos años, con un respeto minucioso que, en tiempos tan complicados para el periodismo argentino, no puedo sino agradecer enfáticamente.

En estos años, le debo también un cordial agradecimiento a otros de mis editores periodísticos, a los que algunas de estas páginas adeudan su existencia: Héctor Pavón y Julián Gorodischer, en *Ñ* y *Clarín*; Cecilia Fumagalli, en *Caras y Caretas*; Eduardo Blaustein, otro gran profesional y mejor tipo, en *Contraeditorial*. Es la oportunidad también para agradecer el desvío de la escritura que me propuso Mario Wainfeld entre 2005 y 2006, cuando fui su columnista en el programa de radio que conducía en Radio Ciudad; Mario es uno de los mejores periodistas políticos que he leido en mi vida –durante mucho tiempo mi domingo no comenzaba hasta que leía su columna en *Página 12*–, y esa experiencia me permitió conocer su humor, su cordialidad y su respeto por el trabajo.

Uno de los colegas de la aventura de *Crítica* fue Christian Kupchik, a la vez editor de mis dos libros en Paidós y lisa y llanamente el inventor del segundo de ellos, el que dedicamos al programa 678 junto a María Julia Oliván. Con Christian comprobé cuánto mejor sería el mundo intelectual si combinara honestidad, rigor, talento y afecto en las dosis en que él lo consigue.

Hay lectores y lectoras cercanos, mi grupo de trabajo en la Universidad y el CONICET. Con mayor o menor énfasis, colaboraron con sus lecturas y sus sugerencias Leandro Aráoz Ortiz, Libertad Borda, José Garriga Zucal, Carolina Justo, Verónica Moreira, Malvina Silba y Carolina Spataro; con mucho énfasis y nunca suficiente agradecimiento, Valeria Añón, en cuya lectura minuciosa confío tan ciegamente.

Este libro no es el producto de una investigación específica, y al mismo tiempo lo es de todas: por eso, mi agradecimiento a las instituciones que han apoyado mi trabajo por tanto tiempo, la Facultad de Ciencias Sociales de la UBA, el CONICET y el FONCYT. El ex Decano de la Facultad, Federico Schuster, acompañó la escritura de la mayor parte de este libro mientras compartíamos la gestión cotidiana: a su humor inclaudicable y a la lección de respeto democrático que recibí durante ocho años, mi deuda eterna.

En algún lugar de este libro, se afirma que Carolina soplaba amorosamente las crónicas en mi oído. También debo decir que luego las criticaba con minucia, las corregía con ahínco, las discutía con rigor. Hizo lo mismo con cada página de este libro; y eso no la hace responsable de mis errores, pero sí causante de más de un hallazgo. En este mismo tiempo a lo largo del cual este libro se escribió, Caro agregó a mi probada condición de cuarentón gruñón la de flamante padre de Catalina. Estas breves páginas de agradecimientos nunca serán, en suma, suficientes para tanta felicidad.